वैदिक धर्म में पूजनीय गौमाता

राकेश कुमार आर्य

डायमंड बुक्स

www.diamondbook.in

प्रकाशक : **डायमंड पॉकेट बुक्स (प्रा.) लि.**
X-30 ओखला इंडस्ट्रियल एरिया, फेज-II
नई दिल्ली-110020
फोन : 011-40712200
ई-मेल : wecare@diamondbooks.in
वेबसाइट : www.diamondbooks.in
संस्करण : 2025

Vaidik Dharm Main Pujniye Gaumata
By : Rakesh Kumar Arya

लेखकीय निवेदन

भारत एक कृषि प्रधान देश माना जाता है। इसके उपरांत भी यहां की परंपरागत कृषि-व्यवस्था को विनष्ट कर यहां विदेशी औद्योगिक व्यवस्था को लादने का प्रयास स्वतंत्रता मिलने के बीते वर्षों में अधिक हुआ है। विदेशी कंपनियों ने अपने उत्पादों को बेचने के लिए यहां के भ्रष्ट नौकरशाहों और राजनीतिज्ञों को खरीद लिया और मानव स्वास्थ्य के लिए अपने घातक उत्पादों की बिक्री देश तेजी से आरंभ कर दी। इससे गाय आधारित कृषि व्यवस्था को उजाड़कर औद्योगिक संस्कृति को यहां पैर फैलाने में सहायता मिली। जैसे अमेरिका के अपने देश में कृषि उत्पादों के लिए कीटनाशकों की उत्पादक कंपनियों ने भारत की ओर प्रस्थान किया। **यहां के भ्रष्ट नौकरशाहों और नेताओं ने इस देश में बड़ी सहजता से इन प्रतिबंधित और मानव स्वास्थ्य के लिए घातक कीटनाशकों के विक्रय के लिए सारी सुविधायें उपलब्ध करा दीं। फलस्वरूप देश से परंपरागत गाय आधारित कृषि-व्यवस्था तो नष्ट हुई ही साथ ही कीटनाशकों के अंधाधुंध प्रयोग से देश में कैंसर, हृदय रोग और ऐसी ही अन्य घातक बीमारियों का प्रचलन तेजी से बढ़ा है, जो मानव के लिए प्राणलेवा सिद्ध हो सकती है।** बहुत से कीड़े मकोड़े और पक्षी 'जो मानव के मित्र होते थे' भी इन कीटनाशकों के प्रयोग से समाप्त होते जा रहे हैं। इनमें आप केंचुआ और गौरैया चिड़िया जैसे प्राणियों का नाम ले सकते हैं। **आंकड़ों के अनुसार 1967 से 1980 के बीच तीन करोड़ 54 लाख टन उर्वरकों का प्रयोग कृषि के लिए किया गया। यह प्रयोग 1967 से पहले की अपेक्षा सात गुना अधिक था। इसी प्रकार देश में विषैली दवाओं का प्रयोग 500 टन से प्रारंभ होकर सन 1995 के आते-आते साठ हजार टन तक पहुंच गया। इस देश का दुर्भाग्य रहा है कि बाबर जैसे कितने ही विदेशी आक्रांता जो अपने देश में असफल सिद्ध हो गये थे, वही भारत आने पर यहां अपने साम्राज्य खड़े करने में सफल हो गये।** इसी प्रकार आज हम देख रहे हैं कि आक्रमण का स्वरूप ही

परिवर्तित हुआ है, **'हथकण्डे, एजेंडे और झण्डे'** तो सब वही हैं। परिवर्तन केवल आक्रांताओं के वेश में हुआ है।

पहले हमें मैदान में घेरकर मारने के लिए विदेशी आक्रांता के हाथ में तलवार हुआ करती थी, तो आज के आक्रांता कागज, कलम लेकर हमें मारने के लिए आ रहे हैं। तलवार का हमने वीरता से सामना किया और 'जयचंदों' के घातों से देश को बचाया। परंतु आज तलवार के स्थान पर विषैले कीटनाशकों की 'गोली' हमारी सीमाओं से हमें समाप्त करने के लिए आ रही हैं और हम उनका प्रतिशोध किये बिना ही आने दे रहे हैं। इन कीटनाशकों के साथ गाय और गाय आधारित कृषि को उजाड़ने के लिए ट्रैक्टर जैसा 'महादानव' और आ गया है। देश में इन विदेशी आक्रांताओं के विरुद्ध कोई विरोध की भावना नहीं है। इसलिए पुराने आक्रांताओं से भी घातक रूप में ये देश को नष्ट करते जा रहे हैं। हां, कमीशनखोर 'जयचंदों' की चांदी अवश्य कट रही है।

हमें 'कल्याण' के 'गोसेवा अंक' के पृष्ठ 428 से जानकारी मिलती है कि **1960-61 में हरितक्रांति अभियान के प्रारंभ के समय देश में 63 हजार ट्रैक्टर थे, जो 1973 में बढकर तीन लाख 66 हजार, 1987 तक 55 लाख से ऊपर और सन 1995 में 85 लाख से अधिक हो गये। इनका मूल्य 17 खरब हुआ, अर्थात 17 खरब का विश्व बैंक का कर्जा हम पर लादा गया है। यह अपार धानराशि विदेशी कंपनियों की तिजोरी में बंद हो गयी। 42 लाख ट्रैक्टर 10 साल के पश्चात कबाड़ा हो गये।**

डीजल से चलने वाले इंजन 1963 में 5 लाख थे जो अब बढकर 85 लाख हो गये, जिनका मूल्य लगभग 85 अरब 50 करोड़ रुपये हुए। इनमें से आधो से अधिक बेकार हो गये। बिजली से चलने वाले पंपिंग सेट 1966 में चार लाख थे, जो 1976 में 28 लाख और अब 1995 में 68 लाख से अधिक हैं। इन पर भी किसानों का लगभग 70 अरब रुपये खर्च हुए। कृषि अनुसंधान और कृषि शिक्षा पर 570 करोड़ से अधिक व्यय हो गए।

ये आंकड़े बोलते हैं कि कृषि की नयी तकनीक के नाम पर अरबों खरबों रुपये स्वाहा हो गया।

पर इसका परिणाम क्या निकला? हमारी कृषि योग्य भूमि निरंतर ऊसर होती जा रही है। इसके अतिरिक्त गाय के प्रति देश के लोगों में एक उपेक्षा भाव पनपा और 75 लाख ट्रैक्टरों ने लाखों बैलों को कटने के लिए कटीघरों तक भिजवा दिया। जिससे गोबर की खाद कृषि को मिलनी बंद होती जा रही है।

कुछ लोगों की भ्रांति है कि भैंस, बकरी, भेड़, ऊंट आदि की गोबर से भी तो गोबर की खाद बन सकती है। अब यदि गाय कम भी पड़

रही हैं, तो क्या हुआ? गोबर की खाद की पूर्ति अन्य पशुओं की गोबर से की जा सकती है। ऐसा तर्क देने वाले हमारे बंधुओं को ज्ञात होना चाहिए कि गोबर 'गौ का वरदान' केवल गौवंश का ही होता है, अन्य पशुओं का मल गोबर नहीं होता।

जैसे भैंस का मल चोथ कहलाता है, वैसे ही अन्य पशुओं का मल अन्य नामों से पुकारा जाता है। प्राचीन काल से ही भारत में गाय हमारी कृषि का आधार रही है, इसलिए कृषि वैज्ञानिकों ने या ऋषियों ने प्राचीन काल से ही कृषि को उन्नत बनाने के लिए गोबर की खाद की खोज की। इसे आज भी **'गोबर की खाद'** के नाम से ही पुकारा जाता है। जैसे गांवों के सरकारी अभिलेखों में आज तक भी गोचर की भूमि तो मिलती है परंतु भैंसचर की भूमि नहीं मिलती और उसके कई गंभीर अर्थ भी हैं, वैसे ही गोबर की खाद तो कही जाती है, परंतु चोथ की खाद नहीं कही जाती, वैसे ही इसके भी कई गंभीर अर्थ हैं।

अब तनिक विचार करें कि यदि देश की भ्रष्ट नौकरशाही और भ्रष्ट राजनीतिज्ञ ट्रैक्टरों पर खर्च किये गये 17 अरब रुपये को गौवंश की वृद्धि पर खर्च करते तो कैसा रहता? इसी प्रकार 85 अरब 50 करोड़ की वह धनराशि जो डीजल इंजनों पर व्यय की गयी वो भी गौवंश पर व्यय की जाती तो परिणाम क्या आते? तब निश्चित रूप से हमारी कृषि व्यवस्था को पर्यावरण संतुलन की सहायक व्यवस्था के रूप में विकसित किया जा सकता था। आज के प्रत्येक किसान के पास अच्छी बैलों की जोड़ी होती और देश को विदेशी कर्जा के अनचाहे बोझ से मुक्ति भी मिल जाती। हम ऐसी व्यवस्थित कृषि व्यवस्था को विकसित कर सकते थे जो लोगों को समृद्ध और संपन्न बना सकती थी। विदेशी आक्रांता कंपनियों के घातक उत्पादों के घातक परिणामों या प्रभावों से हम बच सकते थे। परंतु 'कमीशनखोर जयचंदों' ने हमारे किसानों को तो ट्रैक्टर रूपी खिलौना पकड़ा दिया और उसका बैल उससे छीनकर उसे अपनी थाली का भोजन बनवा लिया। किसान कर्जा में डूब गये।

'पापों' का परिणाम तो ये आना चाहिए था कि मारे लज्जा के ये 'कमीशनखोर जयचंद' आत्महत्या करते, पर यहां तो अज्ञानवश हमारा किसान ही आत्महत्या कर रहा है। चोर मौज ले रहा है और मालिक मर रहा है। ये है–हमारे लोकतंत्र का चमत्कार।

हमें विचार करना चाहिए कि यदि उपरोक्त धनराशि से गौवंश की वृद्धि होती तो ये कर्जा तो देश पर होता ही नहीं साथ ही इतनी धनराशि से दो गुणा **धनराशि का गौधन हमारे पास होता, जो खेती को वैज्ञानिक ढंग से कराने**

में सहायक होता। खेती के लिए हमें खाद विदेशों से नहीं लेना पड़ता, कीटनाशक भी हम वैज्ञानिक और प्राकृतिक ढंग से गोबर की खाद से ही तैयार कर लेते, बहुत से गोबर गैस संयंत्र स्थापित कर देश में बिजली की बचत भी करते। इसके अतिरिक्त यह भी ध्यान रखने वाली बात है कि गौवंश तो हमें पीढ़ी दर पीढ़ी प्रजनन प्रक्रिया से प्राप्त होता रहता, परंतु ट्रैक्टर हमें प्रजनन प्रक्रिया से आगे नहीं मिल सके, इसलिए ट्रैक्टरों के नाम पर जितना विदेशी कर्जा हम पर हुआ वह व्यर्थ ही था। उस कर्ज ने हमें बहुत अधिक क्षति पहुंचाई। विदेशी कंपनियों ने गौवंश को समाप्त कर भारत की खेती पर ट्रैक्टर, कीटनाशक और अपने खादों के माध्यम से नियंत्रण स्थापित कर लिया।

परिणामस्वरूप आज भारत का किसान जो सबके कर्जे उतारता था-स्वयं कर्ज में डूबा हुआ है और आत्महत्या कर रहा है। हमें यह भी स्मरण रखना चाहिए कि मशीनों के काम करने की एक समय सीमा है। उसे निकलते ही वह समाप्त हो जाती है, नई मशीन के लिए आपको फिर धनराशि व्यय करनी होती है, जबकि किसी प्राणी के साथ ऐसा नहीं है।

वह संसार छोड़ने या निष्प्रयोज्य होने से पूर्व अपना प्रतिस्थानापन्न अर्थात अपना वंशज प्रदान कर देता है। जिससे अनावश्यक धनराशि व्यय करने से बचा जा सकता है। उससे हम कर्ज में नहीं डूबते, अपितु हमारे धन में स्थायी वृद्धि होती रहती है। इसीलिए भारत में गौवंश को 'गौधन' कहा जाता है। देश को इस समय 'चोर को मारने और चोर नीतियों का पर्दाफाश' करने की आवश्यकता है। घिनौना खेल बहुत चल चुका, अब ये बंद होना चाहिए। इस सारी घातक घिनौनी व्यवस्था को बदलने के लिए गौवंश की रक्षा अनिवार्य है।

इसी उद्देश्य से प्रेरित होकर यह पुस्तक सुबुद्ध पाठकों के हाथ में सौंपी जा रही है।

–राकेश कुमार आर्य
(प्रधान सम्पादक : उगता भारत)
आर्य बन्धु एसोसिएट्स, तहसील कंपाउंड दादरी,
ग्रेटर नोएडा –203207
चलभाष: 9911169917

विषय सूची

पंचगव्य और हमारा स्वास्थ्य

पंचगव्य हमारे स्वास्थ्य के लिए अत्यंत लाभदायक है। कैंसर जैसे भयंकर रोग को पंचगव्य का नियमित सेवन करने से रोकने में पूर्ण सफलता मिलती है। जबकि कैंसर के रोगी को तुलसी के 30-40 पत्तों को चटनी की भाँति पीसकर गौदधि के मट्ठे में मिलाकर सुबह-शाम सेवन करने से लाभ होता है। रोगी को चिकित्सा काल में डेढ़ किलो तक दूध या गौदधि ही दिया जाए।

खांसी : खांसी भी एक ऐसा रोग है जो अक्सर हमें आ घेरता है। इससे मुक्ति पाने के लिए 20 ग्राम गौघृत में 10 ग्राम गुड़ मिलाकर खिलाने से सूखी खांसी भी समाप्त हो जाती है।

गाय के गर्म दूध में 100 ग्राम गरमागरम जलेबी डालकर खिलाने से भी खांसी दूर हो जाती है।

फिटकरी सफेद 10 ग्राम और चीनी 100 ग्राम दोनों को मिलाकर पीस लें और इस चूर्ण की 14 पुड़ियां बना लें। यदि सूखी खांसी हो तो गुनगुने गौदुग्ध के साथ सेवन करायें तथा गीली खांसी हो तो पानी के साथ दें। यह बहुत लाभदायक योग है।

गठिया या जोड़ों का दर्द : आजकल बहुत अधिक लोगों को हो रहा है। कार्यशैली में भारी परिवर्तन, आहार विहार में प्रमाद और जीवन शैली को सुविधीयोगी बनाने से यह रोग अधिक फेल रहा है। यदि हम नित्य व्यायाम, प्राणायाम करें और अपने खानपान पर भी उचित धयान दें तो इस रोग को दूर रखने में सहायता मिलती है। परंतु कई बार सुविधा बरतते हुए भी कुछ रोग आ ही घेरते हैं। गठिया रोग उनमें से एक है।

इस रोग में अरण्ड के बीजों की गिरी 25 ग्राम को आधा किलो गौदुग्ध में खीर की भांति पकाकर और इसमें एक ग्राम सोंठ मिलाकर प्रतिदिन खिलाने से गठिया रोग दूर हो जाता है।

गर्भधारक योग : कायफल और खांड दोनों को समभाग में लें और बारीक पीसकर मिला लें। इसमें से छह ग्राम औषधि गौदुग्ध के साथ मासिक

धर्म आरंभ होने के दिन से 8 दिन तक खिलायें। गर्भाशय के दोष दूर होकर गर्भ ठहर जाता है।

नागकेसर को बारीक पीसकर 4 ग्राम दवा बछड़े वाली गाय के दूध के साथ मासिक धर्म आरंभ होने के दिन से 8 दिन तक खिलायें। गर्भ ठहर जाता है। इस दूध को गर्म करके उसमें चीनी डाल लें।

गंजापन : गौदधि को तांबे के पात्र में तांबे के टुकड़े से इतना काटें कि हरे रंग का हो जाए। इस दवा को गंज पर लगाने से बाल शीघ्र उग आते हैं। यह दवा अनुभवी लोगों द्वारा कितनी ही बार की परीक्षित है। फोड़े, फुंसी, घाव के लिए भी यह अद्भुत योग है।

घाव, फोड़ा-फुंसी : ऐसे रोगों के लिए आकाश बेल और सोंठ को बराबर मात्रा में लेकर बारीक पीस लें। फिर घी में मिलाकर इतना घोंटें कि मरहम बन जायें।

पूर्व घाव को नीम के पानी से धोकर फिर यह मरहम लगा दें। कुछ ही दिनों में पुराने से पुराना घाव भी ठीक हो जाता है। बहुत ही उपयोगी और लाभकारी योग है।

चेचक के दाग : मसूर की दाल और तरबूज के बीज की मींगी दोनों समभाग लेकर गौदुग्ध में पीस लें और चेहरे पर लेप करायें। यह क्रिया रात्रि में करें। प्रातः नागरमोथा के जोशांदे से चेहरा धो लें। इस क्रिया से चेचक के दाग दूर हो जाते हैं।

चेहरे के दाग : तुलसी के सूखे पत्तों को गाय के दूध में पीसकर लगाने से चेहरे के काले दाग दूर हो जाते हैं।

जौ का उत्तम और साफ आटा 100 ग्राम, मुलहठी 100 ग्राम, पठानी लोध 100 ग्राम लें। मुलैठी और पठानी लोध को कूट पीस कर चूर्ण कर लें, फिर तीनों को मिलाकर एक कर लें। इसमें से 15 ग्राम औषधि लेकर गौदधि में घोलें और रात्रि में चेहरे पर लेप करें। निरंतर प्रयोग से 15 दिन में ही चेहरे का रंग निखर आएगा।

हल्दी को बारीक पीसकर और गाय के दूध में मिलाकर रात्रि में मुखमंडल पर लेप करने से मुख की छीप सफेद और काले दाग, तथा मुंहासे दूर होकर चमड़ी स्वच्छ मुलायम और चमकदार हो जाती है।

बादाम की गिरी को गाय के दूध में घिसकर लगाने से भी लाभ होता है।

आम की गुठली की गिरी अथवा जायफल को गाय के दूध में घिसकर लगायें।

चोट : विजयसार की लकड़ी को बारीक कूटपीसकर चूर्ण बना लें। इस तैयार दवा को प्रातः सायं गाय के गुनगुने दूध के साथ दें। इसके प्रयोग से टूटी हुई हड्डी भी जुड़ जाती है। चोट में यथाशीघ्र लाभ होता है।

पित्त उछलना : इस रोग में राल और चीनी को बराबर मात्र में लेकर बारीक पीस लें। तत्पश्चात इसमें से छह ग्राम दवा गुनगुने गौदुग्ध के साथ लेने से पित्त उछलने में तत्काल लाभ होता है।

जिगर के रोग : इस रोग के लिए गुलबन"शा 25 ग्राम लेकर उसे आधा किलो गौदुग्ध और आधा किलो पानी में पकायें। जब सारा पानी जलकर केवल दूध रह जाए, तब उतार लें ठंडा होने पर इसे खूब मलें और छानकर इसमें 15 ग्राम शहद और 10 ग्राम मिश्री मिलाकर पिलाने से कुछ ही दिनों में अत्यधिक बढ़ा हुआ जिगर भी ठीक हो जाता है।

जुकाम : गाय का दूध एक कप लें। इस दूध में एक चम्मच हल्दी डालकर गर्म करें। इसके पश्चात इसमें थोड़ी सी शक्कर डालकर रोगी को दें। जुकाम की बहुत ही उत्तम औषधि है।

टांसिल : इस रोग के रोगियों के लिए 50 ग्राम अलसी के बीज लें, गाय का घी एक चम्मच, पानी 500 ग्राम। अलसी के बीजों को कूट लें। तत्पश्चात सबको मिलाकर पुलटिस बना लें। सुहाती सुहाती सी गले पर बांध लें। गले में कैसा भी दर्द हो, सूजन हो, आवाज बैठ चुकी हो, टांसिल बढ़ गये हों, सभी रोगों के लिए यह अद्वितीय है। खुश्क खांसी तो पहले दिन ही समाप्त हो जाती है। 5-6 दिन के बांधने से ही रोग समाप्त हो जाते हैं।

तपेदिक 'क्षय रोग : गाय का मक्खन 10 ग्राम, शहद 20 ग्राम, दोनों को मिलाकर दिन में दो बार चाटें। इसके सेवन से क्षयरोग 'टी.बी.' बहुत शीघ्र दूर हो जाता है।

शहद 200 ग्राम, मिश्री कुंजा 200 ग्राम, गाय का घी 100 ग्राम तीनों को मिला लें। इसमें से 6-6 ग्राम दवा दिन में कई बार चटायें, ऊपर से गाय का दूध पिलायें। इस रोग के लिए रामबाण औषधि है।

पत्थर के कोयले की राख आधा ग्राम मक्खन मलाई या दूध से प्रातः सायं खिलाओ। खून की उल्टी के लिए भी अति उत्तम औषधि है। टी.बी. के जिन रोगियों को फेफेड़ों से खून आता है हो उनके लिए अत्यंत प्रभावी है।

तिल्ली रोग : छोटी पीपल 6 ग्राम को बारीक पीसकर प्रतिदिन गौदुग्ध के साथ खिला दें। कुछ दिन खिलाने से तिल्ली का रोग दूर हो जाएगा।

शरपुंखा के बीज 6 ग्राम को अत्यंत बारीक पीसकर गाय की छाछ के

साथ खिलाने से बहुत बड़ी हुई तिल्ली भी कुछ ही दिन में ठीक हो जाती है।

दांतों के रोग : नागर मोथा, हरड़ का छिलका, सोंठ, काली मिर्च, छोटी पीपल, बायबिडंग, नीम के पत्ते सभी वस्तुएं बराबर-बराबर लेकर बारीक पीस लें। फिर गौमूत्र में दो तीन दिन तक खरल करके 1-1 ग्राम की गोली बना लें। रात्रि में सोते समय एक गोली मुंह में रखने से हिलते हुए दांत दृढ़ हो जाते हैं। यह एक प्रमाणित औषधि है।

दमा : गर्म करके ठंडा किया गौदुग्ध 400 ग्राम छोटी दुद्धि जल से धोकर स्वच्छ की हुई 10 ग्राम। दुद्धि को कूट पीसकर दूध में मिला दें और इस दूध को दमा के रोगी को पिला दें। दूध में चीनी आदि न डालें। औषधि दिन में दो बार दें।

गंधक आंवलासार शुद्ध, काली मिर्च दोनों 3-3 ग्राम लेकर अत्यंत बारीक पीस लें। इसे 10 ग्राम गौघृत में अच्छी प्रकार मिलाकर रोगी को चटायें। 15 दिन तक निरंतर सेवन करने से रोग के नष्ट करने में सफलता मिलती है।

हृदय रोग : अर्जुन की छाल का बारीक चूर्ण 4 ग्राम, खांड 20 ग्राम, गाय का दूध उबला हुआ आधा किलो, तीनों वस्तुओं को खूब मिलाकर निराहार सेवन करायें। हृदय रोगों के लिए यह अत्यंत उत्तम औषधि है। प्रयोग कुछ दीर्घकाल तक करें। लगभग एक वर्ष तक प्रयोग करने से सभी प्रकार के हृदय रोग शांत होते हैं। टूटी हुई हड्डियों को जोड़ने में भी अनुपम योग है।

निशास्ता 'गेहूं का सत' और अर्जुन की छाल का चूर्ण समभाग लेकर गाय के घी में भून लें। तत्पश्चात इसमें तीन गुणा शहद डाल दें। यह अवलेह 6 ग्राम से 10 ग्राम तक गाय के दूध के साथ सेवन करने से गंभीर हृदय रोग भी दूर हो जाता है।

गाय का 10 ग्राम ताजा मक्खन, दाना निकला हुआ भुट्टा लेकर जलायें और पीसकर रख लें। इस भस्म को उक्त मक्खन के साथ केवल आधा ग्राम की मात्र में सेवन करायें। दिल की धड़कन और दुर्बलता के लिए अति उत्तम है।

दुबलापन : असंगधा आधा किलो लेकर कूट पीसकर कपड़े से छान लें। 10 ग्राम चूर्ण को आधा किलो गौदुग्ध में डालकर उबालें। ठंडा होने पर शहद मिलाकर रोगी को पिलायें। प्रातः सायं दोनों समय प्रयोग करायें। जैसे वर्षा से धान के खेत लहलहा उठते हैं, उसी प्रकार असगंधा के प्रयोग से दुबले व्यक्ति मोटे हो जाते हैं। शक्तिवृद्धि के साथ साथ मुखमंडल का रंग भी सुर्ख हो जाता है। 40 दिन तक सेवन करें।

बिनौला : 50 ग्राम को भूनकर कूट लें। फिर 50 ग्राम मूसली सफेद

कूटकर इसमें मिला दें। 3-3 ग्राम दवा प्रातः सायं दूध के साथ दें। पुरुषों के लिए शक्तिवर्धक है। वीर्य उत्पन्न करता है, मसाने को शक्ति देता है। स्त्रियों के श्वेत प्रदर के लिए अत्यंत प्रभावशाली है। 2-3 मास सेवन कर इसके लाभ देखे जा सकते हैं।

मालकांगनी 250 ग्राम लेकर गौघृत में भून लें। इसमें समभाग खांड मिला लें। 6 ग्राम दवा प्रतिदिन प्रातः सायं गौदुग्ध के साथ 40 दिन तक सेवन कराने से अति लाभ होगा।

गौदुग्ध के साथ सुबह-शाम 3-3 ग्राम हल्दी का चूर्ण सेवन कराने से भी शरीर का दुबलापन दूर हो जाता है।

गौघृत और शहद क्रमशः 20 व 30 ग्राम भोजन के पश्चात मिलाकर खाने से मनुष्य की आयु बढ़ती है और अंत समय तक उसकी शारीरिक शक्ति और स्मरण शक्ति स्थायी बनी रहती हैं।

दाल चीनी को बारीक पीस लें। इसे कपड़छन करके सुरक्षित रखें। रात्रि में गरमागरम दूध में 2 ग्राम चूर्ण डालकर 15 मिनट पश्चात इस दूध में शहद मिलाकर पिलाने से शारीरिक शक्ति बढ़ती है। कम से कम 10 दिन पिलायें। ओज और तेज बढ़ता है।

चने की दाल 50 ग्राम को 100 ग्राम गौदुग्ध में भिगो दें। प्रातः इस फूली हुई दाल को चबा चबाकर खायें। साथ में किशमिश या गुड़ का प्रयोग भी किया जा सकता है। कम से कम 40 दिन तक प्रयोग करने से शारीरिक शक्ति में अति वृद्धि हो जाती है।

ढाक के बीज 50 ग्राम, बाय बिडंग 25 ग्राम, आंवला गुठली रहित 100 ग्राम तीनों को कूट पीस कर बारीक चूर्ण बना लें। 3 ग्राम दवा शहद में मिलाकर गौदुग्ध के साथ सेवन करने से 40 दिन में ही वृद्ध मनुष्य भी जवानी का अनुभव करने लगेगा।

नकसीरः गाय के गोबर का रस सूंघने अथवा उसकी नसवार लेने से नकसीर बंद हो जाती है।

नपुंसकता : तुलसी के बीज 250 ग्राम, गुड़ पुराना 250 ग्राम दोनों को घोट पीसकर डेढ़-डेढ़ ग्राम की गोली बना लें। प्रतिदिन सुबह शाम एक-एक गोली धारोष्ण गौदुग्ध के साथ लें। नपुंसकता समाप्त करने के लिए अद्भुत है। 5-6 सप्ताह तक सेवन करें।

मालकांगनी के साफ बड़े दाने 50 ग्राम, चीनी 25 ग्राम दोनों को गाय के आधा किलो दूध में डालकर हल्की आंच पर पकायें। जब सारे दूध का

खोया बन जाए तब उतार लें, और अच्छी प्रकार घोटकर जंगली बेर के बराबर गोलियां बना लें। 1-1 गोली सुबह-शाम गौदुग्ध से खिलायें। ये गोलियां अत्यंत शक्तिवर्धक और यौवनावस्था को पुनः लौटाने वाली हैं।

200 ग्राम भिलावों की टोपियां उतार दें, फिर उन्हें लोहे की गर्म संडासी से दबाकर उनका तेल निकाल दें। तत्पश्चात इन्हें गौघृत में इतना भूनें कि धुंआ निकलना बंद हो जाए। अत्यंत शक्तिवर्धक है। गुड, तेल, खटाई और गर्म वस्तुओं का परहेज करें। घी, दूध, मक्खन का प्रयोग अधिक मात्र में करें।

-कुलिंजन के डेढ़ ग्राम बारीक चूर्ण को 10 ग्राम शहद में मिलाकर चटायें, ऊपर से गाय के दूध में शहद मिलाकर पिलायें। यह योग अत्यंत शक्तिवर्धक है।

असगंधा नागौरी के दस ग्राम बारीक चूर्ण को आधा किलो गौदुग्ध में उबालें। जब दूध 400 ग्राम रह जाए तब शहद मिलाकर चालीस दिन तक पिलायें, अत्यंत शक्तिवर्धक है।

मूसली साफेद 250 ग्राम लेकर कूटपीस लें, कपड़छन कर दो किलो गौदुग्ध में डालकर खोया बनायें। खोया बन जाने पर इसे 250 ग्राम गौघृत में भूनें। ठंडा होने पर आधा किलो बूरा मिलाकर थाली में जमा दें। 20-20 ग्राम सुबह-शाम सेवन करें। अत्यंत शक्तिवर्धक है।

गाय के उपलों से हवन?

गाय पर एक लेख में लेखक खुशहालचंद आर्य ने उपलों से हवन करने की बात कही है। इस पर कुछ लोगों की प्रतिक्रिया थी कि ऐसा करने से प्रदूषण अधिक होगा। अतः उपलों से हवन नहीं किया जाना चाहिए। साथ ही ऐसे लेख प्रकाशित भी नहीं किये जाने चाहिए। हमारा मानना है कि समाचार पत्र किसी भी एक विचारधारा को लेकर उसके प्रति मताग्रही नहीं हो सकता। साथ ही किसी लेख के छपने से संपादक का उससे सहमत होना भी आवश्यक नहीं है। लेखक के विचार अपने होते हैं और उन लेखों में उभरने वाले विचारों को पकड़कर स्वस्थ्य चिंतन एवं चर्चा चलनी चाहिए।

महर्षि दयानंद ने कहा है कि सत्य के ग्रहण करने और असत्य को छोड़ने में सर्वदा उद्यत रहना चाहिए। इसका अभिप्राय ये है कि जो बात कहीं से नई आ रही है उसका परीक्षण सत्य के अनुसंधान की दृष्टि से आवश्यक हो जाता है। आर्य विचारधारा का एक व्यक्ति एक वैज्ञानिक होता है। अनुसंधान प्रेमी होता है। इसलिए उससे उम्मीद की जाती है कि वह नई बात को पकड़े और उसका परीक्षण करे। ताकि सत्य को ग्रहण किया जा सके। यदि उपलों में हवन से आम की समिधाओं की अपेक्षा अधिक प्रदूषण होता है तो उसे छोड़ दिया जाए, क्योंकि यदि सत्य इसी प्रकार प्रतिष्ठित होता है तो इसी प्रकार उसे प्रतिष्ठित होने दिया जाए। कभी भी किसी विचार के प्रति पूर्वाग्रह और दुराग्रह रखकर नहीं चलना चाहिए। नये विचार हमें नई खोजों के लिए प्रेरित करते हैं और इसलिए हमें उन्हें इसी रूप में ग्रहण करना चाहिए। विद्वता के दम्भ में जीना पाखण्ड होता है।

महर्षि दयानंद से किसी ने कहा कि आप तो परम विद्वान हैं, तो ऋषि ने पलटकर कहा कि यदि मैं महर्षि, कणाद, कपिल, जैमिनी, गौतम आदि के समय में हुआ होता तो विद्वानों के चरणों की धूल के समान भी नहीं होता। महर्षि का अपने विषय में इतना सरल दृष्टिकोण हमें अपने गिरेबान में झांकने के लिए प्रेरित करता है कि हम तो कुछ भी नहीं हैं और हम कुछ भी नहीं होकर भी विद्वत्ता के दम्भ में जीने का पाखण्ड आखिर क्यों कर रहे हैं?

महर्षि दयानंद ने विश्व को 'सत्यार्थ प्रकाश' नामक जो अमर ग्रंथ दिया उसका 'सत्यार्थ प्रकाश' अनंत है।

यह ग्रंथ तो झलकी मात्र है, सत्यार्थ का पूर्ण प्रकाश तो सत्यार्थ के गहन चिंतन एवं मनन की पूरी प्रक्रिया से ही किया जाना संभव है। इसलिए किसी भी बात के लिए तुरंत आलोचना करना उचित नहीं है। अपितु उस नई बात के सत्यार्थ को परीक्षित करने और अपनाने या ना अपनाने की आवश्यकता है। ज्ञान को किसी सीमा में बांधा नहीं जा सकता। यदि आपने ज्ञान को बांधने की गलती की तो ज्ञान हमारे लिए घातक हो सकता है। इसलिए गाय के उपलों से हवन करने की लेखक की बात पर अनावश्यक आलोचना न करके उसकी जांच पड़ताल हो। यदि उचित जान पड़े तो समाज के लिए उसे स्वीकृत किया जाए अन्यथा छोड़ दिया जाये। हम उस विचार से न तो असहमत हैं और न ही सहमत। वैज्ञानिक विद्वत मंडल के निष्कर्ष के साथ हमारी सहमति रहेगी।

गौ-माता के प्रश्न को कल समय स्वयं हमसे पूछेगा

20 मई 1996 को तत्कालीन राष्ट्रपति शंकरदयाल शर्मा ने संसद में जो भाषण दिया था उसके उस अंश पर ध्यान दिया जाना चाहिए था जिसमें उन्होंने भारतीय संविधान की धारा 51ए 'जी' के इस प्राविधान का उल्लेख किया था कि भारत के प्रत्येक नागरिक का यह मौलिक कर्त्तव्य है कि वह वनों, झीलों, नदियों एवं वन्य जीवों सहित सारे प्राकृतिक वातावरण की रक्षा करे तथा उसका संवर्धन करे और प्रत्येक जीव से स्नेह करे। राष्ट्रपति ने आगे कहा था कि गौरक्षा को सुनिश्चित करने गाय और उसके वंशज के वध को पूरी तरह प्रतिबंधित करने के लिए सरकार उपयुक्त कदम उठाएगी।

संविधान का उक्त अनुच्छेद भी गौवध निषेध को प्रोत्साहित करता है। इस अनुच्छेद का अर्थ स्पष्ट है कि मनुष्य को प्रकृति के निकट लाकर प्रत्येक प्राणी का संरक्षक बनाया जाए। जहां तक गाय का प्रश्न है तो वह तो आज भी लाखों परिवारों की आजीविका का साधन है। **डेयरी इंडिया की रिपोर्ट '1987' के अनुसार देश में 49,000 ग्रामीण दुग्ध उत्पादन सहकारी संगठनों के लगभग पचास लाख से अधिक ग्वाला परिवार 'एक परिवार में पांच सदस्य भी हों तो लगभग ढ़ाई करोड़ लोग' दूध बेचकर अपनी आजीविका को चलाते हैं।**

यदि देश के 20 लाख एम.बी.बी.एस. डॉक्टर या लगभग इतने ही अधिवक्ता या किसी अन्य विभाग के यूनियन कर्मचारी अपनी मांगों के समर्थन में भारत बंद की घोषणा करें या किसी अन्य प्रकार से अपनी मांगों के समर्थन में धरना-प्रदर्शन करें तो उनकी आवाज को सरकार भी सुनती है और मीडिया भी आकर्षित होता है, जबकि उनकी संख्या केवल कुछ लाख ही होती है। बस उनके पास एक ही चीज अधिक होती है कि वे संगठित होते हैं। दूसरी ओर ग्वाले ढाई करोड़ होकर भी संगठित नही हैं, इसलिए उनकी बात को कोई सुनने वाला नहीं है। **लोकतंत्र में भी यदि संगठन की लाठी से न्याय मिले तो**

वह लोकतंत्र नहीं होता। लोकतंत्र तो उसकी आवाज होता है जो आवाज करना या बोलना नहीं जानता। लेकिन देखा ये जा रहा है कि शासन की ये उत्कृष्ट पद्धति जो बोलते नहीं हैं उन्हीं के गले को काटने का काम करते हुए अपनी निकृष्टता का प्रदर्शन कर रही है।

मनुष्य दिन प्रतिदिन गायों को काटते-काटते कम कर रहा है जिससे बहुत बड़ी संख्या में लोग बेरोजगार होते जा रहे हैं। लोगों की इस बेरोजगारी को सबसे अधिक कम्युनिस्टों ने बढ़ाया है, जो गाय को केवल एक पशु ही मानते हैं। वे उसे देश की अर्थव्यवस्था का एक आधार मानने को या लोगों की बहुत बड़ी जनसंख्या के जीवन का आधार मानने को तैयार ही नहीं हैं। यद्यपि लोगों को रोजगार उपलब्ध कराने तथा समता मूलक समाज की संरचना करने का सबसे अधिक ढिंढोरा ये कम्युनिस्ट ही पीटते हैं। परंतु इनकी निर्दयता लोगों के रोजगारों को छीनने वाली ही सिद्ध हुई है। आज भी यदि गौवंश का संवर्धन हो और पर्याप्त संख्या में गौवंश देश में उपलब्ध हो जाए तो देश के करोड़ों किसानों को अपनी खेती के लिए बैल मिल सकते हैं और पौष्टिक पदार्थों को उत्तम रीति से गाय के दूध आदि से प्राप्त किया जा सकता है। लेकिन कम्युनिस्टों ने 'ट्रैक्टर क्रांति' ला कर सारा मटियामेट कर दिया। **संवेदनहीन लोगों ने संवेदनशून्य मशीनी युग का सूत्रपात कर संवेदनाशून्य मानव समाज की संरचना कर डाली। एक अनुमान के अनुसार देश में चार करोड़ छह लाख बीस हजार हल तथा ढाई करोड़ बैलगाड़ियां हैं। उनके अनुसार तीन करोड़ लोगों का जीवन यापन होता है। 'अब यदि बैलगाड़ियां और बढ़ाकर दस करोड़ कर दी जाएं तो 12 करोड़ लोगों को और रोजगार मिल सकता है।** क्योंकि बढ़ई आदि गांव में रूककर ही अपनी जीविका चला सकते हैं। लेकिन हमने ऐसा न करके रोजगार छीन-छीन कर बेरोजगारों की फौज तैयार कर दी है और अब रो रहे हैं कि देश में इतने लोग बेरोजगार हो गये हैं। ये नहीं सोचा जा रहा है कि इन्हें बेरोजगार किसने किया है?' अब यदि गोबर गैस संयंत्र तथा नाडेय काका प्रणीत कम्पोस्ट खाद बनाने की पद्धति को भी लोकप्रिय बनाया जाए तो इससे भी करोड़ों लोगों को रोजगार मिल सकता है।

हमारा विचार है कि गायों के पालने के लिए देश की बड़ी जनसंख्या को प्रेरित किया जाए और उनसे दूध और दूध से बने पदार्थों को बड़ी संख्या में तैयार कराके उनका निर्यात किया जाए। डालर की बढ़ती कीमत अपने आप औंधे मुंह आ गिरेगी।

यह ठीक है कि शिक्षा मनुष्य के लिए आवश्यक है, परंतु परंपरागत आजीविका के साधनों के माध्यम से जीविका चलाने हेतु शिक्षा अनिवार्य भी नहीं है। भारत ने सदियों तक अशिक्षित समाज को भी जीविका चलाने के विषय में शिक्षित करके समाज को बेहतर ढंग से चलाया है। आज शिक्षा को अनिवार्य करके भी परंपरागत रोजगारों को बहाल करने की दिशा में कार्य करें तो बेरोजगारी, भुखमरी और गरीबी से देश को छुटकारा मिल सकता है। लेकिन दुर्भाग्य है इस देश का कि यहां की केन्द्र सरकारें भारत को विश्व का प्रमुख गौमांस निर्यातक देश बनाने के लिए कृतसंकल्प रही है। 'फारेन ट्रेड बुलेटिन के फरवरी 1994 के अंक में पृष्ठ 18 पर मीट एक्टपोर्ट प्रास्पेक्ट्स ब्राइट शीर्षक से समाचार छपा है कि **'एग्रीकल्चरल एण्ड प्रोसेस्ड फूड प्रोडक्ट्स एक्सपोर्ट डेवलपमेंट अथारिटी' की एक रिपोर्ट के अनुसार मांस व मांस उत्पादों का निर्यात जो वर्तमान में 230 करोड़ रुपये वार्षिक है, आधुनिकीकृत कत्लखानों के माध्यम से इस शताब्दी के अंत तक 1000 करोड़ रुपये वार्षिक से अधिक का हो सकेगा। रिपोर्ट के अंत में नये कत्लखाने तथा मांस निर्यातकपरक इकाईयों के स्थापित करने की भी सिफारिश की गयी है।** रिपोर्ट में देश में मौजूदा पशुधन के अनुसार पैंतीस लाख टन मांस का उत्पादन किया जा सकता है, जिसका मूल्य 8250 करोड़ रुपये लागत की आवश्यकता होगी जिसे लगाने के लिए प्राइवेट सेक्टर तथा विदेशी कंपनियों की भागीदारी की भी सिफारिश की गयी है। वोट खरीदने के लिए सरकार हमें सब्सिडी देती है और सब्सिडी से उत्पन्न घाटे को पूरा करने के लिए गौवंश का मांस निर्यात करने की छूट दी जाती है। घाटा किसको हुआ? भविष्य किसका उजड़ा? और यदि गाय आदि पशु नहीं रहे तो कत्लगाहों किसको काटेंगे?

आज तो गाय माता यह प्रश्न पूछ रही है-कल वक्त स्वयं पूछेगा। समय रहते सोचना ही आवश्यक है।

वेदों ने गौमाता को अवध्या कहकर पूजनीया माना है

वैदिक संस्कृति संसार की सर्वोत्तम संस्कृति है। इस संस्कृति ने अहिंसा को धर्म के दस लक्षणों में जीवन को उन्नतिशील बनाने वाले दस यम नियमों में प्रमुख स्थान दिया है। इसने दुष्ट की दुष्टता के दमन के लिए मन्यु की अर्थात सात्विक क्रोध की तो कामना की है, परंतु अक्रोध को धर्म के ही दस लक्षणों में से एक माना है। विधाता के विधान से रची गयी इस सृष्टि के प्रत्येक प्राणी को वैदिक संस्कृति ने अपने लिए मित्र समझा है। वेद ने मनुष्य से अन्य प्राणियों के प्रति **मित्रस्य चक्षुषा समीक्षामहे** अर्थात प्रत्येक प्राणी को अपना मित्र समझो है। इसलिए अपने मित्रों के बीच रहकर कोई अनपेक्षित और अवांछित प्रतियोगिता वेद ने आयोजित नहीं की, अपितु सबको अपने-अपने मर्यादा पथ में जीवन जीने के लिए स्वतंत्र छोड़ा। एक मनुष्य की योनि ऐसी है कि जो कर्मयोनि भी है और भोगयोनि भी। इसलिए अपने मर्यादा पथ में रहकर अन्य जीवों के साथ मित्रवत व्यवहार करना मनुष्य का सबसे प्रमुख कार्य है। अतः वेद ने मनुष्य से अपेक्षा की कि सबसे अधिक तुझे ही मर्यादाओं का पालन करना है। इसीलिए वेद ने मनुष्य से कहा है- **न स्रेधान्तं रमिर्नशत 'सा. 4/43/2'** अर्थात यदि तू हिंसक बनेगा तो तू मोक्षधन कभी प्राप्त नहीं कर सकेगा।

मा हिंसी तन्वा-अर्थात अपने शरीर से कभी भी हिंसा मत करो। यजुर्वेद का यह भी निर्देश है कि **पशून पाहि** अर्थात हे मनुष्य तू क्योंकि सबसे श्रेष्ठ है, अतः सभी प्राणियों की, पशुओं की रक्षा कर। ऐसे में गाय की हिंसा की तो बात ही छोड़िए, अन्य पशुओं की भी रक्षा करने की बात वेद करता है।

वैदिक व्यवस्था को कलंकित करने और वेदों को ग्वालों के गीत कहकर, अपयश का पात्र बनाकर चलने वाले भारत के तथाकथित विद्वानों ने गाय का मांस खाने की आज्ञा वेदों में होनी बतायी है। ऐसी धारणा वास्तव में इन शत्रु विद्वानों की शत्रु भावना तथा इन्हें भारतीय संस्कृति और संस्कृत के व्याकरण का ज्ञान न होने के कारण बनायी गयी है। वास्तव में वेदों ने ही गाय का इतना महिमामंडन किया है कि गाय को गौमाता मानने का विचार बहुत गहराई से लोगों के मन में बैठ गया। अथर्ववेद 'सा. 4/21/5' में कहा गया है- **गावो भगो गाव इन्द्रो मे**-अर्थात गाय ही भाग्य और गाय ही मेरा ऐश्वर्य है। इससे अगले मंत्र, अथर्ववेद में आया है। **भद्रम गृहं कृणुभ भद्रवाचो ब्रहद्वो वय उच्यते सभासु** अर्थात मधुर बोली वाली गायें घर को कल्याणमय बना देती हैं। सभाओं में गायों की बहुत कीर्ति कही जाती है। इसीलिए 'ऋग्वेद 2/35/7' में कहा गया है कि **स्व आ दमे सुदुधा पस्य धोनुः** अर्थात अपने घर में ही उत्तम दूध देने वाली गाय हो।

ऐसी गाय घर में होनी इसलिए आवश्यक है कि उसके होने से दुर्बल भी हष्ट पुष्ट और श्रीहीन भी सुश्रीक, सुंदर, शोभायमान हो जाते हैं, इसीलिए घरों में गौपालन को अच्छा माना जाता था। गाय को मनुष्य अपना धन मानता था और प्राचीन काल में गाय विनिमय का माध्यम भी थीं। इसलिए गाय को धन मानने की परंपरा भारत के देहात में आज तक भी है। ऐसा धन, जो मोक्ष प्राप्ति में सहायक हो, क्योंकि इस धन से ही हमें सात्विकता मिलती है, कांति मिलती है और आत्मिक आनंद मिलता है। इसलिए भारत का प्रत्येक नागरिक प्राचीन काल में गोपति या गोपालक बनने में अपना बड़प्पन मानता था। आज तक भी गोपाल नाम हमारे यहां रखा जाता है। गाय का घी, मूत्र, गोबर, दूध, दही सभी बड़े उपयोगी होते हैं। आज के विज्ञान ने भी यह सिद्ध कर दिया है कि गौमूत्र का नित्य सेवन करने से कई कैंसर जैसी घातक बीमारियां हमें लग ही नहीं सकतीं। इस तथ्य को हमारे ऋषियों ने प्राचीन काल में समझ लिया था। इसीलिए वेद ने हमें गाय के प्रति असीम श्रद्धाभाव रखने का उपदेश दिया है।

ऋग्वेद '01/101/15' में कहा गया है कि गाय का नाम **दिति वधिष्ट**-अर्थात **अघ्न्या** गाय को कभी मत मार। इसी मंत्र में गाय को अवध्या इसलिए कहा गया है कि यह रूद्रदेवों की माता, वसुदेवों की कन्या आदित्य देवों की बहन और अमृतस्य नाभि-अमृतत्व का केन्द्र है। 25 वर्ष तक ब्रह्मचर्यपूर्वक तप करने वाला वसु, 36 वर्ष तक इसी प्रकार साधना करने वाला रूद्र तथा 48 वर्ष तक

तप करने वाला आदित्य कहा जाता है। सुसंस्कृत समाज के ये ही तीन वर्ग हैं।

निघण्टु में गौ शब्द के विभिन्न अर्थ किये गये हैं। इनमें से प्रथम वाणी-अंतरात्मा की पुकार, दूसरा मातृभूमि और तीसरा गाय नाम का पशु है। अंतरात्मा की आवाज के अनुसार कार्य करने पर मनुष्य की दिनानुदिन उन्नति होती रहती है। तब गौ-हमारी अंतर्रात्मा हमारे लिए माता के समान हितकारिणी बन जाती है। आत्मा की शासक अग्नियों 'वृत्तियों' से प्रकट होने के कारण यह पुत्री के समान पवित्र है। मर्यादा पालने के लिए बहन के समान साहस बढ़ाती है, अतः इस गाय की आत्मा की पुकार की तू कभी हिंसा मत कर।

हमारा यह शरीर मुट्ठी भर मिट्टी से बना है और अंत में मातृभूमि की इसी मिट्टी में मिल जाएगा। इसलिए हम पर मातृभूमि का यह ऋण है। इसी संबंध के कारण हमें वेद 'अथर्व. 12/1/12' ने निर्देश दिया है :-

माता भूमिः पुत्रोअहम् पृथिव्याः।

अर्थात भूमि मेरी माता है और मैं इसका पुत्र हूं। यह मातृभूमि भी हमें बहुत कुछ देती है, इसलिए इसके प्रति भी सदा निष्ठावान रहना हमारा कर्त्तव्य है।

गौ के भीतर भी माता और मातृभूमि के समान ही असाधारण गुण होते हैं, जिनसे हमारी बुद्धि तीव्र होती है और शरीर हष्ट पुष्ट स्वस्थ रहता है। उसी के दिये हुए बछड़ों से हम खेती करते हैं और उसी की गोबर से हमें खाद मिलती है।

इस प्रकार गाय हमारी राष्ट्रीय अर्थव्यवस्था का आधार है। इसलिए उसके प्रति भी हमें अहन्तव्य रहने का आदेश दिया गया है। अथर्ववेद '1/4/16' में तो गाय का वध करने वालों को **त्वा सीसेन विधयाओ**-अर्थात शीशे की गोली से बींधने की बात कही गयी है। जबकि ऋग्वेद में **आरे मोहनमुत पुरूषघ्नम।** अर्थात पुरुष को हानि पहुंचाने वालों से भी पहले गाय के मरने वाले को नष्ट करने की बात कही गयी है।

अथर्व '9/4/20' गाव सन्तु प्रजाः सन्तु अथाअस्तु तनूबलम। अर्थात घर में गायें हों, बच्चे हों और शरीर में बल हो, ऐसी प्रार्थना की गयी है। जबकि शतपथ ब्राह्मण में '7/5/2/34' में कहा गया है-**सहस्रो वा एष शतधार उत्स यदगौः।** अर्थात भूमि पर टिकी हुई जितनी जीवन संबंधी कल्पनाएं हैं उनमें सबसे अधिक सुंदर सत्य, सरस और उपयोगी यह गाय है। इसमें गाय को अघ्न्या बताया गया है। सहस्र-अनंत और असीम है। जो शतधार-सैकड़ों धाराओं वाला है।

कोलंबस ने सन 1492 में जब अमेरिका की खोज की तो वहां कोई गाय नहीं थी, केवल जंगली भैंसें थीं। उनका दूध निकालना लोग नहीं जानते थे, मांस और चमड़े के लिए उन्हें मारते थे। कोलंबस जब दूसरी बार वहां गया तो वह अपने साथ चालीस गाय और दो सांड लेता गया ताकि उसे वहां गाय का अमृतमयी दूध मिलता रहे।

सन् 1525 में गाय वहां से मैक्सिको पहुंची। 1609 में जेम्स टाउन गयी, 1640 में गाय की संख्या 40 से बढ़कर 30 हजार हो गयीं। 1840 में डेढ़ करोड़ हो गयीं। 1900 में चार करोड़, 1930 में छह करोड़ साढ़े छियासठ लाख और 1935 में सात करोड़ 18 हजार 458 हो गयीं। अमेरिका में सन् 1935 में 94 प्रतिशत किसानों के पास गाय थीं, प्रत्येक के पास 10 से 50 तक गाय थी।

गर्ग संहिता के गोलोक खण्ड में भगवद-ब्रह्म-संवाद में उद्योग प्रश्न वर्णन नाम के चौथे अधयाय में बताया गया है कि जो लोग सदा घेरों में बाय का पालन करते हैं। रात-दिन गायों से ही अपनी आजीविका चलाते हैं, उनको गोपाल कहा जाता है। **जो सहायक ग्वालों के साथ नौ लाख गायों का पालन करे वह नंद और जो 5 लाख गायों को पाले वह उपनंद कहलाता है। जो दस लाख गाय का पालन करे उसे वृषभानु कहा जाता है और जिसके घर में एक करोड़ गाय का संरक्षण हो उसे नंदराज कहते हैं। जिसके घर में 50 लाख गायें पाली जाएं उसे वृषभानुवर कहा जाता है।** इस प्रकार ये सारी उपाधियां जहां व्यक्ति की आर्थिक संपन्नता की प्रतीक है, वहीं इस बात को भी स्पष्ट करती हैं कि प्राचीन काल में गाय हमारी अर्थव्यवस्था का आधार थी। साथ ही यह भी कि आर्थिक रूप से संपन्न व्यक्तियों के भीतर गौभक्ति कितनी मिलती थी? इस प्रकार की गौभक्ति के मिलने का एक कारण यह भी था कि गौभक्ति को राष्ट्रभक्ति से जोड़कर देखा जाता था। गाय ही मातृभूमि की रक्षार्थ अरिदल विनाशकारी क्षत्रियों का, मेधाबल संपन्न ब्राह्मण वर्ग का, कर्तृतव्यनिष्ठ वैश्य वर्ग का तथा सेवाबल से युक्त शूद्र वर्ग का निर्माण करती थीं।

मेगास्थनीज ने अपने भारत भ्रमण पर अपनी पुस्तक '**इण्डिका**' में लिखा है। वह लिखते हैं कि **चंद्रगुप्त के समय में भारत की जनसंख्या 19 करोड़ थी और गाय की संख्या 36 करोड़ थी। (आज सवा अरब की आबादी के लिए दो करोड़ हैं) अकबर के समय भारत की जनसंख्या 20 करोड़**

और गायों की संख्या 28 करोड़ थी। 1940 में जनसंख्या 40 करोड़ थी और गायों की संख्या पौने पांच करोड़ जिनमें से डेढ़ करोड़ युद्ध में ही मारी गयीं।

सरकारी रिपोर्ट के अनुसार **1920 में चार करोड़ 36 लाख 60 हजार गायें थीं। वे 1940 में 3 करोड़ 94 लाख 60 हजार रह गयीं। अपनी संस्कृति के प्रति हेयभावना रखने के कारण तथा गाय को संप्रदाय 'मजहब' से जोड़कर देखने के कारण गौभक्ति को भारत में कुछ लोगों की रूढ़िवादिता माना गया है जबकि ऐसा नही है।**

गाय के प्रति मुहम्मद साहब की पत्नी आयशा ने कहा कि फरमाया रसूल अल्लाह ने गाय का दूध शिफा है और घी दवा तथा उसका मांस रोग है। अर्थात मांस खाना रोगों को बुलाना है, इसलिए बात साफ है कि गौवध वहां भी निषिद्ध है। इसी बात को मुल्ला मोहम्मद बाकर हुसैनी का कहना है कि गाय को मारने वाला, फलदार दरख्त को काटने वाला और शराब पीने वाला कभी नहीं बख्शा जाएगा।

जनाब मुजफ्फर हुसैन ने एक किताब लिखी है 'इसलाम और शाकाहार' उसमें उन्होंने प्रमाणों के साथ सिद्ध किया कि इस्लाम में भी गौवध की मनाही है। भारत की प्राचीन काल से ही जीवन जीने की नीति रही है कि **आत्मवत सर्वभूतेषु यः पश्यति स पश्यति**-अर्थात जो सब प्राणियों को अपने समान जानता है, वही ज्ञानी है, बात साफ है कि जब आप सबको अपने समान ही जानोगे या मानोगे तो फिर किसी की हिंसा करने का प्रश्न ही कहां रह गया? नीतिकार ने स्पष्ट किया है कि **आत्मनः प्रतिकूलानि परेषां न समाचरेत्** अर्थात जो व्यवहार या कार्य या बात आपको अपने लिए अच्छी नहीं लगे उसे दूसरों के साथ भी मत करो। अब जब हम अपनी मृत्यु हिंसा से नहीं चाहते हैं तो हमें दूसरों के साथ भी हिंसात्मक व्यवहार नहीं करना चाहिए। इसी बात को यजुर्वेद '12/32' ने **मा हिंसी तन्वा प्रजाः** कहकर हमें निर्देशित किया है कि प्रजाओं को अर्थात किसी भी प्राणी को अपने शरीर से मत मार। यह निर्देश वेद का हिंसा निषेध है।

ऋग्वेद '1/161/7' के **निश्चर्मणो गामरिणीत धीतिभिः** मंत्र का अर्थ सायणाच्चार्य ने गौ का चमड़ा उचेड़ो किया है। जिससे गौहत्या का आदेश देने का कलंक वेद के माथे लगाने का कुछ लोगों को अवसर मिल गया है। अब जिस गौ को वेद अघ्न्या कह रहा है, उसे ही यहां मारने की बात कहे

तो तार्किक सा नहीं लगता। वास्तव में जैसा कि हमारे द्वारा पूर्व में ही कहा गया है कि गौ का एक अर्थ वाणी भी है, तो यहां इस मंत्र में हमें यही अर्थ निकलना होगा। जिससे **निश्चर्मणो गामरिणीत धीतिभिः** का अर्थ होगा वाणी को चर्म् रहित करके बोलो। गौ का एक अर्थ बाल भी है, तो बात साफ हुई कि वेद यहां बाल की खाल उतारने की बात कह रहा है।

बाल की खाल उतारने का अर्थ है कि विषय की गहराई तक जाओ, तर्क जब तक शांत न हो जाए, तब तक अनुसंधान चलता रहना चाहिए। वेद विज्ञान पर आधारित ग्रंथ है, इसलिए तर्कपूर्ण अनुसंधान की ओर संकेत करते हुए, मननशील होकर तर्कपूर्ण अनुसंधान के माध्यम से विभिन्न शिल्पों में कुशलता प्राप्त करने का उपदेश इस मंत्र में दिया गया है।

इस प्रकार वेद पर गौहत्या का आरोप लगाना या वेदों में गौहत्या का आदेश खोजना अपनी भारतीय संस्कृति को अपमानित करने के समान है। आज जब सारा विश्व भारत की ओर देख रहा है तब हमें वेदों के सही अर्थ करके विश्व की ज्ञान पिपासा को शांत करना ही अभीष्ट मानना चाहिए।

गाय का दूध और हमारा स्वास्थ्य

गाय का दूध मनुष्य के स्वास्थ्य के लिए अमृत माना गया है। आजकल तनाव का रोग बहुत मिलता है, इसका प्रभाव हमारी स्मरण शक्ति पर भी पड़ता है। तनाव के कारण अथवा चिड़चिड़ाहट मानसिक दुर्बलता, शारीरिक थकान, कार्य की अधिकता, मस्तिष्क में अपेक्षा से अधिक कार्यों को समेटकर रखने की हमारी प्रवृत्ति के कारण हमारी स्मरण शक्ति दुर्बल हो जाती है। मनुष्य प्रात:काल से सायंकाल तक ध्यान अथवा प्रभु भजन के लिए समय ही नहीं निकाल पाता। यदि हम प्राणायाम एवं व्यायाम नित्य प्रति करें तो हमारी मानसिक दुर्बलता दूर हो सकती है, परंतु उसके लिए भी आजकल मनुष्य के पास समय नही है। इसीलिए प्रत्येक मनुष्य किसी न किसी प्रकार के रोग से पीड़ित है, परंतु स्मरण शक्ति की दुर्बलता तो अधिकांश लोगों में मिल जाती है।

स्मरण शक्ति को बढ़ाने के लिए यों तो कई प्रकार के आसन, प्राणायाम, व्यायाम, प्रात:काल की सैर और ओसयुक्त घास पर टहलना जैसे उपाय तो हैं ही परंतु गाय का दूध इन सबसे बढ़कर प्रभाव दिखाने वाला है।

नेत्र ज्योति एवं स्मरण शक्ति बढ़ाने में सहायक गाय का दूध : सौंफ, बादाम, मिश्री इन तीनों को समभाग लेकर कूटपीस कर चूर्ण बना लें। इस चूर्ण को रात्रि में गाय के दूध के साथ सोने से पहले अंतिम खाद्य पदार्थ के रूप में 10 ग्राम 'एक तोला' सेवन करें। 40 दिन के सेवन से नेत्रों के विकार दूर हो जाते हैं, यथा आंखों में खुजली होना, असमय चश्मे चढ़ जाना, पढ़ते पढ़ते आंखें दुखने लगना इत्यादि। यह योग चश्मे छुड़ाने तक में सहायक है। परंतु इस योग को करने से पहले यह देखना आवश्यक है कि रोगी को नजला न होता हो, क्योंकि ठंडी चीजों का सेवन करने के उपरांत ऐसे लोगों को नजला हो सकता है। तब ऐसे रोगियों को सौंफ, बादाम और मिश्री के साथ कुछ काली मिर्च डाल लेनी चाहिए।

+ बच्चों को उक्त दस ग्राम की मात्रा का आधा ही दें। इस योग से जहां नेत्र ज्योति बढ़ती है वहीं स्मरण शक्ति में भी वृद्धि होती है।

+ आंखों को स्वस्थ रखने के लिए चार बादाम रात्रि में पानी में भिगोयें और सुबह पीसकर चार काली मिर्च के साथ मिश्री के साथ चाटें और ऊपर

से गाय का दूध ले लें। इस योग से कभी भी दृष्टि मंद नहीं होगी। गाय का दूध सोने पर सुहागे का काम करेगा।

+ सात दाने बादाम गिरी सांयकाल किसी कांच के बर्तन में जल में भिगो दें। प्रातः उनका लाल छिलका उतारकर बारीक पीस लें। यदि आंखें कमजोर हों तो साथ ही चार काली मिर्च पीस लें। इसे उबलते हुए 250 ग्राम गाय के दूध में मिलायें, जब तीन उफान आ जाएं तो नीचे उताकर एक चम्मच देशी गाय का घी और दो चम्मच बूरा डालकर ठंडा करें। पीने योग्य गर्म रह जाने पर इसे आवश्यकतानुसार 15 दिन से 40 दिन तक प्रयोग करें। इस प्रकार लिया गया गाय का दूध मस्तिष्क और स्मरण शक्ति की दुर्बलता को दूर करता है और मनुष्य में ओज, तेज एवं वीर्य की वृद्धि करता है।

+ यह बादाम का दूध सर्दियों में विशेषकर लाभप्रद है और जो लोग मस्तिष्क और बुद्धि का अधिक कार्य करते हैं उनके लिए अत्यंत उपयोगी है। प्रातःकाल यदि आप इस दूध को लेते हैं तो दूध लेने के दो घंटे पश्चात तक कुछ न खायें पियें। उपरोक्त बादाम का दूध तीन-चार दिन पीने से ही आधे सिर के दर्द में लाभ होने लगता है। यहां पर यह भी ध्यान रखना चाहिए कि बादाम को चंदन की भांति जितना अधिक बारीक रगड़-रगड़कर पीस लिया जाएगा, उतना ही हमारे लिए लाभकारी होगा।

+ **आधे सिर का दर्द :** गाय का ताजा घी सुबह शाम दो चार बूंद नाक में रूई से टपका लें अथवा सूंघते रहने से आधा सीसी अथवा आधे सिर का दर्द दूर हो जाता है। साथ ही इस योग से नाक से रक्त आ जाने की बीमारी का भी जड़मूल से नाश हो जाता है। इसे सात दिन तक लें।'

+ **कोष्ठबद्धता या कब्जः** गाय के गर्म दूध के साथ यदि रात्रि में सोते समय एक तोला ईसबगोल का प्रयोग किया जाए तो पेट में कभी कोष्ठबद्धता अथवा कब्ज का रोग नहीं हो सकता। इसके नियमित सेवन से प्रातःकाल पेट सहजता के साथ साफ हो जाता है और मल बंधा हुआ आता है। पेट के रोगियों को यह धयान रखना चाहिए कि मल कभी भी न तो अधिक ढ़ीला हो और न ही अधिक कठोर हो। मल यदि बंधा हुआ लोचदार आता है तो समझना चाहिए कि आंतों में खुश्की नहीं है, न ही आंतों में मलावरोध है और न ही पेट में गैस बनती है। इसलिए आंतों को इन रोगों से बचाए रखने के लिए ईसबगोल और गाय का दूध रामबाण औषधि है।

+ **दस्त होने पर :** एक कटोरी गाय के दही में यदि एक तोला ईसबगोल मिलाकर रोगी को दे दिया जाए तो रोगी के दस्त बहुत शीघ्र शांत हो जाएंगे। लेखक ने यह योग अनेक बार प्रयोग किया है। आजकल के चिकित्सक दस्तों

के रोगियों से चिकित्सा के नाम पर बहुत धन ऐंठ लेते हैं, परंतु यह योग बहुत ही सस्ता और अतीव गुणकारी है।

+ **मूत्र कम आने का रोगः** ऐसे रोग अक्सर वृद्धावस्था में होते हैं। इन रोगों से पीड़ित कितने ही वृद्ध हमें मिलते रहते हैं, ऐसे लोगों को यदि दो छोटी इलायची पीसकर गाय के दूध के साथ देदी जाएं तो उन्हें पेशाब खुलकर आने लगता है और मूत्रदाह 'पेशाब में जलन' का रोग भी शांत हो जाता है।

+ **खूनी और बादी बवासीर :** गाय के दूध से बना छाछ खूनी और बादी दोनों प्रकार की बवासीर में लाभकारी है। सूखे नारियल की जटा को जलाकर राख बनाकर छानकर रख लें। इस नारियल जटा भस्म को तीन-तीन ग्राम की मात्र में दिन में तीन बार, खाली पेट डेढ़ कप छाछ या गाय के दही के साथ केवल एक दिन ही सेवन करायें। गाय का दही या छाछ खट्टा नहीं होना चाहिए। खूनी और बादी दोनों प्रकार की बवासीर इस योग से शांत हो जाती हैं। दोबारा लेने की आवश्यकता बहुत कम पड़ती है। यदि फिर भी आवश्यक हो तो और मात्रा भी ली जा सकती है।

+ **गठिया रोग :** जोड़ों के दर्द से भी आजकल बहुत लोग पीड़ित हैं। इसके लिए नागौरी असगंधा की जड़ और खान दोनों समभाग लेकर कूट पीसकर कपड़े से छानकर बारीक चूर्ण बना लें और पिसी कांच के पात्र में रख लें। प्रतिदिन प्रातः सायं 4 ग्राम चूर्ण गाय के गर्म दूध के साथ सेवन करें। आवश्यकतानुसार तीन सप्ताह से छह सप्ताह तक लें। इस योग से गठिया का वह रोगी भी स्वस्थ हो जाता है, जिसने रोग शैया पकड़ ली हो।

वैसे ये रोग आहार विहार में असावधानी बरतने के कारण होते हैं, यदि हम अपने आहार विहार पर उचित ध्यान दें और पेट में गैस न बनने दें तो यह रोग निकट नहीं आ सकता। गठिया रोग के रोगियों के लिए आवश्यक है कि असगंधा का प्रयोग करने से पहले इसे दूध में उबाल कर साफ कर लेना चाहिए और सुखाकर तब चूर्ण बनाना अच्छा रहता है। इस प्रयोग को शीतकाल में किया जाए तो ही उत्तम है। तलीय हुई वस्तुएं या तेल, खटाई और बादी कारक वस्तुएं न खायें। आंव की शिकायत में इसे न लें। असगंधा का चूर्ण दो चम्मच की मात्रा में गाय के घी से बनाये गये गुण के हलवे में 15 दिन प्रातः खाली पेट लेने से गठिया रोग ठीक हो जाता है।

(अधिक जानकारी के लिए चिकित्सकीय परामर्श आवश्यक है।)

माता क्यों कही जाती है-गाय?

गाय को हमारे यहां माता का सम्मान जनक स्थान प्राप्त है। इसका कारण केवल ये है कि गाय का पंचगव्य हमारे स्वास्थ्य के लिए बहुत ही उपयोगी है। चिकित्सा शास्त्रों में जहां-जहां भी दूध, घी, दही, छाछ की बात कही गयी है, वहीं-वहीं उसका अर्थ गौदुग्ध, गौघृत, गौदधि और गऊ छाछ से लिया जाना चाहिए। इनमें पांचवां गौमूत्र सम्मिलित कर लिया जाए तो पंचगव्य बन जाता है। यह पंचगव्य हमारे लिए कितना उपयोगी है, इसी पर इस लेख में चिंतन करते हैं। लेखक चिकित्सक नहीं है, यहां पर प्रस्तुत किये जा रहे योग कुछ स्वानुभूत हैं, कुछ अनुभवी लोगों से सुने गये हैं और कुछ विद्वानों से संकलित किये गये हैं। इन्हें हम यहां पाठकों के लाभार्थ प्रस्तुत कर रहे हैं।

रतौंधी : गौ की खीस 'ब्याते ही दो तीन दिन तक जो दूध आता है, वह नेत्र ज्योति के लिए बहुत उत्तम है। बचपन में हम अपने गांव में देखा करते थे कि जिन लोगों को रतौंधी रोग होता था, उन्हें गाय के ब्याते ही पहली बार निकलने वाला दूध पिलाया जाता था। इससे चमत्कार होता और रतौंधी रोग दो दिन में ही भाग जाता था।

नक्तान्धता 'रतौंधी' : काली गाय का मूत्र दो-दो बूंद सुबह-शाम, 2-3 मास तक निरंतर आंखों में डालने से रतौंधी रोग नष्ट हो जाता है।

नजला : नजला एक ऐसा रोग है, जिसकी पीड़ा केवल वही जानता है जो उसे भोगता है। यह रोग फेफड़ों में बलगम भर देता है, जिससे फेफड़ों में शुद्ध वायु का प्रवेश बाधित हो जाता है। अतः फेफड़े हृदय दुर्बलता का अनुभव करने लगते हैं। दीर्घकाल तक रोग रहने से व्यक्ति की सांस फूलने लगती है। कई बार बलगमी खांसी बन जाती है। कभी-कभी व्यक्ति कफ निकालने के लिए इतनी देर तक खांसता है कि खांसते खांसते ही चल बसता हैं। ऐसे रोगी यदि गाय का घी नाक से लगभग दो तोला भी पी लें तो यह नजला का रोग एक या दो बार में ही शांत हो सकता है। एक वृद्ध व्यक्ति ने यह योग बचपन में बताया था, करके देखा तो परिणाम बहुत ही अच्छा आया।

अतिसार 'दस्त' :- इस रोग के लिए देशी गाय के घी में भुनी हुई 3

ग्राम भांग को शहद में मिलाकर रात्रि में चटाना चाहिए। रोगी को इस दवा से नींद अच्छी आएगी और अतिसार संग्रहणी व अपच रोग में लाभ मिलेगा।

अण्डकोश-वृद्धिः गौमूत्र 120 ग्राम, गूगल शुद्ध 6 ग्राम, अरण्डी का तेल 12 ग्राम इन तीनों को मिलाकर निरंतर एक मास तक पीने से 15-20 दिन में ही रोग ठीक हो जाता है।

रोग अनेक औषधि एकः आधा किलो गौदुग्ध लें। इसमें गेहूं का दलिया भुना हुआ 25 ग्राम, मूसली सफेद का चूर्ण 10 ग्राम उबालें। जब दलिया गल जाए तब उतार लें। ठण्डा होने पर गौघृत 10 ग्राम और मधु 20 ग्राम मिलाकर खिला दें। सात दिन तक सेवन कराने से शरीर में बल वीर्य की वृद्धि होती है, और दुर्बलता का नाश होकर तदजनित कई रोगों से मुक्ति मिलती है।

आयुर्वेदिक चाय का योगः गेहूं के आटे को छानने पर जो चोकर शेष बचता है, उसे चिकित्सकों ने प्राचीनकाल से ही मानव शरीर के लिए अतीव गुणकारी माना है। 10 ग्राम चोकर को एक प्याला पानी में अच्छी प्रकार उबालकर कपड़े से छान लें। फिर इसमें गाय का दूध और मीठा मिलाकर सुबह-शाम चाय की भांति पियें। इसके निरंतर सेवन करने से शरीर सुदृढ़ और शक्तिशाली बनता है। जो लोग अंग्रेजी चाय के आदी हो चुके हैं और उस चाय को पी पीकर अपना स्वास्थ्य और सौंदर्य खो बैठे हैं। वह इस योग को अपनाकर गौमाता के उपकारों का भलीभांति अनुमान लगा सकते हैं। यदि इसमें बादाम की पांच गिरियां भली प्रकार रगड़कर मिला दी जाएं तो व्यक्ति पर वृद्धावस्था का प्रभाव नहीं पड़ता है। बुद्धि तीव्र होती है और स्मरण शक्ति में वृद्धि होती है। नजला, सिर दर्द, जुकाम में भी अत्यंत लाभदायक है। सचमुच सर्वाधिक न्यूनतम मूल्य पर उपलब्ध होने वाला यह अतीव गुणकारी योग है।

गलगण्ड या कण्ठमाला : कायफल को बारीक पीसकर तथा गौमूत्र में मिलाकर लेप करने से प्रत्येक प्रकार की कण्ठमाला ठीक हो जाती है।

कब्जः त्रिफला, काली हरड़, सनाय, गुलाब के फूल, मुनक्का 'बीज निकाला हुआ' बादाम की गिरी, काला दाना, बनफशा सभी वस्तुएं बराबर मात्र में लेकर कूट पीसकर मिला लें। रात्रि में सोते समय 6 ग्राम दवा गौदुग्ध के साथ सेवन करें। प्रातः दस्त खुलकर आएगा। कुछ दिन तक निरंतर सेवन करने से कब्ज रोग जड़ मूल से नष्ट हो जाएगा।

-प्रतिदिन 15-20 मुनक्के गौदुग्ध में उबालकर खाएं फिर उसी दूध को पीलें। कब्ज रोग बड़ी शीघ्रता से भागता है।

-त्रिफला 50 ग्राम बादाम गिरि 50 ग्राम, सौंफ 50 ग्राम, सोंठ 50 ग्राम,

मिश्री 30 ग्राम लें। पहले त्रिफला, सौंफ और सोंठ को बारीक पीसकर छान लें, तत्पश्चात इसमें बादाम गिरि और मिश्री मिलाकर कूट लें। रात्रि में सोते समय 6 ग्राम औषधि गौदुग्ध के साथ सेवन करें। इस योग से कब्ज में अत्यंत शीघ्रता से लाभ होता है। मस्तिष्क को भी इस योग से बल मिलता है।

–30 ग्राम उत्तम कास्ट्रायल गरमा गरम गाय के दूध में मिश्री डालकर पिलायें। इस योग से कब्ज और बुखार दोनों ही दूर होते हैं।

पीपली कल्पः छोटी–पीपली 5 दाने आधा किलो गौदुग्ध में डालकर इतना पकाएं कि पीपली नर्म हो जाएं। फिर पीपलों को निकालकर खा लें और दूध में मिश्री मिलाकर पी लें। अगले दिन 3 पीपली बढ़ा दें और आठ दिन तक निरंतर 3–3 पीपलें बढ़ाते जाएं। नवें दिन से 3–3 पीपलें घटाते जाएं, यहां तक कि 5 पीपली पर आ जाएं।

यह आयुर्वेद की अनुपम और अद्वितीय चिकित्सा मानी गयी है। इसके सेवन से पुराने से पुराना बुखार, खांसी, श्वास, दमा, क्षय रोग, हिचकी, विषम ज्वर, आवाज बिगड़ना, बवासीर पेट का वायुगोला, जुकाम आदि रोग दूर होते हैं। भूख खुलकर लगने लगती है। यह योग दुर्बलों को सबल, पतलों को मोटा बनाता है तथा जिनके गले की आवाज बिगड़ रही हो उनकी आवाज को भी खोलता है और सुरीली बनता है। आयु और बुद्धि को बढ़ाता है। पीलिया रोग को भी दूर करता है, तिल्ली और दूसरे रोगों को भी शांत करता है। इस औषधि के सेवन काल में दूध (गाय का उत्तम है) और भात के अतिरिक्त अन्य कोई वस्तु नहीं खानी चाहिए। जो लोग अधिक पीपलें नही खा सकें, उन्हें केवल दूध ही पिला दिया जाए।

सोंठकल्पः सोंठ उत्तम 2 किलो लेकर कूट पीसकर कपड़छन कर लें। इस चूर्ण में आधा किलो गुड़ और एक किलो गौघृत मिलायें। गाय की थोड़ी सी छाछ भी मिलाकर खूब मलें। फिर किसी चिकनी मिट्टी के बर्तन में रखकर उस हांडी को कपड़मिट्टी कर दें। सूखने पर एक मास तक धान के भीतर दबा दें। एक नित्य खिलायें। छह मास में सारे रोग नष्ट हो जाते हैं।

औषधि सेवन से पूर्व दो तीन दिन जुलाब लेकर पेट साफ कर लेना चाहिए।

कान दर्द : गर्म गौ दूध आधा किलो में 20 ग्राम गाय का घी मिलाकर तीन दिन पीने से कान का दर्द दूर हो जाता है।

कोढ़ अथवा कुष्ठ रोग : कोढ़ जैसे घृणित रोग में भी गाय का घृत, दूध या मूत्र किसी न किसी प्रकार उपयोगी सिद्ध होता है। इस रोग के उपचार के लिए मनीषियों एवं अनुभवी सिद्धहस्त लोगों ने निम्नलिखित योग बताये हैं–

–काली हरड़ 30 ग्राम, चित्र की छाल 30 ग्राम, काली मिर्च 20 ग्राम, मीठा तेलि या शुद्ध 10 ग्राम इन सबको बारीक पीसकर गाय के घी में चिकना कर लें। फिर चौगुना शहद मिलाकर अवलेह बना लें। प्रतिदिन 6 ग्राम दवा गुनगुने पानी के साथ खिलायें। प्रत्येक प्रकार के कोढ़ के लिए इसे उत्तम औषधि बतायी गयी है।

+ नीम के फूल, नीम के पत्ते, निम्बौली, नीम की जड़ प्रत्येक आधा किलो, काली मिर्च, हरड़ की छाल, बहेड़े की छाल, आंवला बावर्ची 'गौमूत्र में शुद्ध की गयी' प्रत्येक 250 ग्राम। सबको बारीक पीसकर कपड़े से छान लें। प्रतिदिन छह ग्राम दवा मजीठ के जोशांदे के साथ खिलाएं और रोगी को नीम के नीचे सुलाएं। इस दवा के सेवन से गंभीर कुष्ठ रोग चार माह में दूर हो जाते हैं।

+ आमला की चूर्ण छह ग्राम 4 ग्राम गौघृत और 8 ग्राम मधु के साथ दिन में तीन बार छह मास तक सेवन करने से महाकुष्ठ भी नष्ट होकर पुनः नवीन नख, दांत और केश प्राप्त होते हैं।

– गिलोय को तिल और गौदुग्ध के साथ सेवन करने से कुष्ठ रोग जड़ से दूर होता है।

– बावर्ची के बीजों का ऊपर का छिलका हटाकर उसके मगजों के तीन ग्राम चूर्ण को एक किलो गर्म गौदुग्ध में डालकर उसकी दही तैयार कर लें।

अगले दिन दही को मथकर मक्खन निकाल लें। इस मक्खन में शहद मिलाकर चाट लें। ऊपर से उस मठे को पी जाएं।

भयंकर से भयंकर कुष्ठ रोग को भी दूर करने के लिए सर्वोत्तम योग है।

गर्मी से बचाव के लिए पेयः छाछ

गाय का दूध तो अमृत है ही, साथ ही गौदधि और छाछ भी बहुत ही उपयोगी है। गर्मियों में हमारे यहां लोग सुबह–शाम दलिया बनाते थे और उस दलिया को गौदुग्ध या गौदधि से बनी छाछ के साथ खाते थे। सारा दिन उनका शरीर गर्मी में कृषि कार्य करने के उपरांत भी ठंडा रहता था। यह शरीर को प्राकृतिक रूप से वातानुकूलित बना देता था गौदधि या छाछ। आजकल सुबह हम चाय लेते हैं जो हमारे जैसे गर्म देश के लोगों के शरीर में अनावश्यक गर्मी या उत्तेजना उत्पन्न करती है, जिससे उच्च रक्तचाप, एसिडिटी अपच, अनिद्रा जैसी व्याधियां इस देश के लोगों को घेर रही हैं।

हमें अपनी गौमाता के गुणों से परिचित नहीं कराया जा रहा है क्योंकि हमारी सरकार ने बड़ी कठिनता से जिस गौमांस निर्यातक देश का स्थान प्राप्त

किया है, इससे वह उससे छिन सकता है। हमें सब्सिडी चाहिए और सरकार हमारे भविष्य को उजाड़कर या उसे दांव पर लगाकर हमें सब्सिडी देती है। हम प्रसन्न हो जाते हैं कि हमें सब्सिडी मिल रही है–पर यह नहीं देखते कि यह सब्सिडी कितना मूल्य चुकाकर प्राप्त की गयी है? हमें सोचना चाहिए कि धन सरकार के घर में नहीं बनता है। वह धन एकत्र करती है जनता से राजस्व करों के माध्यम से।

जब जनता कहीं किसी प्रकार से सब्सिडी मांगती है, तो देश के नेता लोग ऐसी युक्ति निकालते या खोजते हैं कि धन संग्रह भी कर लिया जाए और जनता को पता भी नहीं चले। बस, इसी युक्ति को फलीभूत करने के लिए देश से गौमांस निर्यात किया जा रहा है। आने वाले 50 वर्ष में हमारा स्वास्थ्य हमारी कृषि और हमारी अर्थव्यवस्था गौवंश के नाश होने पर सर्वनाश को प्राप्त हो जाएंगे। तब हमें पता चलेगा कि सब्सिडी कहां से दी जा रही थी? इसलिए देश की जनता को समय रहते सावधान होना चाहिए। गौमांस निर्यातक देश का स्थान प्राप्त करना भारत जैसे गौभक्त देश के लिए लज्जा का विषय है। प्रकृति प्रदत्त इस अनमोल प्राणी की रक्षार्थ न सही हम अपने भविष्य की रक्षार्थ ही सही, जितनी शीघ्रता से उठ खड़े हों उतना ही लाभकारी है।

हमारा कर्त्तव्यबोध और गौमाता

गाय की रीढ़ की हड्डी में सूर्यकेतु नाड़ी होती है। यह नाड़ी गाय के रक्त में स्वर्णाक्षर बनाती है। यही स्वर्णाक्षर पीले पीले सुनहरे रंग में हमें गाय के दूध घी आदि में स्पष्ट दीखता है। यही कारण है कि गौदुग्ध का सेवन करने वाले व्यक्ति के रंग से स्वर्णिम आभा झलकने लगती है। भारत में पुराने समय में लोग गौमूत्र का सेवन करके भी स्वयं को स्वस्थ रखा करते थे। ग्वाले लोग तपती ज्येष्ठ मास की गर्मी में भी गौमूत्र के सहारे भीषण गरमी को सहज ढंग से सहन कर लिया करते थे। सूर्यकेतु नाड़ी के प्रभाव से गौमूत्र गरमी शोधक बन जाता है। यही कारण है कि गाय को मई जून के माह में भी गरमी नहीं सताती। इसलिए गौ दूध, तक्र, घी, दही, गौमूत्र आदि का सेवन करने वाले व्यक्ति को भी गरमी नहीं सताती।

आज के वैज्ञानिकों की मान्यता है कि गौमूत्र में नाईट्रोजन, सल्फर, अमोनिया गैस, ताम्बा, लौह, यूरिया, यूरिक एसिड, फास्फेट, सोडियम, पोटैशियम, मैगनीज, कार्बोलिक एसिड, कैल्शियम, नमक और विटामिन ए, बी, सी, डी, ई आदि तत्व पाये जाते हैं। इनसे मनुष्य पूरी तरह स्वास्थ्य लाभ करता है। गाय के दूध की दही को अथवा तक्र में मिले गेंहू के दलिया के सेवन से गरमी के दिनों में भी मनुष्यों को प्यास नहीं सताती। व्यक्ति बड़े सहज ढंग से भरी गरमी में कार्य कर सकता है। उसकी रोग निरोधक क्षमता सुदृढ़ होती है। शरीर में कीटाणुओं का नाश होता है। हृदय स्वस्थ रहकर अपना कार्य करता है। किसी प्रकार की चिड़चिड़ाहट या घबराहट नहीं होती है। यहां तक कि सिर के बाल भी काले बने रहते हैं। गौमूत्र के सेवन में बुढ़ापा आक्रमण नही करता।

कब्ज, खाज, कोढ़, खुजली, एग्जिमा, पथरी, दीर्घ ज्वर, पीलिया, सूजन, खांसी, जुकाम, दमा, पाण्डुरोग, बच्चों की सूखी खांसी, बांझपन,

उदर वकार, नेत्र विकार, तपेदिक, बाल झडना, रक्तचाप, कैंसर, जलोदर, कान दर्द, नारियों के मासिक धर्म की अनियमितता, रक्त प्रदर, श्वेत प्रदर, कमर दर्द, सिर दर्द, हाथ पांव फूलना, जी घबराना, चक्कर आना, गैस ट्रबल, हाथ पांव की जलन, दिमागी दुर्बलता, दिमागी गर्मी, नींद न आना, मुख मण्डल पर छोटी छोटी फुंसियों का हो जाना, चोट लगना, कटना, मोच आना, आदि में विशेष प्रकार से गौमूत्र लेने से आशातीत लाभ होता है।

गौमूत्र की धूम आज न केवल भारत वर्ष में अपितु अमेरिका तक में मच रही है। लोग बड़ी उत्सुकता से इस अद्‌भुत रसायन की ओर आकर्षित हो रहे हैं। किंतु फिर भी यह दुख और दुर्भाग्य का विषय है कि भारत वर्ष में ही आज सृष्टि का यह बेजोड़ प्राणी, जिसे प्रत्येक मनुष्यमात्र की माता कहा जाना भी अतिशयोक्ति नहीं होगी, अपने अस्तित्व की लड़ाई लड़ रहा है। एक सर्वेक्षण के अनुसार लगभग सवा की भारत की जनसंख्या के लिए सारे दुधारू पशुओं की संख्या लगभग पांच करोड़ ही रह गयी है। इससे हमारे भविष्य की भयावह तस्वीर उभरकर सामने आती है। मिलावटी दूध आज भी बड़ी मात्रा में बिक रहा है। जिससे मनुष्य की रोग निरोधक क्षमता पर कुप्रभाव पड़ रहा है। नये-नये प्राणलेवा रोग दिन प्रतिदिन बढ़ते जा रहे हैं। युवावर्ग का कांतिहीन चेहरा आने वाले दुर्बल युवा भारत की ओर संकेत कर रहा है। कहा जाता है कि सतयुग में भारत की जनसंख्या मात्र छह करोड़ थी। जिसके लिए 96 करोड़ गाएं थीं। आज यह व्यवस्था शीर्षासिन कर गई है। सवा अरब जनसंख्या के लिए पांच करोड़ दुधारू पशु हैं।

आशा की जाती थी कि स्वतंत्र भारत में गाय माता के वध को रोकने के समुचित और व्यापक प्रबंध किये जाएंगे। किंतु यहां स्वतंत्र भारत में जिस प्रकार बूचड़खाने खुले हैं और गाय के प्रति स्वयं हिंदू समाज के दृष्टिकोण में परिवर्तन आया है वह बहुत ही निराशाजनक है। अपनी संस्कृति अपने धर्म और अपने इतिहास से जिस देश के युवा को काट दिया जाता है उसकी स्थिति इसी प्रकार की हुआ करती है। इसलिए आज गाय माता के वंश को बचाने के लिए सारे हिंदू समाज से अपेक्षा की जाती है कि वह अपने युवा वर्ग को अपनी संस्कृति धर्म और इतिहास का भली प्रकार बोध कराये। इसके लिए आवश्यक है कि हमारी संस्कृति धर्म और इतिहास की संरक्षिका संस्थाएं अथवा सभाएं युवा वर्ग को आंदोलित करने के लिए व्यापक स्तर पर जनजागरण अभियान

चलाएं। सरकारों की जहां तक बात है, तो उनकी बात करना तो निरर्थक है। क्योंकि उन्हें धर्मनिरपेक्षता का मानसिक पक्षाघात हो चुका है। इसलिए वह अपना मानव धर्म 'सब प्राणियों की रक्षा' और राष्ट्रधर्म 'गौमाता की वंश वृद्धि के समुचित उपाय करने और गौवंश के रक्षोपाय' दोनों को ही भूल चुकी है। इसलिए समय रहते हिंदू संगठनों को इस ओर कदम बढ़ाना होगा। हमारे संत समाज में ऐसे महापुरुष विद्यमान है कि जो हमारा समुचित मार्गदर्शन कर सकते हैं। गाय हमारी माता है, यदि माता का अस्तित्व संकट में हो तो पुत्रों का कर्त्तव्य बनता है, माता के प्राणों की रक्षा करना। गाय माता के संदर्भ में आज हमारा यह कर्त्तव्यबोध ही हमारा राष्ट्रधर्म है।

कैसे हो भारत में देवतुल्य गौवंश की सुरक्षा (भाग–1)

गौ सभी चौपायों में श्रेष्ठ प्राणी है। इसकी सर्वश्रेष्ठता के विषय में भारत का प्राचीन साहित्य रंगा पड़ा है। इसके दिव्य गुणों के दृष्टिगत विद्वानों ने इस अदभुत प्राणी को गौमाता कहा है। पर आज गाय के प्राण संकट में हैं। गौवंश के अस्तित्व के लिए भारी संकट है। आइए, हम कुछ उन उपायों पर विचार करें, जिन्हें अपनाकर देव पशु गौमाता के वंश की रक्षा की जानी संभव हो सकती है।

ब्रजमण्डलों की स्थापना की जाये

संस्कृत का ब्रज शब्द बाय के बाड़े का समानार्थक है। इस ब्रज से ही ब्रजमण्डल शब्द पैदा हुआ है। ब्रज से ही वर्जित, वर्जन, वर्जनीय बरज, बरजना शब्द बने हैं। ये सारे शब्द निषेधात्मक अर्थों की उत्पत्ति करते हैं। बाड़ा व बाड़ भी हमें ऐसे ही अर्थ देते हैं। बाड़ा और बाड़ ब्रज शब्द से ही बने हैं जो रोकने के या निषिद्ध करने के अर्थों में ही प्रयुक्त होते हैं।

प्राचीन काल में बाय के लिए विशाल भूक्षेत्र चरने के लिए छोड़ा जाता था। जिसे 'ब्रजमण्डल' कहा जाता था। मथुरा के पास ब्रजक्षेत्र कभी ऐसा ही एक ब्रजमण्डल हुआ करता था। इस ब्रजमण्डल में खेती करना या आवासीय गतिविधियां करना पूर्णतः निषिद्ध था। केवल गायों के लिए ही उपयोग की जाती थी। कालांतर में राजस्व अभिलेखों में अंकित गोचर या चरवाहा की प्रविष्टि वाली भूमि कभी के ब्रजमण्डल की समानार्थक बन गयी। विशाल व्रजमण्डलों के कई लाभ होते थे, यथा व्रजमण्डलों में चरने वाली गायों का दूध अत्यंत उत्तम कोटि का होता था। वह एक प्रकार की औषधि का ही रूप होता था। क्योंकि विभिन्न प्रकार की वनस्पतियों को खा–खाकर उनके रसतत्व से निर्मित जिस दूध को हम गाय से लेते थे वह हमारे रोगों को शांत करता था और हममें बल, ओज एवं तेज की वृद्धि करता था।

ब्रजमण्डलों में विचरण करने वाली गायों के गौमय के सूखने पर बनने वाली आरूणियों से हमें ईंधन प्राप्त होता था, उस ईंधन से हमें पका हुआ भोजन प्राप्त होता था। आज के वैज्ञानिकों ने सिद्ध कर दिया है कि हमें गैस चूल्हों से मिलने वाले भोजन की अपेक्षा प्राकृतिक ईंधन गौमय तथा लकड़ियों आदि से बनने वाला भोजन स्वास्थ्य की दृष्टि से कहीं अधिक उत्तम होता है। आजकल गैस चूल्हों पर रोटियों को भी गृहिणियां सामान्यत: गैस पर ही सेंकती हैं, जिससे गैस की दुर्गंध रोटियों में घुस जाती है और वह हमारे पेट में जाकर रोगोत्पत्ति का कारण बनती है। जबकि गौमय के उपलों की अग्नि से पका भोजन नितांत शुद्ध और पवित्र होता था।

ब्रजमण्डलों में घूम घूमकर गायें स्वयं भी स्वस्थ रहती थीं। उनके वत्सादि 'बछड़े आदि' उन ब्रजमण्डलों में स्वतंत्र विचरण करते थे। जिससे वह स्वस्थ रहते थे।

ब्रजमण्डलों से उन गृहस्थियों के दुग्धादि की आपूर्ति सुनिश्चित की जाती थी जो या तो स्वयं दुर्बल थे अथवा किसी भी कारण से गौपालन के महत्वपूर्ण दायित्व के निर्वाह को निभा नहीं पाते थे।

सामाजिक समरसता की संरचना में सहायक गायें

गायों से सामाजिक समरसता उत्पन्न होती है। बड़े-बड़े ब्रजमण्डलों में रहने वाली गायों के दुग्ध, दधि, छाछ-लस्सी आदि को निर्बल वर्गीय लोगों में निरूशुल्क वितरित कर दिया जाता था। आज भी भारत के ग्रामीण आंचलों में छाछ, लस्सी गौदुग्ध से बनने वाली खीर को नि:शुल्क वितरित करने की परंपरा है। भारत के ग्रामीण अंचलों में आज भी अमावस्या के दिन खीर अवश्य बनायी जाती है। ऐसे घरों में खीर अवश्य पहुंचायी जाती है, जिनमें किसी भी कारण से खीर बन नहीं पायी हो। यह भावना सामाजिक समरसता को उत्पन्न करती है, जिससे समाज में सहचर्य और सद्भाव में वृद्धि होती है।

कैसे हों ब्रजमण्डल

आज हमें पुन: विशाल ब्रजमण्डलों की स्थापना करनी चाहिए। इन ब्रजमण्डलों में उत्तम नस्ल की गायों को रखने तथा उनके चरने एवं टहलने की उचित व्यवस्था होनी चाहिए। इन ब्रजमण्डलों में देशी उत्तम प्रजाति की गायों को संरक्षण मिले। उनकी चिकित्सा आदि की भी उचित व्यवस्था हो। ब्रजमण डलों में ही गौमूत्र को एकत्र करने तथा उसे शोधित कर मानव के लिए औषधि

रूप में संरक्षित करने की व्यवस्था हो। इससे बहुत से लोगों को रोजगार तो मिलेगा ही गौसंरक्षण को भी प्रोत्साहित किया जा सकेगा, साथ ही हम स्वस्थ भारत के अपने सपने को भी साकार रूप दे सकेंगे।

गौ-शालाओं की दयनीय स्थिति

आजकल देश में यूं तो बहुत सी गौशालाएं कार्यरत हैं, परंतु वे सभी गौशालाएं बहुत ही छोटे-छोटे क्षेत्रों में चल रही हैं। गौशालाओं में भीतर ही भीतर गोचर भूमि तो संभवतः कहीं भी किसी के भी पास उपलब्ध नहीं होगी। छोटी छोटी गौशालाओं में भेड़ बकरियों की भांति गायें ठूस रखी हैं। जिससे वे बेचारी, नारकीय जीवन जी रही हैं। अधिकांश गौशालाओं में रहने वाली गायें दुर्बल और अशक्त सी दीखती हैं। कारण कि उन्हें खुलापन नहीं मिल पाता। जबकि गायें खुलापन चाहती हैं। यूं तो हर प्राणी जन्मना खुलापन का समर्थक है, परंतु चौपायों में गाय और दोपायों में मनुष्य खुलेपन के कुछ अधिक ही समर्थक हैं। क्योंकि ये दोनों ही बुद्धिमान होते हैं, मनुष्य ने अपनी बुद्धि का कुछ अधिक विस्तार किया है। इसलिए गाय और मनुष्य दोनों ही 'स्वराज्य' के पोषक हैं। इनके स्वराज्य को प्रतिबंधित करते ही इनके स्वास्थ्य पर प्रतिकूल प्रभाव पड़ता है। इसीलिए गायें वर्तमान गौशालाओं में प्रतिबंधित जीवन जी रही है। उनके जीवन से स्वराज्य और स्वतंत्रता दोनों ही नष्ट हो गयी है। हां, गौशालाओं से कुछ लोगों के आर्थिक हित अवश्य पूर्ण हो रहे हैं। सरकारों से मिलने वाले लाभों को अवश्य ये लोग ले रहे हैं। साथ ही लोगों की आस्था और गौभक्ति को भी भुनाकर अपने ऐश्वर्य पर व्यय कर रहे हैं। सरकार की ऐसी बहुत सी योजनाएं हैं जिन्हें वह जनहित के नाम पर चलाती है और उनके लिए धन भी आवंटित करती है, परंतु वह धन सही रूप में कहीं व्यय भी हो रहा है या नहीं ये देखने का किसी के पास समय नहीं है। इसलिए सरकार के मधयस्थ अधिकारी और फर्जी गौशालायें चलाने वाले लोग ऐसे धन को चट कर जाते हैं।

बहुत कुछ सुधार की आवश्यकता है

हम गायों के लिए आधुनिक गौशालाओं को अनुपयुक्त मानते हैं। ये गौशालाएं उनके स्वास्थ्य पर प्रतिकूल प्रभाव डाल रही हैं। हम प्रकृति का उद्यान बने ब्रजमण्डलों की स्थापना के समर्थक हैं। ऐसे ब्रजमण्डल जिनमें हरियाली भी हो, पेड़ पौधे भी हों, विभिन्न वनस्पतियां भी हों, पक्षियों की चहचाहट भी हो। हमारा हरियाली से यहां अभिप्राय बाय के चरने के लिए उत्पन्न की जाने

वाली घास से है। विभिन्न वनस्पतियों को चरने से ही गाय का दूध घृतादि उन वनस्पतियों के रस से अमृत तुल्य बन जाते हैं। एक ही स्थान पर बंधी गाय को भूसा और चोकर खिलाते रहने से उसका दूध उतना उपयोगी नहीं होता, जितना चरने वाली गाय का होता है। हमारे पूर्वजों ने इसीलिए गायों को चराने की खोज की थी। जो लोग गायों को चराने का उद्यम करते थे या करते हैं वो आज हमारे लिए चाहे कितने ही उपेक्षित क्यों न हो गये हों, परंतु उनके विषय में ये सत्य है कि वो ग्वाले पूरे समाज की स्वास्थ्य सेवा के लिए जीवन होम करने वाले सेवा भावी 'मिशनरी' लोग हुआ करते थे। उन स्वैच्छिक स्वास्थ्य मिशनरियों की सेवा भावना को हमारे कुछ प्रगतिशील लोगों ने आधुनिकता के नाम पर उपेक्षित कर दिया है। **वैसे भी ये समय वो है जिसमें देशी भोजन, देशी भूषा, देशी भाषा, देशी भाव और देशी लोगों को उपेक्षित किया जाना ही अच्छा माना जाता है।** कभी वो भी समय था जब इस देश में ग्वालों को अपने घर में भोजन कराना पुण्य कार्य माना जाया करता था। वह हमारे लिए करते थे और हम उनके लिए।

'ग्वाला-संस्कृति' पुनः विकसित हो

यदि हमारे यहां पुनः 'ग्वाला-संस्कृति' विकसित कर ली जाये तो बहुत सी स्वास्थ्य समस्याओं का तथा सामाजिक विसंगतियों का समाधान खोजा जा सकता है। गायों के ब्रजमण्डलों में पंचगव्य उत्पादन का कार्य एक उद्योग के रूप में स्थापित कर आरंभ किया जाए। देश के कुछ स्थानों को चिन्हित कर पहले यह कार्य परीक्षण के रूप में आरंभ किया जा सकता है। कालांतर में इसके अच्छे परिणाम आने पर इसे विस्तार दिया जा सकता है। यह सर्वमान्य सत्य है कि एलोपैथिक चिकित्सा प्रणाली देश के लोगों के लिए घातक सिद्घ हो चुकी है और देश के अधिकांश लोग इस चिकित्सा प्रणाली से मुक्ति भी चाहते हैं, तब देश के लोगों के स्वास्थ्य की गारंटी के रूप में पंचगव्य के प्रति लोगों की श्रद्घा उत्पन्न की जानी आवश्यक है।

गाय को खुला छोडने के पीछे का तर्क

कई लोगों की मान्यता है कि गाय हमारी माता है तो उसे बाजारों में दुर्गंधित पदार्थ खाने के लिए क्यों खुला छोड़ा जाता है? निश्चित रूप से इस मान्यता में बल है। परंतु जो लोग गाय को खुला छोड़ते हैं, उनकी मानसिकता और सामाजिक परिवेश पर भी चिंतन किया जाना उपेक्षित है। गाय को खुला छोड़ा

जाता है इसलिए कि भारतीय समाज अभी भी अपने इस पुराने संस्कार से उबर नही पाया है कि गाय को चरने के लिए खुला छोड़ा जाना आवश्यक है। यह अलग बात है कि गाय को चरने के लिए खुला छोडने वाले लोग ये भूल गये कि उसे खुला क्यों छोड़ा जाता है, और खुला छोडने के लिए उपयुक्त स्थान क्या है? रूढ़ि के पीछे एक सद्‌परंपरा खड़ी है उसे पहचानने की आवश्यकता है, और उसी के प्रति लोगों में जागरण किया जाना अपेक्षित है।

विज्ञापन युग में गाय

दूसरी बात ये है कि आज बाजारों में हमारे स्वास्थ्य के लिए नये नये तकनीक आ रहे हैं। यद्यपि ये दवायें या तकनीक हमारे स्वास्थ्य पर प्रतिकूल प्रभाव डाल रहे हैं, परंतु इसके उपरांत भी लोगों में और विशेषतः युवाओं में उनके प्रति विशेष आकर्षण है। कारण कि आजकल विज्ञापनों का युग है और कहा जाता है कि जो दिखता है वही बिकता है। इसलिए कंपनियां अपने-अपने उत्पादों को बार-बार टी.वी. चैनलों पर दिखा-दिखाकर युवा वर्ग को अपनी ओर आकर्षित करने में सफल हो जाती हैं। फलस्वरूप युवा मन उधर को बहक जाता है। अब गाय क्योंकि टी.वी. चैनलों पर दीखती नहीं है, इसलिए उसके प्रति श्रद्धाभाव उत्पन्न नहीं होता। अतः उसे विदेशी कंपनियों ने भारतीय युवा वर्ग में केवल एक पशु मानने का भाव स्थापित कर दिया है। इसी मानसिकता और सामाजिक परिवेश में गाय उपेक्षित हैं।

गाय से महत्वपूर्ण कुत्ता

आज कुत्तों को पाला जा सकता है परंतु गाय को नहीं। यह प्रवृत्ति बहुत ही घातक है। हमारे शयन कक्षों में कुत्ता सोता है, वह दुर्गंधित मल-मूत्र करता है। उसकी लार हमारे लिये प्राणघातक होती है। इसके उपरांत भी हम कुत्तों से प्यार करते हैं और गाय के प्रति उपेक्षा का प्रदर्शन करते हैं। प्रगतिवादी होने के नाम पर ऐसा प्रदर्शन उचित नहीं कहा जा सकता। कुत्ता और गाय दोनों की प्रवृत्ति, प्रकृति एवं उपयोगिता में भारी अंतर है। अच्छा हो कि राष्ट्रवादी चिंतनधारा को प्रवाहित करने वाले टी.वी. चैनल गौमाता के द्वारा प्रदत्त पंचगव्य के महत्व पर विशेष प्रकाश डालें और विदेशी कंपनियों के कुचक्रों से देश के युवा वर्ग को सावधान करें। यह देश देव संस्कृति का देश है जो दैवीय गुणों से संपन्न गाय को नमन करता है। इसका कुत्ता संस्कृति से कोई संबंध नहीं रहा, कुत्ता संस्कृति के प्रति हमें लालायित किया जा रहा है जिससे हम अपनी

दैवीय संस्कृति को भुलायें और विदेशियों को यहां अपने उत्पादों को बेचने का अवसर मिले। सचमुच घातक षडयंत्र को समझना होगा।

गौधन विकास मंत्रालय की आवश्यकता है

इसके लिए देश में पशुधन विकास मंत्रालय की नहीं अपितु गौधन विकास मंत्रालय को स्थापित करने की आवश्यकता है। 'पशुधन विकास मंत्रलय' तो धर्मनिरपेक्षता की छद्‌म नीतियों ने देश को बहुत क्षति पहुंचाई है। अच्छा यही होगा कि हम **'गौधन विकास मंत्रालय'** की स्थापना करायें। 'गौधन विकास मंत्रालय' टी.वी. चैनलों पर तथा समाचार पत्र पत्रिकाओं के माध्यम से लोगों में गाय के प्रति श्रद्धा भाव उत्पन्न करें। लोगों को समझाया जाए कि गाय हमारे लिए कितनी उपयोगी है? इसके साथ सहचर्य स्थापित करने की आवश्यकता है, ना कि इसके वंश को समाप्त करने की। परिणाम बहुत ही उत्साहवर्धक आएंगे।

ब्रजमण्डल देंगे रोजगार

ब्रजमण्डल रोजगार के साधनों के रूप में विकसित किये जा सकते हैं। इनके माध्यम से करोड़ों लोगों को रोजगार मिल सकता है। आज की शिक्षा प्रणाली ने भारत के परंपरागत रोजगारों को उजाड़ा है और इतना ही नहीं अपितु पढ़े लिखों को भी बेरोजगार बना दिया है।

बी.ए., एम. ए. आदि किये हुए लड़के-लड़कियां सड़कों पर धक्के खाते घूम रहे हैं। यदि शिक्षा ही रोजी-रोटी का एकमात्र माध्यम होती तो इन लड़के लड़कियों की यह स्थिति न होती। ब्रजमण्डलों में गायों की सेवा सूश्रुषा के लिए अधिक पढ़े लिखे लोगों की आवश्यकता नहीं होगी। उन्हें प्रशिक्षण भी नौकरी का नहीं अपितु सेवा भावना का, लोकोपकार का दिया जाएगा। उनकी सेवा भावना के बदले में उनकी आर्थिक आवश्यकताओं की पूर्ति समाज अथवा सरकार स्वयं करे। ब्रजमण्डलों में कार्यरत लोगों को श्रमिक नहीं अपितु 'समाजसेवी' जैसा सम्मान सूचक संबोधन दिया जाए। श्रमिक शब्द ने तो व्यक्ति की गरिमा को अपमानित करने का ही काम किया है।

देश में गौदुग्ध क्रांति के लिए व्यापक कार्ययोजना तैयार की जाए। प्रति पांच व्यक्तियों के लिए पीछे दुग्धादि की पूर्ति के लिए एक गाय की व्यवस्था की जाए। यदि ऐसी योजना बनती है तो देश में 25 करोड़ गायों की आवश्यकता, 125 करोड़ की जनसंख्या के लिए पड़ेगी। देश में इस समय ढ़ाई-तीन करोड़ गायें भी नहीं हैं। मांसाहार के बढ़ते प्रचलन

ने कितने लोगों का रोजगार छीन लिया है और हमारे स्वास्थ्य के लिए आवश्यक गौमाता के अस्तित्व के लिए कितना भारी संकट इस समय है? तनिक गंभीरता से विचारने पर आत्मा मारे पीड़ा के कराह उठती है। 25 करोड़ गायों की सेवा सुश्रूषा के लिए यदि प्रति पांच गाय पर एक समाजसेवी नियुक्त किया जाए तो 5 करोड़ समाजसेवियों 'वो भी अशिक्षित' की आवश्यकता पड़ेगी। इन पांच करोड़ समाजसेवियों के परिवारों में औसतन पांच व्यक्ति भी माने जाएं तो लगभग 25 करोड़ लोगों को ही अपनी आजीविका का या पेट पालने का अवसर उपलब्ध हो जाएगा। इसके अतिरिक्त विशाल ब्रजमण्डलों में पंचगव्य से निर्मित खाद्य पदार्थों को बनाने और कृषि उत्पादन बढ़ाने के लिए जैविक खाद बनाने वाले समाजसेवी अलग से नियुक्त किये जाएंगे इनकी शिक्षा अधिक से अधिक 10वीं भी होगी तो भी काम चल जाएगा।

इनकी संख्या भी लगभग पांच करोड़ ही हो सकती है। जिनसे 25 करोड़ की जनसंख्या लाभान्वित होगी। इसके साथ ही ब्रजमण्डलों से निकलने वाले बछड़ों से पुनः खेती का कार्य यदि आरंभ कर दिया जाए तो देश के लगभग 5 करोड़ किसान परिवारों को उनसे रोजगार मिल जाएगा। जिससे 25 करोड़ की जनसंख्या को पुनः लाभ होगा। बैलों से ही हम बाजारों में सामान को इधर उधर ले जाने का कार्य कर सकते हैं। उससे लाभ लेने वाले लोग अलग होंगे, साथ ही इतनी गायें के लिए चिकित्सकों की आवश्यकता भी लाखों में होगी और गौवंश को सुधारने व उत्तम खेती के उपाय जैविक खादों के माध्यम से बताने वाले वैज्ञानिकों की आवश्यकता भी होगी, वह सब अलग है। इसलिए गौधन विकास मंत्रलय मानव संसाधन विकास मंत्रलय से भी भारी होगा। जिसकी ओर देश की आधी से अधिक जनसंख्या बड़े ध्यान से देख रही होगी।

बैलगाड़ी को जहां उपयुक्त हो सकता है, वहां प्रचलन में लाया जाना चाहिए। हम सड़कों पर बैलगाडियों के प्रयोग के लिए एक अलग पंक्ति या गलियारा बना सकते हैं, या बड़े-बड़े शहरों में कुछ विशेष गलियों को उनके आने जाने के लिए निश्चित कर सकते हैं।

गाय सबको रोजगार देती है

जैसे एक जे.सी.बी. सैकड़ों लोगों का रोजगार छीन लेती हैं वैसे ही बड़ी-बड़ी कंपनियां सैकड़ों लोगों को रोजगार देकर भी हजारों को बेरोजगार कर

देती हैं। जबकि गाय सभी के लिए रोजगार देती है, सम्मान देती है और जीवन को उच्च बनाने की प्रेरणा देती हैं। आवश्यकता कार्य योजना को मूर्त्तरूप देने की है। सर्वप्रथम तो ढाई से 25 करोड़ गाय कैसे तैयार की जायें-प्राथमिकता यही होनी चाहिए।

देश में श्वेत क्रांति के माध्यम से देश का मानचित्र बदल देने की आवश्यकता है। उसके लिए गाय हमारे लिए सबसे अधिक सहायक है।

देश की अर्थव्यवस्था की रीढ़ गाय को बना दो- हर जगह गाय दिखाई देने लगे-सारा देश और सारा परिवेश गऊमय हो जाए, तो उस परिवेश से जो संगीत निकलेगा वास्तव में तो वही हमारा 'राष्ट्रगान' होगा। परंतु वह राष्ट्रगान हमसे बहुत बड़े पुरूषार्थ और उद्यम की अपेक्षा करता है।

वस्तुतः वही होगा हमारे सपनों का 'उगता भारत'।

गौ और गौवंश की रक्षा कैसे की जाए (भाग-2)

गौदुग्ध को हमारे यहां प्राचीन काल से ही स्वास्थ्य सौंदर्य के दृष्टिकोण से अत्यंत लाभदायक माना गया है। हमारे देश में स्वतंत्रता के वर्षों पश्चात भी गौदुग्ध, छाछ, लस्सी आदि हमारे राष्ट्रीय पेय रहे हैं। सुदूर देहात में आप आज भी जाएंगे तो लोग आपको चाय-काफी के स्थान पर छाछ, लस्सी आदि ही देंगे। हां, इतना अवश्य है कि अब यह प्रचलन बहुत अधिक नहीं रहा है। इसका प्रथम कारण तेजी से गौवंश का होता नाश है। जबकि दूसरा कारण विदेशी शीतल पेय पदार्थों की कंपनियों का विस्तार है। इन कंपनियों के शीतल पेय भारत में तभी बिकेंगे जब भारत के परंपरागत शीतल पेय पदार्थों को तथा दूध लस्सी आदि का प्रचलन समाप्त कर दिया जाएगा। इसलिए गाय को ये कंपनियां यथाशीघ्र कटवा कटवा कर समाप्त कर देना चाहती हैं। विदेशी शीतल पेय पदार्थों की भारत में बहुत बड़ी खपत है। सवा अरब की जनसंख्या वाला इतना बड़ा बाजार संसार में कहीं और नहीं है। चीन की जनसंख्या तो निःसंदेह भारत से अधिक है परंतु वह पश्चिमी देशों को उतना मुंह नहीं लगाता जितना उन्हें भारत मुंह लगाता है। इसलिए चीन की अपेक्षा भारत पश्चिमी देशों के लिए बड़ा बाजार है।

शीतल पेय बनाने वाली विदेशी कंपनियां भारत को दोनों हाथों से लूट रही हैं। बहुत बड़े स्तर पर हमारा धन विदेशों में जा रहा है। अंग्रेजों के काल में जितना धन बाहर जा रहा था उससे भी अधिक धन आज विदेशों में जा रहा है। बिना किसी विशेष सर्वेक्षण के आप स्वयं अनुमान लगा सकते हैं-इसकी विपुलता का। हम इसे इस प्रकार से समझ सकते हैं-भारत की जनसंख्या है, लगभग सवा अरब। इसमें से 25 करोड़ की जनसंख्या उन लोगों की है जो स्वयं को अति आधुनिक मानते हैं, और जो लगभग एक अरब लोगों को विकास में पीछे छोड़कर आगे बढ़कर स्वयं को 'सभ्य समाज' के निर्माता कहते हैं। इससे आगे लगभग चालीस करोड़ लोग भारत में ऐसे हैं जो मध्यम वर्गीय कहे जाते

हैं **जबकि शेष साठ करोड़ लोग भारत में आज भी ऐसे हैं जो हरक्षेत्र में पिछड़ेपन का शिकार हैं और अभी भी बहुत ही दयनीय अवस्था में जीवन यापन कर रहे हैं। हालांकि ये 60 करोड़ लोग अपनी गरीबी में भी मस्त है, जबकि 25 करोड़ लोग अपनी अमीरी में भी अप्रसन्न हैं। कारण कि निचले स्तर पर खड़े 60 करोड़ लोगों ने अपनी इच्छाओं को समेटना सीख रखा है और वह भारतीय जीवन शैली को अपने लिए वरदान मानते हैं, इसलिए उसी में प्रसन्न है। परंतु ऊपर के 25 करोड़ लोगों की इच्छाओं की आग भड़क रही है। जबकि मध्यमवर्गीय लोगों का समाज मध्य में पिस रहा है।**

विदेशी कंपनियों के पेय पदार्थों का ग्राहक 25 करोड़ लोगों के समूह में अधिक है, उससे कम मध्यम वर्ग में तथा उससे कम निचले स्तर के साठ करोड़ लोगों में है। अब यदि 20 करोड़ लोग भी प्रतिदिन भारत में शीतल पेय पदार्थों को खरीदने पर दस रुपया भी व्यय करें तो दो सौ करोड़ रुपया प्रतिदिन विदेशी कंपनियां भारत से लेकर जा रही हैं। **इसका अभिप्राय है कि छह हजार करोड़ रुपया प्रति माह और 72000 करोड़ रुपया प्रतिवर्ष भारत से बाहर चला जाता है। इसे और कम कर लें और 50,000 करोड़ प्रतिवर्ष का मान लें तो भी इतनी बड़ी धनराशि से 25,000 गांवों को प्रतिवर्ष प्राथमिक विद्यालय तथा सड़क आदि को दी जा सकती है। इसका अर्थ है कि हमारे 25,000 गांवों के विकास का धन प्रतिवर्ष विदेशों में जा रहा है। इसी 50 हजार करोड़ रुपये को यदि हम भारत में ही रोक लें तो एक वर्ष में कम से कम 50 हजार वर्ग किमी के क्षेत्रफल की बंजर पड़ी भूमि को कृषि योग्य बना सकते हैं।** इससे अन्नोत्पादन तो बढ़ेगा ही साथ ही रोजगार के नये अवसर भी उत्पन्न होंगे। किसान जिस प्रकार आत्महत्या कर रहे हैं, उस पर भी रोक लग सकती है। इस प्रकार देश को दोहरा लाभ होगा। एक तो हमारा धन बाहर जाने से रुकेगा और दूसरे वह देश में विकास को नयी बयार बहाने में सहायक होगा। यदि हम गाय को अपनी अर्थ व्यवस्था की रीढ़ बना लें तो हमारे किसानों की आर्थिक समृद्धि बढ़ सकती है। सारी व्यवस्था वास्तविक अर्थों में ग्रामोन्मुखी हो सकती है। अभी तक हम ग्रामोन्मुखी आर्थिक नीतियों का मात्र ढिंढोरा पीटते रहे हैं। वास्तव में हमारी आर्थिक नीतियां ग्रामोन्मुखी न होकर उद्योगोन्मुखी रही हैं, जिनसे बड़े बड़े उद्योगपतियों को लाभ मिला है और देश के आर्थिक संसाधनों के बड़े भाग पर मुट्ठी भर औद्योगिक घरानों का एकाधिकार हो गया है। गाय को हमारी अर्थव्यवस्था का

आधार बनने से रोककर ये सारा दुष्परिणाम देश को झेलना पड़ रहा है। यदि हम गौदूध, दही, लस्सी आदि को शुद्ध रूप में बाजार में उतार दें और विदेशी कंपनियों के पेय पदार्थों को पूर्णतः निषिद्ध कर दें तो यह निश्चित है कि जहां विदेशी पेय पदार्थों को प्रतिदिन खरीदने वाले लोग 20 करोड़ है, वही गौदुग्ध ादि को प्रतिदिन खरीदने वाले या सेवन करने वाले 40 करोड़ लोग होंगे। यह शुद्ध स्वास्थ्यवर्धक और विदेशी कंपनियों के पेय पदार्थों की अपेक्षा सस्ते भी होंगे। इसका सीधा आर्थिक लाभ हमारे किसानों को मिलेगा।

हम देख रहे हैं कि हमारे दुधारु पशुओं के कटते जाने से कई दुष्परिण ााम सामने आ रहे हैं। जैसे कृषि योग्य भूमि बंजर होती जा रही है, पर्यावरण संतुलन बिगड़ रहा है, लोगों का स्वास्थ्य बिगड़ रहा है और हमारे किसान परिवार प्रतिदिन निर्धन होते जा रहे हैं। इसके कई कारण है। इनमें से प्रमुख है गौवंश की समाप्ति के कारण चारे व भूसे को यूं ही जलाकर समाप्त कर देना। हमारे खेतों में से केवल अनाज, अनाज को घर लाया जा रहा है। **भूसे को बड़े किसान खेत में ही जला रहे हैं। चारे की फसलें या तो कम कर दी गयीं हैं या फिर मक्का आदि की पूलियों को किसानों द्वारा खेतों में ही जला दिया जाता है। इससे किसान को अपने उत्पादन का दो तिहाई मूल्य ही मिल पाता है। एक तिहाई मूल्य का भूसा तो यूं ही समाप्त हो जाता है, या फिर उसे ईंट भट्टे वाले ईंटें पकाने के लिए सस्ते मूल्य पर खरीद ले जाते हैं। इससे पशुओं के गोबर से जैविक खाद बनाने की प्रक्रिया बाधित हुई है। जैविक खाद न मिलने से तथा रासायनिक खादों के अंधाधुंध प्रयोग से खेतों की उर्वरा शक्ति कम होती जा रही है और भूमि तेजी से बंजर हो रही है।** हमें बंजर पड़ी भूमि को उर्वरा बनाना था और हम कृषि योग्य भूमि को ही बंजर बनाने की डगर पर चल रहे हैं। भूसा पशुओं के लिए है न कि ईंटें पकाने के लिए। ईंटें कोयला से पकती हैं। परंतु ईंटों को भूसा से पकाकर उनकी गुणवत्ता को कम किया जा रहा है। ऐसे भवन भूकंप आदि प्राकृतिक आपदाओं के समय सहजता से फट जाते हैं, या भूमिसात हो जाते हैं, जो भूसे की आग से पकी इन ईंटों से बने होते हैं। हम गाय को मार रहे हैं तो दुष्परिणाम दिख रहे हैं।

अब यदि भूसे का सदुपयोग करते हुए उसे गाय आदि पशुओं को खिलाया जाए तो उससे हमें गोबर मिलेगा जिससे जैविक पदार्थों का निर्माण होगा। किसान को अपनी उपज का वास्तविक मूल्य मिलेगा और जैविक खादों के उत्पादन से रासायनिक खादों को खरीदने की किसान की बाध्यता भी समाप्त

हो जाएगी, जिससे किसान की भूमि की उर्वर शक्ति तो बढ़ेगी ही साथ ही सरकारी ऋण देकर खेती कराने की मूर्खतापूर्ण सरकारी नीति पर भी अंकुश लगेगा। किसान को भूसे से एक तिहाई उपज मूल्य की जो क्षति होती है वह इससे पूर्ण होगी और साथ ही सरकारी ऋण न लेने से और जैविक खाद घर में ही मिल जाने से उसकी संपन्नता प्रसन्नता में परिवर्तित हो जाएगी। वर्तमान आर्थिक नीतियां देश में कहीं-कहीं संपन्नता तो ला रही हैं, परंतु संपन्नता के साथ-साथ प्रसन्नता नहीं ला पा रही है। जबकि आर्थिक नीतियां वही प्रशंसनीय होती हैं जो संपन्नता के साथ-साथ प्रसन्नता भी ला सकती हैं। निःसंदेह गौ आधारित अर्थ व्यवस्था संपन्नता के साथ-साथ प्रसन्नता लाने में भी सक्षम होती हैं। अभी भी समय है कि हम अपनी अर्थ व्यवस्था को गौ आधारित बना दें। गौदुग्धादि को राष्ट्रीय पेय पदार्थ घोषित करें तथा गाय के लाभों को टीवी आदि के माध्यम से प्रचारित-प्रसारित करें।

हम गाय को अपने लिए व्यर्थ चिंतन का केन्द्र बना चुके हैं। इसे अपने अर्थ चिंतन के केन्द्र में ले आयें तो देश फिर से **'सोने की चिड़िया'** बन सकता है। हमारे लिए उपयुक्त यही है कि हम भारत को फिर से **'सोने की चिड़िया'** बनाने का उद्यम करें। यह **'सोने की चिड़िया'** हमारे पास गौधन के रूप में है। इसके वास्तविक महत्व को समझकर ही हमारे देश में लोग गाय के भीतर **'सवा किलो सोना'** होने की बात कहते आये हैं। हमने सवा किलो सोना रखने के इस रहस्य को समझा नहीं और वैज्ञानिक युग में इसकी सत्यता का पता नहीं लगाया। बस, इसे देश के लोगों की धार्मिक आस्था से जन्मी अज्ञानता मानकर उपेक्षित कर दिया। इसलिए **'सोने की चिड़िया'** को मिट्टी के समान समझकर काटना आरंभ कर दिया। धर्मनिरपेक्षता के नाम पर हम धर्म की ही हत्या करने लगे।

संस्थागत भ्रष्टाचार और गाय

आज हम लोकतांत्रिक पूंजीवाद की शोषणात्मक व्यवस्था में रह रहे हैं। स्वतंत्रता के पश्चात इस व्यवस्था में एक ऐसा शोषक वर्ग बड़ी तेजी से उभरा है जिसने पूरी अर्थव्यवस्था पर अपना नियंत्रण स्थापित कर लिया है। पहले भारी उद्योग स्थापित करके लोगों को बेरोजगार किया गया और अब मशीनी युग में और भी अधिक तेजी से बेरोजगारी बढ़ायी जा रही है। जबकि भारत में प्राचीन काल से ही गाय आधारित अर्थ व्यवस्था रही है, जिससे लोगों को अपने कुटीर उद्योगों के माध्यम से अपनी आजीविका चलाने का अवसर मिलता था।

भारत की प्राचीन अर्थव्यवस्था का आधार प्रत्येक व्यक्ति की स्वतंत्रता सुनिश्चित करना था। प्रत्येक व्यक्ति अपनी स्वतंत्रता का अनुभव तभी कर सकता है, जबकि उसकी आजीविका या जीविकोपार्जन का अपना स्वतंत्र साधान हो। इसीलिए भारत में प्राचीन काल में कुटीर उद्योगों का प्रचलन प्रमुखता से था। भारत की वर्ण-व्यवस्था का पूरा का पूरा आधार कुटीर उद्योग ही थे। इसमें लुहार, बढ़ई, जुलाहा आदि अपने-अपने व्यवसाय में पारंगत होते थे और उन्हें अपनी जीविकोपार्जन के लिए पराधीन नहीं रहना पड़ता था।

इस व्यवस्था में समाज में कहीं दमन, दलन, शोषण या किसी का उत्पीडन होने की संभावना नहीं थी। रोजगार के अवसर किसी व्यक्ति विशेष, संस्था या औद्योगिक संस्थान या व्यक्तियों के समूह आदि के हाथ में नहीं थे, अपितु प्रत्येक व्यक्ति अपनी जीविकापार्जन करने का साधान चुनने के लिए स्वतंत्र था। इसलिए कहीं पर भी भ्रष्टाचार नहीं था। घूस, रिश्वत या भ्रष्टाचार वहीं पनपता है जब आप रोजगार के साधानों पर किसी व्यक्ति विशेष, संस्था या औद्योगिक संस्थान या व्यक्तियों के किसी समूह आदि का एकाधिकार स्थापित करा देते हैं। एक उद्योगपति अथवा कोई सरकारी संस्थान जब हमें रोजगार देते हुए दीखते हैं तो ऐसा लगता है कि वो हमें रोजगार देकर हम पर कोई बहुत बड़ा उपकार कर रहा है, जबकि वो पहले हमारे रोजगार हमसे छीनते हैं फिर उन्हें हममें से कुछ के लिए बांटते हैं। जैसे एक कपड़ा मिल वाला उद्योगपति पहले हजारों जुलाहों को बेरोजगार कर देता है और फिर उन्हें रोजगार देता

है तो लगता है कि वह हम पर भारी उपकार कर रहा है, परंतु यह उसका उपकार नहीं है। पहले यह देखना चाहिए कि उसने हममें से कितने लोगों को बेरोजगार किया है?

भारत के कुटीर उद्योगों को नष्ट कर भारत की जीवनप्रद परंपरागत वर्ण-व्यवस्था का बेड़ा गर्क अंग्रेजों ने किया। वे लोग भारत के निवासियों को हर प्रकार से अपना गुलाम बनाकर रखना चाहते थे। इसलिए यहां के रोजगार-धंधों पर अपना नियंत्रण स्थापित उन्होंने किया। रोजगार के मठाधीश बनाये गये, श्रमिकों के लिए अंग्रेजी शिक्षा, अंग्रेजी साम्राज्य के प्रति निष्ठा और तकनीकी शिक्षा की अनिवार्यता लागू की गयी। ये सारी चीजें भारत की परंपरागत वर्ण व्यवस्था पर नियंत्रण स्थापित करने के लिए की गयीं। वस्तुतः भारत को उजाड़ने की प्रक्रिया थी यह। इसका परिणाम यह हुआ कि व्यक्ति की स्वतंत्रता पर अंग्रेजी व्यवस्था ने अपना शिकंजा कस लिया। व्यक्ति रोजगार के लिए कुछ विशिष्ट लोगों या संस्थानों का दास बनकर रह गया। रोजगार के लिए रिश्वत का प्रचलन बढ़ा और आज सारा देश संस्थागत भ्रष्टाचार में जकड़ा पड़ा है।

भारत को इस संस्थागत भ्रष्टाचार से मुक्त कराने में गाय की महत्वपूर्ण भूमिका हो सकती है। पहले हम यह सुनिश्चित करें कि व्यक्ति की मौलिक स्वतंत्रता है-अपने जीविकोपार्जन के लिए स्वतंत्र और निजी व्यवसाय चुनना। निजी व्यवसाय का अर्थ बिजनेस कभी नहीं है। व्यक्ति की इस स्वतंत्रता पर किन्हीं विशिष्ट लोगों या संस्थानों का नियंत्रण नहीं होना चाहिए। व्यक्ति स्वयं उठे, उन्नति करे और आगे बढ़े, वास्तविक लोकतांत्रिक व्यवस्था यह है। व्यक्ति के उत्थान, उन्नति और आगे बढने पर पहरा बैठाना उसकी स्वतंत्रता में हस्तक्षेप है। समाज और राज्य का दायित्व मात्र इतना है कि यह सुनिश्चित करें कि कहीं किसी व्यक्ति के उत्थान, उन्नति या आगे बढ़ने पर किसी प्रकार से किसी का अनुचित हस्तक्षेप तो नहीं बढ़ रहा है? ऐसा नहीं होना चाहिए कि समाज या राज्य स्वयं ही व्यक्ति के उत्थान, उन्नति और आगे बढने में हस्तक्षेप करने लगें। आज की संपूर्ण वैश्विक अर्थ व्यवस्था में ऐसा ही हो रहा है कि व्यक्ति के उत्थान, उन्नति और आगे बढने पर कुछ विशिष्ट लोगों और कुछ विशिष्ट संस्थानों व राज्य आदि संस्थाओं का एकाधिकार है। इस एकाधिकार को तोडने के लिए सारे विश्व में सर्वत्र बेचैनी व्याप्त है।

इस समस्या का एकमात्र समाधान भारत की वर्ण-व्यवस्था को अपना लेने में है। गाय को अपनी अर्थ-व्यवस्था का आधार बना लेने में है। पिछले लेख में हमने गाय को अपनी अर्थ व्यवस्था का आधार बना लेने के कुछ बिंदुओं पर चर्चा की थी। अब उस चर्चा को आगे बढ़ाते हैं कि कैसे गाय से हमें समाज में बहुत से लोगों के लिए रोजगार मिल सकते हैं?

प्रो. मदनमोहन बजाज एवं महेन्द्र पाल चौधरी ने अपनी पुस्तक 'गौमाता एवं अन्य जीवों की रक्षा में गौमूत्र एवं गौमय से बनने वाले उत्पादों की एक पूरी सूची दी है। यदि ये उत्पाद कुटीर उद्योगों की मान्यता पा जाएं तो बहुत से लोगों को जीविकोपार्जन का साधन सहज ही उपलब्ध हो जाएगा। हमारा इस पर मानना है कि ऐसे कुटीर उद्योगों की स्थापना से व्यक्ति की स्वतंत्रता तो सुनिश्चित होगी ही साथ ही संस्थागत भ्रष्टाचार की बढ़ती प्रवृत्ति पर भी रोक लगाने में सफलता मिल सकती है। व्यक्ति की स्वतंत्रता का अर्थ ही ये है कि **'स्याम पतयो रयीणाम'** अर्थात हम धनैश्वर्यों के स्वामी हों, वाली वैदिक धारणा फलीभूत हो सके। गौमूत्र या गोमास से बनने वाले उत्पाद निम्न प्रकार हैं:-

कामधेनु खाद : एक गाय बैल प्रतिदिन औसतन यदि 7 किलो गोबर देती है, तो उससे वर्ष में 70-75 टन कम्पोस्ट खाद तैयार की जा सकती है। इसे अपने प्रयोग के साथ-साथ अन्य कृषकों को उपलब्धता के अनुसार बेचा जा सकता है। 100 किलो गोबर के साथ वानस्पतिक व्यर्थ 1500 किलो 'सूखे पत्ते, जड़, डंठल आदि' सूखी छनी हुई मिट्टी, 1750 किलोलीटर, पानी 1500 से 2000 लीटर 'मौसम के अनुसार' पदार्थ मिलाकर यह खाद तैयार की जा सकती है। जिससे रासायनिक खादों का प्रयोग सस्ता होकर नीरोग अन्नोत्पादन करने में सहायता मिल सकती है।

कामधेनु खाद कीटनाशक : इसे गौमूत्र 10 किलो और नीम की पत्ती ढाई किलो लेकर तैयार किया जाता है। यह कीटनाशक औषधि तो है ही साथ ही पत्तियों के माध्यम से कई पोषक तत्वों की पूर्ति करने के कारण खाद का भी काम करता है।

एक्जिमा साबुन : मुल्तानी मिटी 1 किलो, लाल गेरू 200 ग्राम, गीला गोबर 1250 ग्राम, नीला थोथा 35 ग्राम, नील के पत्ते आवश्यकतानुसार लेकर यह साबुन बनाया जाता है। एक्जिमा जैसी बीमारियों के लिए अति उत्तम है। यह साबुन स्नान के लिए नहीं है।

गौमय साबुन : यह साबुन स्नान में प्रयोग की जाती है। इसे देशी गाय के ताजा गोबर (1250 ग्राम), मुल्तानी मिटी 1000 ग्राम, गेरू 200 ग्राम कपूर डली वाला 50 ग्राम से बनाया जाता है।

गौमय मरहम : त्वचा पर होने वाले दाद, खाज, खुजली रोगों के लिए यह मरहम बनाया जाता है। जिसे गोबर का बारीक 400 ग्राम पाउडर 'कपड़े से छना' अथवा कपड़े का राख (छना हुआ) गेरू मिटी 300 ग्राम गौमूत्र क्षार, 100 ग्राम पेट्रोलियम जैली 1 किलोग्राम से तैयार किया जाता है।

कामधेनु तेल : शरीर दर्द के लिए यह तेल अतीव लाभकारी है। इसे गोबर का रस 2 लीटर गौमूत्र, आधा लीटर काले तिल का तेल, 1 किलो अजवाइन का सत 10 ग्राम से तैयार किया जाता है। दर्द के स्थान पर मालिश करने से अतीव गुणकारी सिद्ध होता है।

देवधूप बत्तियां : देवपूजक यज्ञ-यागादि में प्रयोग के लिए। गीला गोबर 1 किलो, खस का कटा हुआ बुरादा अर्थात मशीन का बुरादा आधा किलो चावल (कण की) 200 ग्राम, गाय का घी 200 ग्राम, लोबान 200 ग्राम से इसे तैयार किया जाता है।

गौधूप (वातावरण शुद्धि के लिए) सूखा गोबर चूर्ण 750 ग्राम लाल चंदन 250 ग्राम, लोबना 250 ग्राम, जटामसी 250 ग्राम, नागर मोथा 250 ग्राम कपूरकाचरी 250 ग्राम। गाय के कण्डे की आग या कोयलों की आग पर धूपन करने से जीवाणु कीटाणु मच्छर आदि से छुटकारा मिलता है। इस वातावरण में सांस लेने से रोग नाश होकर प्राण वायु मिलती है। इस प्रकार पर्यावरण शुद्धि में भी गाय की उपयोगिता सिद्ध होती है।

पंचगव्य घृत : मिरगी, दिमाग की कमजोरी, पागलपन, पाण्डुरोग, भयंकर कामला, 'ज्वायन डिस' बवासीर याद्दाश्त की कमी आदि रोगों में लाभकारी होता है। **10 मिली. सुबह और इतनी ही शाम को गाय के दूध या पानी से लें। गौघृत 100 मिली. गौमूत्र 100 मिली., गाय का दूध 100 मिली. से इसे तैयार किया जाता है। ऐसे उत्पादों के लिए हमें बहुत बड़ी मशीनों की आवश्यकता नहीं है। इन उत्पादों को घर में ही तैयार किया जा सकता है और बाजार में सस्ते मूल्य पर उतारा जा सकता है।** उपभोक्तावादी बाजार व्यवस्था ने व्यक्ति के भीतर 'कंपीटीशन' की जिस भावना को जन्म दिया है वह उसे मार रही है। हमें 'कंपटीशन' की इस प्राण घातक बीमारी के चक्कर में नहीं पड़ना है, अपितु 'सहचर्य' की जीवनप्रद बाजार व्यवस्था को अपनाना

होगा। इस बाजार व्यवस्था में आप मेरे परिश्रम का उचित मूल्य नहीं बल्कि पारितोषिक दें और मैं आपको शुद्ध और उचित उत्पाद दूं। एक उद्योगपति उत्पादन में मिलावट करता है। दूसरों के श्रम की चोरी करता है, तो चारों ओर चोरों का बाजार गर्म हो जाता है, यदि उत्पादन में मिलावट या चोरी रोक दी जाए तो कंपीटीशन की जिस मारामारी की बीमारी से आज सारी वैश्विक व्यवस्था आतंकित है, उससे मुक्ति मिल सकती है। चोरी की यह भावना आज के तामसिक और राजसिक खाद्य पदार्थों और तद्‌जनित पारिवारिक और सामाजिक परिवेश की देन है।

गाय का दूध, घृत आदि शुद्ध सात्विक होते हैं। यदि उनका सेवन किया जाए तो शुद्ध सात्विक पारिवारिक और सामाजिक परिवेश का निर्माण किया जा सकता है। उस शुद्ध और सात्विक परिवेश में सतोगुणी बुद्धि का निर्माण होने से 'कंपीटीशन' के युग से लौटकर हक सहचर्य के 'सत्वगुणी' परिवेश में प्रविष्ट हो सकते हैं। इसकी आज के विश्व को महती आवश्यकता हो। इसलिए गाय के महत्व को राष्ट्रीय स्तर पर ही नहीं अंतर्राष्ट्रीय स्तर पर भी समझने व मानने की आवश्यकता है।

गाय और हमारी कृषि व्यवस्था

महान वैज्ञानिक डा. अलबर्ट आइंस्टीन ने अपने जीवनकाल में एक बार भारत से अनुरोध किया था कि **'भारत ट्रैक्टर रासायनिक उर्वरक, कीटनाशक और यंत्रीकृत खेती की पद्धति को न अपनाये क्योंकि इनसे 400 वर्षों की खेती में ही अमेरिका में जमीन की उपजाऊ शक्ति बहुत सीमा तक समाप्त हो चली है।'**

आज भारत डा. आइंस्टीन के उक्त अनुरोधात्मक परामर्श की उपेक्षा करने का परिणाम झेल रहा है। हमने इतनी मूर्खताएं की हैं कि उनसे उबरना दलदल में से निकलने के समान हो रहा है। कृषि को बैल के स्थान पर ट्रैक्टर आधारित करने का परीक्षण भी हमारे लिए एक ऐसी ही मूर्खता है। अब भारतीय कृषि अनुसंधान परिषद द्वारा किये गये शोधों से सिद्ध हो रहा है कि रासायनिक खाद के प्रयोग करने से भूमि की उपजाऊ शक्ति 20-25 वर्ष में लगभग समाप्त हो जाती है। इस प्रकार की खादों के निरंतर प्रयोग से मिटी की आर्द्रता निरंतर घटती जाती है। कीटनाशकों को जब हम खेतों में अधिक प्रयोग करते हैं तो उसका प्रभाव हमारे द्वारा उत्पादित अन्न की गुणवत्ता पर भी पड़ता है। वह अन्न हमारे स्वास्थ्य के लिए घातक सिद्ध हो रहा है, और देश के कितने ही क्षेत्रों में प्राणलेवा रोगों को फैलाने में सहायता कर रहा है। कृषि यंत्रों को, ट्रैक्टर आदि को तथा महंगे कीटनाशक और रासायनिक खादों को खरीदने से किसान ऋण में डूब रहे हैं, और उनमें से लघु किसानों की स्थिति तो ये हो रही है कि वे मारे ऋण के बोझ के आत्महत्या तक कर रहे हैं।

अंग्रेजों के काल में या उससे पूर्व मुस्लिम काल में तो सेठ-साहूकारों के ऋण से किसान परिवार दुःखी ही रहते थे, पर अब तो इतने आतंकित हैं कि आत्महत्या की प्रवृत्ति उनमें निरंतर बढ़ती ही जा रही है। देश प्रदेश की तहसीलों में कार्यरत राजस्व कर्मी कभी भी किसी 'बड़े मगरमच्छ' पर हाथ नहीं डालते। उनकी गाडियां सदा निर्धन किसानों के दरवाजे पर ही जाकर रुकती हैं, और ऐसे किसानों को अपमानित कर उन्हें उठाकर ले आती हैं। बहुत से किसानों में तहसील के राजस्व कर्मियों की इन गाडियों को देखने से ही डर व्याप्त रहता

है। हमने इस समस्या पर और सरकारी आतंक पर कभी विचार नहीं किया कि अंततः इस समस्या के मूल में कारण क्या है? यदि सूक्ष्मता से देखा, समझा, या परीक्षण किया जाए, तो डॉ. अलबर्ट आइंस्टीन की उपरोक्त चेतावनी की अवहेलना ही इसका मूल कारण है।

नवीन वैज्ञानिक अनुसंधानों से ज्ञात हो रहा है कि गाय के 1 किलो गोबर से 30 किलो सेन्द्रिय खाद तैयार हो सकता है। एक गाय, एक बैल दिन में औसतन 7 किलो गोबर देते हैं, जिससे 210 किलो खाद तैयार हो सकती है। इस एक दिन की गोबर से तैयार खाद का 365 गुणा करने पर 76650 किलो खाद हमें एक गाय से अथवा बैल के गोबर से एक वर्ष में प्राप्त हो सकती है।

वेणीशंकर वसु ने लिखा है-**'गाय के गोबर से हमें सस्ता व श्रेष्ठ जैविक खाद प्राप्त होता है, और खाद से सस्ते स्वादिष्ट एवं पौष्टिक खाद्यान्न, सब्जियां व फल प्राप्त होते हैं, एवं गोबर गैस से सस्ता ईंधन व प्रकाश मिलता है।'**

यदि हम गाय के गोबर का अधिकाधिक उपयोग करें, तो देश में व्याप्त गरीबी, बेरोजगारी एवं बीमारी मिट सकती है। **केन्द्रीय कृषि मंत्रालय की एक रपट के अनुसार देश में 12 करोड़ 15 लाख 80 हजार हेक्टेयर ऊसर व बंजर भूमि पड़ी हुई है। इसको उपजाऊ बनाने का एक मात्र उपाय गोबर है। जबकि रासायनिक खादों का अंधाधुंध प्रयोग भारत की कृषि योग्य भूमि को ही बंजर और अनुपजाऊ बनाता जा रहा है। इससे कृषि की स्थिति भयानक से भयानकतम होती जा रही है। देश में जनसंख्या की बढ़ती दर और कृषि योग्य भूमि का घटता जा रहा विस्तार देश के कृषि वैज्ञानिकों के लिए चिंता का विषय है।**

उधर सरकार इस सबसे बेखबर है, या जानबूझकर बेखबर बने रहना चाहती है। वह गौवंश को मांस के रूप में बेच रही है। **देश में 1997 के आंकड़ों के अनुसार प्रतिदिन 3 लाख पशुओं को क्रूरतापूर्वक मारा जा रहा है। मांस का निर्यात जो कि 1976 में मात्र 70,000 टन था, वह भयावह रूप से बढ़कर 1997 में 1380000 टन हो गया। 1951 में 1000 की जनसंख्या पर 430 पशु हमारे देश में थे जो 1997 में घटकर 50 रह गये और अब 2014 में इनकी संख्या कठिनता से 30 ही होगी।**

यदि एक ट्रैक्टर कंपनी एक ट्रैक्टर तैयार करती है और उसकी कीमत 5-6 लाख रुपया रखती है, तो मानो कि न्यून से न्यून 50 बैलों को वह अनुपयोगी

बना देता है, जिन्हें कसाई बना मानव समाज सहजता से अपना भोजन बनाकर चट कर जाता है। उसे ये पता ही नहीं होता कि **एक बैल की औसत आयु यदि 10 वर्ष भी मानी जाए तो वह 7,66,500 किलो जैविक खाद हमें देकर कई एकड़ बंजर भूमि को कृषि योग्य बनाने की क्षमता रखता है। जहां एक ट्रैक्टर से 50 बैल समाप्त हो रहे हों, वहां कितनी क्षति हमें उठानी पड़ रही है, इस पर विचार करने की आवश्यकता है।**

महर्षि दयानंद गोकरूणानिधि में लिखते हैं–**'गाय की एक पीढ़ी में छह बछिया और सात बछड़े हुए। इनमें से एक की मृत्यु रोगादि से होना संभव है तो भी 12 रहे। उन छह बछियाओं के दूध मात्र से उक्त प्रकार 1,54,440 अर्थात एक लाख चौव्वन हजार चार सौ चालीस मनुष्यों का पालन हो सकता है। अब रहे छह बैल, उनमें एक जोड़ी से एक साल में 200 मन अनाज उत्पन्न हो सकता है। इस प्रकार तीन जोड़ी 600 मन अन्न उत्पन्न कर सकती हैं और उनके कार्य का मध्य भाग 8 वर्ष है। इस हिसाब से 4800 चार हजार आठ सौ मन अनाज उत्पन्न करने की शक्ति एक जन्म में तीनों जोड़ी की है। 4800 मन, इतने अन्न से प्रत्येक मनुष्य का तीन पाव अन्न भोजन में गिनें तो 2,56,000 दो लाख छप्पन हजार मनुष्यों का एक बार भोजन होता है।**

आजकल आप 4800 मन गेंहू का मूल्य निकालें तो इतने गेंहू के मूल्य से ही ट्रैक्टर का मूल्य '5-6 लाख रूपये' चुकता हो सकता है। इसके अतिरिक्त अन्न के साथ-साथ भूसा आदि चारा जो खेत से उत्पन्न होगा उसका मूल्य अलग है। **कहने की आवश्यकता नहीं कि एक ट्रैक्टर नष्ट करता है 50 बैलों को, तो उस एक ट्रैक्टर के मूल्य की पूर्ति तो एक बैल की जोड़ी से ही हो जाती है। यदि 50 बैलों से या 25 बैलों की जोड़ी से कुल आय निकाली जाए तो ट्रैक्टर हमारे लिए हमारा मित्र न होकर शत्रु होगा।** इसका एक कारण ये भी है कि ट्रैक्टर से किसान को डीजल आदि डालने के लिए धन की भी आवश्यकता पड़ती है और ट्रैक्टर से डीजल का निकलने वाला धुआं पर्यावरण को प्रदूषित करता है। जबकि गाय का गोबर, मूत्र, श्वांस आदि पर्यावरण को स्वच्छ बनाते हैं।

विश्व बैंक के दो अधिकारी कार्टर ब्रिटेन तथा क्रिस्टन होम्मन द्वारा किये गये भारत में पर्यावरण प्रदूषण के कारण हुई आर्थिक क्षति के मूल्यांकन के अनुसार **भारत में सन 1992 में हुए पर्यावरणिक पतन के कारण रुपये 34,000 करोड़ की हानि हुई। इसमें हवा तथा पानी के प्रदूषण से रुपये**

24,550 करोड़ तथा भूमि प्रदूषण व जंगल कटाई के कारण रुपये 9450 करोड़ की हानि हुई। दोनों अधिकारियों ने यह भी कहा कि भारत में भूमि की गुणवत्ता का स्तर हर वर्ष 4 से 6.30 प्रतिशत नीचे आ रहा है। इसका मूल्य 4400 करोड़ रुपये होता है। पानी के प्रदूषण का स्वास्थ्य पर घातक प्रभाव पड़ रहा है। उसके चलते स्वास्थ्य रक्षा आदि पर 19.950 का विशेष व्यय करना पड़ रहा है। पानी से उत्पन्न होने वाले रोगों में मात्र विकलांगता पर ही 350 करोड़ रुपये व्यय होते हैं। देश में हवा के प्रदूषण के कारण हर वर्ष 40,000 मृत्यु होती हैं। वायु जनित रोगों की रोकथाम के लिए हर वर्ष 5500 करोड़ व्यय होते हैं। मिट्टी की गुणवत्ता घटने से हर वर्ष 7640 करोड़ रुपये की हानि हो रही है।

इस प्रकार गौवंश के विनाश से हमारी सरकारों को चाहे कितने ही डालर क्यों न मिल रहे हों, सारा का सारा ही घाटे का सौदा है। चंद दलाल राजनीतिक गलियारों में पैठ लगाये बैठे हैं और छद्म धर्मनिरपेक्षता का लबादा ओढ़े नेताओं की अंतरात्मा मर चुकी है। यदि अब भी ये लोग संभल जाएं तो स्थिति को सुधारा जा सकता है। गायों के वंश को बचाने के लिए आज हमें 'धर्मनिरपेक्षता के नाम पर ही सही अकबर बादशाह के उस आदेश को यथावत लागू करने की आवश्यकता है जो कि सिंधिया राज्य के पुस्तकालय में आज भी सुरक्षित रखा है, वह फरमान इस प्रकार उल्लेखित है– **'सल्तनत के सभी हाकिम और मुलाजिमान अमीर उमराव, परगनों के हाकिम और शाही मुल्कों के कारोबार के जिम्मेदार जान लें, कि इंसाफ के जमाने में आज यह फरमान जारी किया जा रहा है, जिस पर अमल करना, सबके लिए निहायत जरूरी है। सबको मालूम रहे कि गाय की जाति चाहे वह नर हो या मादा हो, बहुत ज्यादा फायदा देने वाली है। सारी दुनिया के जानवरों और आदमियों की जिंदगी का सहारा गाय जाति ही है। इसलिए हमारी ऊंची हिम्मत और साफ नियत का तकाजा है कि हमारे निजाम में गोकशी की रस्म बिलकुल न रहे। इसलिए इस शाही फरमान को देखते ही हुकूमत के सभी मुलाजिमों को इस बारे में खास रूप से कोशिश करनी चाहिए। जिससे शाही फरमान के मुताबिक अब से किसी गांव का शहर में गाय के कत्ल का नाम और निशान बाकी ना रहे। यदि कोई आदमी इस काम को करेगा और गाय का कत्ल करना नहीं छोड़ेगा तो वह अच्छी तरह समझ ले कि उसको सुल्तानी गजब में फंसना पड़ेगा और वह सजा का हकदार होगा।**

आज की सरकारें अकबर को धर्मनिरपेक्षता का अलंबरदार मानती रही हैं। यदि ऐसा है तो आज हम धर्मनिरपेक्षता के काल में एक धर्मनिरपेक्ष सरकार को धर्मनिरपेक्ष बादशाह के शाही फरमान को देश में यथावत लागू कराके धर्मनिरपेक्षता के माध्यम से गाय जैसे प्राणी की रक्षा करनी चाहिए।

जो लोग ये मानते हैं कि देश के मुसलमान इस समय ऐसी किसी राजाज्ञा को साम्प्रदायिक मानेंगे तो उन्हें अकबर को साम्प्रदायिक घोषित करना चाहिए। साथ ही ऐसे लोगों को ये भी बताना व समझना होगा कि इस्लाम में भी गौवध का पूर्णतः निषेध है। कुरान की 'शूर-ए-हज' में लिखा है कि-**'हरगिज नहीं पहुंचेंगे, खुदा के पास उसके गोश्त और खून, हां पहुंचती है तुम्हारी परहेजगारी। काते-उल-शजर, वाय-उल-वशर, जावेद-उल-वकर, दायम-उल-खमर, अब्दन फी उस्कर अर्थात हरा पेड़ काटने वाले दूसरे की पत्नी से कुकर्म करने वाले, गाय को मारने वाले तथा शराब पीने वाले खुदा के यहां कभी माफ नहीं किये जाएंगे।**

इतना स्पष्ट निषेधात्मक आदेश यदि कुरान गाय की हत्या के संबंधा में दे रही है, तो गौवंश की हत्या रोकने में बाधा क्या है? लगता है सरकार की नीयत में दोष है, यदि सरकारी नीयत सही हो जाए तो जनता के आपसी कलह क्लेश तो स्वयंमेव समाप्त हो जाएंगे। गाय साम्प्रदायिक पशु नहीं है। साम्प्रदायिक तो उसे बनाया गया है, और कुछ लोग उसे साम्प्रदायिक ही बनाये रखना चाहते हैं देश और मानवता के हित में इस सोच को यथाशीघ्र बदलने की आवश्यकता है।

गाय हमारी कृषि और अर्थव्यवस्था का आधार है। उसकी उपयोगिता को इसलिए इस्लाम ने भी स्वीकार किया है। हम आज उसे जितनी शीघ्रता से अपनी कृषि व्यवस्था का पुनः आधार बना लेंगे उतना ही लाभप्रद होगा।

गाय आदि की रक्षा के लिए सहचर्यवाद को मौलिक अधिकार बनाया जाए

गाय हमारे जंगलों में उत्पन्न होने वाली कितने ही प्रकार की वनस्पतियों व घासों को चरती है। इसके अतिरिक्त किसान अपने खेत में जो चारा गेंहू का भूसा, धान का पुआल, मक्का की पुआल, ज्वार, जई, बाजरा आदि उत्पन्न करता है, उन्हें खाती है। प्रभु की अद्भुत कृपा है कि उसने प्रकृति में एक ऐसा चक्रीय संतुलन स्थापित किया हुआ है कि यहां की कोई भी वस्तु व्यर्थ नही कही जा सकती। मनुष्य के लिए गेंहू के पौधो से जो अन्न मिलता है, उसे तो मनुष्य अपने भोजन के रूप में प्रयुक्त कर सकता है। तनिक कल्पना करें कि यदि उस भूसे को खाने के लिए गाय आदि पशु न होते तो क्या होता? तब हमारे किसान उस भूसे के ढ़ेर में आग लगाया करते थे, जिससे बहुत सा प्रदूषण हुआ करता।

परंतु हमारे परमपिता परमेश्वर ने कहा कि नहीं, इस भूसे आदि को व्यर्थ नहीं जाने देना है। मैं इसके लिए गाय आदि को बनाता हूं, वो इसे खाएगी और गोबर के माध्यम से इसे पुनः उपयोगी तो बनाएंगी ही साथ ही पर्यावरण संतुलन को शुद्ध रखने में मानव समाज की सहायता भी करेंगी। इस प्रकार व्यर्थ पदार्थों को भी उपयोगी बनाकर उन्हें **'अर्थ'** प्रदान करना प्रभु की सृष्टि की एक उपकारमयी व्यवस्था है। मनुष्य कितना मूर्ख है कि वह ईश्वर की सृष्टि की इस उपकारमयी व्यवस्था के रहस्य को समझ नहीं पाया और गाय जैसे दिव्य प्राणी को अपना परममित्र या माता न मानकर अपना परमशत्रु मान बैठा।

आज के वैज्ञानिक पर्यावरण प्रदूषण के बढ़ने से ग्लोबल वार्मिंग की चेतावनी बार-बार दे रहे हैं। इस ग्लोबल वार्मिंग का एक कारण गाय आदि दुधारू और उपयोगी पशुओं को काट-काट कर समाप्त करने की मनुष्य की नादानी भी है। पशुओं के कटने से कितने ही पदार्थ अनुपयोगी मानकर सड़कों पर फंके जा रहे हैं, जिससे वे पदार्थ गलियों में या सड़कों के किनारे भरे पानी में या अन्य किन्हीं स्थानों पर सड़ते हैं और बहुत सी दुर्गंध या उनके जलाये जाने से उत्पन्न होने वाले धुएं को फैलाते हैं। इससे पर्यावरण प्रदूषण बढ़ता है।

यह सड़ने की प्रक्रिया हफ्तों और महीनों तक चलती रहती है। गाय ऐसे व्यर्थ पदार्थों को खाकर मात्र चौबीस घंटों में ही हमारे लिए उपयोगी बनाकर गोबर के रूप में दे देती है।

अमरीका के वैज्ञानिक जेम्स मार्टिन ने दुधारू गाय का गोबर, खमीर तथा समुद्र के पानी को मिलाकर एक ऐसा उत्प्रेरक बनाया है, जिसके प्रयोग से बंजर भूमि हरी-भरी हो जाती है, सूखे तेल के कुंओं में दुबारा तेल आ जाता है। (संदर्भ : 'गौमाता एवं अन्य जीवों की रक्षा')

इंस्टिट्यूट ऑफ इकानोमिक ग्रोथ दिल्ली ने एक विशेष अध्ययन में पाया है कि **देश में लगभग 8 करोड़ बैल (8वीं पंचवर्षीय योजना) थे, जिससे हम सहमत नहीं हैं, क्योंकि 1947 में गौवंश की कुल संख्या का आंकड़ा लगभग ढ़ाई करोड़ ही रह गया, परंतु फिर भी समझने के लिए यह आंकड़ा महत्वपूर्ण है। बैल कृषि उत्पादों का परिवहन आदि के सभी कार्य करते हैं। उनके बदले में यदि हमें ट्रैक्टर से ही ये सभी कार्य करने हों तो दो करोड़ से अधिक ट्रैक्टरों की आवश्यकता होगी।**

अब यहां विचारणीय बात ये है कि जब हम ट्रैक्टर आदि के लिए पेट्रोलियम पदार्थों विदेशों से आयात करेंगे तो हमारी राष्ट्रीय आय का अधिकांश भाग पेट्रोलियम पदार्थों की खरीददारी में ही व्यय हो जाएगा, जिससे हमारा विकास प्रभावित होगा। सारा देश विदेशों के लिए कमाता रहेगा। इसीलिए हमारे पूर्वजों ने बड़ी विवेकशीलता से काम लिया और उन्होंने बैलों की उपयोगिता कृषि के लिए उचित मानकर प्रकृति के सहचर्यवाद के सिद्धांत के दृष्टिगत खेती को यांत्रिक विद्या से न करना ही उचित समझा। जबकि प्राचीन भारत में भौतिक विज्ञान इतना उन्नत था कि लोग सहजता से ही ट्रैक्टर जैसे यंत्र बना सकते थे। पर हमारे पूर्वज जानते थे कि हमें प्रकृति के कार्यों में सहायक बनना है, न कि बाधक। यदि बाधक बने तो प्रकृति हमारे विनाश के लिए कमर कस सकती है।

अमेरिका और यूरोप ने प्राकृतिक पर्यावरणीय संतुलन को बिगाड़ने की पहल की तो आज ग्लोबल वार्मिंग के माध्यम से इसके दुष्परिणाम भी वही झेलने लगे हैं। अमेरिका में इस बार ठंड का प्रकोप इतना बढ़ा है कि वहां तापमान शून्य से 50 डिग्री नीचे तक चला गया था। प्रकृति से प्रतिस्पर्द्धा करोगे और उसके साथ छेड़छाड़ करोगे तो उसका प्रकोप तो झेलना ही पड़ेगा। प्रकृति हमसे कहती है कि मेरे सामने अहंकार शून्यता का प्रदर्शन करते हुए विनम्रता के साथ सहचर्यवादी बन जाओ और मेरे वरदानों का उपभोग करो।

इन वरदानों में सर्वश्रेष्ठ प्राणी गाय है। प्रकृति और प्रभुप्रदत्त इस प्राणी के

भीतर मिलने वाले अनेक दिव्य गुणों के कारण ही इसमें 33 करोड़ देवताओं का वास है। जो लोग गौमांस भक्षक होते हैं वो प्राकृतिक संतुलन में तो विकार उत्पन्न करने के अपराधी हैं ही, साथ ही अपने स्वास्थ्य को भी विकृत करते हैं। ट्यूनीशिया में राजदूत रहे श्री ओ.पी. गुप्ता ने अपनी पुस्तक **'वैदिक इक्वलिटी एण्ड हिदुइज्म'** में लिखा है कि **गौमांस में लंबी कार्बन चेन वाले प्रोटीन होते हैं, जिनको लीवर अव्यवों में विखंडित नहीं कर पाता और ये लंबी कार्बन श्रंखला वाले यौगिक मानव शरीर के जोड़ों में स्थित द्रव में एकत्र हो जाते हैं। इसके परिणाम स्वरूप गोमांस-भक्षक बात रोग और जोड़ों के दर्द के शिकार हो जाते हैं। उनका मानना है कि गौमांस भक्षण से मानव शरीर में 'प्रोस्टेगलेण्डीन' नामक हारमोन उत्पन्न हो जाता है, जिसके कारण रक्त नलिकाएं संकुचित हो जाती हैं, और रक्त संचार धीमा हो जाता है, जो रक्त का थक्का बनाकर हृदयरोग और पक्षाघात जैसे जानलेवा रोगों को जन्म देता है।** हृदयरोग विशेषज्ञ परामर्श देते हैं कि गाय आदि पशुओं के मांस तथा वसायुक्त भोजन रक्त में कालोस्ट्रोल की मात्रा बढ़ा देते हैं, जिससे रक्त प्रवाह करने वाली नलिकाएं संकुचित हो जाती हैं और रक्त थक्का बनाने में सहायता करती हैं। इसलिए पशुओं के प्रति दयाभावना रखते हुए उनकी प्राण रक्षा करना वेद ने मनुष्य का धर्म **'पवित्र कर्त्तव्य'** घोषित किया और **'पशूनपाहिं'** अर्थात पशुओं की रक्षा करने के लिए उसे निर्देशित किया।

आज हमारे संविधान में गाय आदि पशुओं की रक्षा के लिए अनुच्छेद 48 को रखा गया है। परंतु यह अनुच्छेद अपूर्ण और अपर्याप्त है। हमारा देश प्राचीन काल से ही प्राणीमात्र के प्रति करूणा भाव रखने के लिए मनुष्य मात्र को निर्देशित करने वाले ऋषि-मुनियों के धर्म का देश रहा है। इसलिए विश्व में केवल भारत ने ही सर्वप्रथम घोषित किया कि मनुष्य सभी प्राणियों में श्रेष्ठ इसलिए है कि वह सभी प्राणियों का संरक्षक है। मनुष्य के मल मूत्र अनुपयोगी होते हैं, पर गाय के तो मलमूत्र भी उपयोगी होते हैं इस दृष्टि से गाय मनुष्य से श्रेष्ठ है, परंतु इसके उपरांत भी गाय भोग योनि का प्राणी है। जबकि मनुष्य कर्मयोनि और भोगयोनि दोनों योनियों का प्राणी है।

सभी प्राणियों में मनुष्य की श्रेष्ठता सर्वोपरि है। पर यह श्रेष्ठता तभी सिद्ध होगी जब वह अन्य प्राणियों के प्रति अपने संरक्षण धर्म को निभाएगा। भारतीय संस्कृति ने मनुष्य के भीतर अन्य प्राणियों के प्रति इस संरक्षण भाव को आरोपित कर एक प्रकार से प्रत्येक प्राणी को जीने का उसका मौलिक अधिकार प्रदान किया है। जबकि हमारा संविधान उन्हें ऐसा कोई संरक्षण मौलिक अधिकारों

के माध्यम से प्रदान नहीं करता। भारतीय संविधान का इस विषय में चुप रहना भारतीय मनीषा की उत्कृष्टता का अपमान करने के समान है।

हमारा मानना है कि विश्व को 'ग्लोबल वार्मिंग' से बचाने के लिए भारत सरकार को यथाशीघ्र पहल करते हुए गाय आदि पशुओं को बचाने के लिए उनकी प्राण रक्षा को उनका संवैधानिक मौलिक अधिकार प्रदान कर शेष विश्व का मार्गदर्शन करना चाहिए। पहल भारत करे और उसका अनुकरण विश्व करे-तभी तो भारत 'विश्वगुरू' बनेगा। यदि पहल विश्व करे और अनुकरण भारत करेगा तो भारत अनुचर ही बना रहेगा। हमें अनुचरणवादी गतानुगतिक अर्थात् भेड़चाल की वैश्विक परंपरा से निकलकर गुरूत्व परंपरा का निर्वाह करने के लिए उद्यम करना होगा।

उस उत्कृष्टावस्था के निश्चय ही शुभ परिणाम आएंगे। अभी तक विश्व भूल करता आ रहा है कि वह विश्व का अस्तित्व मानव जाति के बने रहने में ही देखता है, जबकि वेद मानव जाति से ही नहीं अपितु सभी प्राणियों की सामूहिक सहचर्यवादी जीवन व्यवस्था में विश्व का अस्तित्व खोजता है। भारत अपने इस उत्कृष्ट दृष्टिकोण को विश्व के समक्ष उठाने में असफल और असमर्थ रहा है। क्योंकि उसने उधारी मनीषा के समक्ष अपनी उत्कृष्ट मनीषा को हीन समझना आरंभ कर दिया। आज विश्व भटकन से ग्रस्त है और भारत का निर्मल वेदज्ञान ही विश्व की इस भटकन से उसे उबार सकता है। इसलिए हमें गायादि पशुओं के प्रति वेदधर्म और वैदिक शिक्षाओं को मानव-धर्म के रूप में व्याख्यायित करने का प्रयत्न करना होगा।

यजुर्वेद (36.8) का यह मंत्र हमारे संविधान में पशुओं की जीवन रक्षा के दृष्टिगत उनका मौलिक अधिकार बनाये जाने का आधार बन सकता है।

मित्रस्य या चक्षुषा सर्वाणि भूतानि समीक्षन्ताम्।
मित्रस्याहं चक्षुषा सर्वाणि भूतानि समीक्षे। मित्रस्य चक्षुषा समीक्षा महे।

अर्थात सब प्राणी मुझे मित्रवत देखे और मैं भी सब प्राणियों को मित्रवत ही देखूं, जानूं, समझूं। हम सब परस्पर मिल की दृष्टि से देखें।

वेद का यह आदर्श ही जीवनोपयोगी सहचर्यवाद है और यह जीवनोपयोगी सहचर्यवाद ही मानवता और प्राणिमात्र के कल्याण का हेतु हो सकता है। इसे जितनी शीघ्रता से संविधान में मौलिक अधिकार के रूप में समाविष्ट कर लिया जाएगा उतना ही अच्छा रहेगा। सहचर्यवाद की इसी भारतीय मान्यता से ही गाय आदि पशु बचेंगे। अन्यथा न तो हम बचेंगे और न ही ये धरती। तब क्या बचेगा?

गाय, गांधीजी और कांग्रेस

गोडसे और गांधीजी दोनों में एक 'उभयनिष्ठ' गुण यह था कि दोनों गौभक्त थे। गांधीजी की गौभक्ति को कांग्रेस ने मार दिया और गांधीजी की यह सैद्धांतिक हत्या भी उनके परम शिष्य नेहरू के शासन काल में ही कर दी गयी। गांधीजी की कांग्रेस में सन 1921 से कई बार गौरक्षा को पार्टी की नीतियों में सम्मिलित किया गया जिसे नेहरू की कांग्रेस ने सत्ता संभालते ही समाप्त कर दिया।

सन 1925 में कांग्रेस का महाधिवेशन बेलगांव में हुआ। इसके गौरक्षा सम्मेलन का अध्यक्ष गांधीजी को बनाया गया था। तब गांधीजी ने अपने अध्यक्षीय भाषण में जो कुछ कहा था, वह कांग्रेस के लिए एक **'नसीहत और वसीयत'** सिद्ध होना चाहिए था, पर ऐसा हुआ नहीं। गांधी जी ने कहा था–**'जब तक 'भारत में' गौवध होता है, तब तक मुझे ऐसा लगता है कि जैसे मेरा स्वयं का वध हो रहा है। हिंदू धर्म का बाह्य रूप गौरक्षा ही है। गौरक्षा मुझे मनुष्य के सारे विकास क्रम में सबसे अलौकिक कारण मालूम होता है। मैं गौरक्षा को स्वराज्य प्राप्ति से भी अधिक महत्वपूर्ण मानता हूं। हिंदू धर्म तभी तक रहेगा जब तक हिंदू गौरक्षा करते रहेंगे।'**

गांधीजी की यह बात ध्यान देने योग्य है कि वे गौरक्षा को **'स्वराज्य'** से भी अधिक महत्वपूर्ण मानते थे। कारण स्पष्ट है कि वे गाय के धार्मिक ही नहीं अपितु वैज्ञानिक और आर्थिक महत्व को भी जानते थे। हमारे देश की परंपरा रही है कि जो प्राणी या कोई वस्तु हमारे लिए अत्यंत महत्व की हो और हम पर अपने उपकारों की वर्षा निरंतर कर रही हों, उसके प्रति अगाध श्रद्धा व्यक्त करना हम अपना धर्म मानते हैं, इसलिए गाय और गंगा हमारे लिए धर्म की आस्था से जुड़ गयी। पर यह ध्यान रखना चाहिए कि यह धर्म की आस्था का प्रश्न तब आता है जब हम उस प्राणी या वस्तु के वैज्ञानिक और आर्थिक महत्व को जांच, समझ और परख लेते हैं।

एक बार अकबर ने अपने दरबारियों से पूछा कि ये बताओ कि किस प्राणी का दूध हमारे लिए सबसे अधिक उपयुक्त है? सभी दरबारियों में से किसी ने

भैंस का, किसी ने ऊंटनी का तो किसी ने बकरी का दूध मानव शरीर के लिए उत्तम एवं उपयुक्त बताया। अंत में बीरबल ने कहा कि हमारे लिए गाय का दूध उत्तम है। इस पर अकबर को गुस्सा आ गया और वह बोला- **'बीरबल! तुम गाय के दूध को दूध क्यों कहते हो? वह तो अमृत है, अमृत कहकर ही बोलो।'**

बस, इसी बात को गांधीजी जानते थे कि मानव के बौद्धिक, आत्मिक और आध्यात्मिक विकास के लिए गाय का दूध अमृत है। इसलिए उनकी मान्यता थी कि देश की भावी पीढ़ियों के लिए देश में गौवंश की रक्षा करना शासन की नीति होनी चाहिए। महात्मा गांधी की मान्यता थी-**'गौरक्षा हिंदू धर्म को दिया गया सबसे मूल्यवान उपहार है।'** मानो गौरक्षा का दायित्व प्रकृति ने केवल हिंदू समाज को ही दिया है, या कहिए कि इस दायित्व को केवल हिंदू समाज ने ही समझा है। करोड़ों वर्ष के मानवता के इतिहास को केवल भारत ने ही समझा है, शेष विश्व तो आज भी इस बात में उलझा हुआ है कि इस संसार की आयु कितनी है, या कितने वर्ष पूर्व इस का निर्माण हुआ होगा? इस निर्माण में हम सबके एक दूसरे प्राणि समुदाय के प्रति दायित्व क्या हैं? भारत ने जीने के लिए इस सिद्धांत का आविष्कार किया कि सबके सब प्राणि एक दूसरे को कहीं न कहीं लाभान्वित करने के लिए उत्पन्न किये गये हैं, इसलिए सबका जीवन मूल्यवान है। अतः सबके जीवन की रक्षा होनी चाहिए। कुछ लोगों ने कहा कि प्रकृति में उत्पन्न सभी प्राणियों में जीने के लिए एक संघर्ष हो रहा है और इसलिए इस संघर्ष में जो जीतेगा वही जीएगा। गांधीजी की मान्यता थी कि प्रकृति में संघर्ष नहीं अपितु सहचर्यवाद है। इसलिए वह गौरक्षा को प्राणि रक्षा तक खींचकर ले जाते हुए कहते हैं कि गौरक्षा हिंदू समाज को दिया गया मूल्यवान उपहार है। अतः वे भारत में स्वतंत्रता के पश्चात गौरक्षा को शासन की नीति का आधार बनाकर पंचगव्य के सेवन को देश के युवावर्ग के स्वास्थ्य को बनाये रखने हेतु अनिवार्य बनाना चाहते थे।

गांधीजी को इस बात पर घोर आश्चर्य होता था कि गाय के मूल देश भारत में तो भैंस का दूध प्रयोग किया जाता है जबकि पश्चिमी देशों में भैंस को कोई जानता भी नही है। उनका कहना था-**'यूरोप में तो भैंस के घी के बारे में कोई जानता ही नहीं, यूरोप में कोई भैंस का दूध या घी प्रयोग नहीं करता। विश्व में केवल भारत ही ऐसा देश है जहां भैंस का दूध एवं घी पसंद किया जाता है और लोग इसे खाते हैं। भैंस की वजह से ही भारत में गाय की बर्बादी हुई है। इसलिए मैं कहता हूं कि हमें गाय, गौसेवा,**

गौपालन एवं गौरक्षा पर ही जोर देना चाहिए, वरना गाय बचेगी नहीं। गौरक्षा करना हमारा धर्म ही नही पवित्र कर्त्तव्य भी है। भारतीय किसान गौरक्षा का भार इसलिए नहीं उठा पा रहा है कि अधिकांश किसानों के पास जमीन नहीं है, या जमीन की कमी है। एक एकड़, दो एकड़, चार एकड़, इसलिए खेती को सौ परिवारों में बांटने के स्थान पर सौ परिवार मिलकर रहें। सामूहिक रूप से की गयी खेती से किसान गौपालन बहुत कुशलतापूर्वक कर सकेगा और उसकी आय भी बढ़ेगी।'

एक बार गांधीजी ने **'नवजीवन'** समाचार पत्र में लिखा था- **'बूढ़ा बैल, जितनी घास और चारा खाता है, उतने ही अधिक कीमत का गोबर और गौमूत्र देता है अर्थात अपना कर्ज आप ही चुका देता है।'**

अतः गांधीजी का सपना था कि भारत में गौहत्या पूर्णतः निषिद्ध होनी चाहिए। गांधीजी के इस सपने की हत्या नेहरू सरकार ने की, जब देश में कसाईखानों की अंधाधुंध स्थापना आरंभ की और अनुपयोगी पशुओं के वध के नाम पर गौहत्या को प्रोत्साहित किया। शब्दों के जाल में देश की जनता को फंसाया गया और देश की आत्मा पर सीधा प्रहार करते हुए गौहत्या करानी आरंभ कर दी। देश की जनता कांग्रेस के **'गाय बछड़े'** वाले चुनाव चिन्ह पर निशान लगा लगाकर कांग्रेस को चुनावों में जिताती रही और कांग्रेस पीछे से **'गाय बछड़ों'** को कसाईखानों में कटवाती रही। इसे धार्मिक भावनाओं के साथ कांग्रेस द्वारा किया गया **'क्रूर उपहास'** ही कहना चाहिए।

इसी प्रकार दसवीं पंचवर्षीय योजना आ गयी। तब इस पंचवर्षीय योजना की उपसमिति ने भारत सरकार से 1804 करोड़ रुपये का वार्षिक बजट **नेशनल मीट बोर्ड के लिए मांगा।** इस उपसमिति ने भैंसों के वध पर प्रतिबंधा हटाने, बैलों, सांड़ों के वध पर प्रतिबंध हटाने की मांग करते हुए यह भी इच्छा व्यक्त की कि गौमांस निर्यात के लिए पशु वध के लिए आयु सीमा कोई न रखी जाए।

इससे पूर्व 15-16 वर्ष के गौवंश से नीचे के वंश को नहीं काटा जा सकता था। **उपसमिति** ने इस आयु सीमा को समाप्त करवा लिया और गौमांस निर्यात को बढ़ावा देने के नाम पर देश के कानून में ही संशोधन करा लिया। इसके अतिरिक्त इस उपसमिति ने गांव-गांव और शहर-शहर में कत्लखाने स्थापित करने की जो योजना प्रस्तुत की, वह भी कम चौंकाने वाली नहीं थी। उपसमिति का कहना था कि दस महानगरों में बीस करोड़ की लागत वाले विशालकाय आधुनिक यांत्रिक कत्लखाने स्थापित किये जाएं।

पचास नगरों में पांच करोड़ की लागत वाले आधुनिक कत्लखाने

खोले जाएं। 500 नगरों में 50 लाख की लागत वाले तथा सौ गांवों में पांच लाख रुपये की लागत वाले तथा सौ गांवों में 5 लाख रुपये की लागत वाले आधुनिक बूचड़खाने स्थापित किये जाएं। इस प्रकार की सिफारिशों ने गांधी के सपने की और गांधी के देश की हत्या करा दी।

सहारनपुर में एक गौभक्त राशिद अली रहते थे, जो पशु **क्रूरता निवारण समिति** के उपाध्यक्ष थे और कुरान की उन शिक्षाओं में विश्वास करते थे जो गाय और अन्य प्राणियों के प्रति व्यक्ति को सहिष्णु बनाना सिखाती है। इसलिए बड़ी तन्मयता से पशु हिंसा और गौहत्या निषेध के लिए कार्य कर रहे थे, परंतु एक दिन चार लोगों ने उन्हें मौत के घाट उतार दिया।

यदि कांग्रेस गांधीजी की गौभक्ति पर सच्चे हृदय से चिंतन करती तो राशिद अली जैसे इंसानों का कत्ल भी न होता। परंतु यहां हैवानों के लिए इंसानों का बलिदान करने की मूर्खतापूर्ण सोच का विकास हुआ है। जिसके कारण गौमाता की निरंतर हानि होती जा रही है-**गांधी जी के शब्दों में कहें तो ये गौमाता की नहीं बल्कि देश की हानि हो रही है, मानवता की हानि हो रही है, हिंदुत्व की हानि हो रही है।**

गौवध पर पी.डी. टण्डन की पीड़ा

गौ आधारित हमारी कृषि व्यवस्था को उजाड़कर आप भारत को नहीं बसा सकते। आचार्य विनोबा भावे का कथन है कि-**'भारत किसानों का देश है, खेती का शोध भी भारत में ही हुआ है। गाय बैलों की अच्छी सुरक्षा पर हिन्दुस्तान की खेती निर्भर है। हिन्दुस्थानी सभ्यता का नाम ही 'गौसेवा' है, लेकिन आज गाय की स्थिति हिंदुस्तान में उन देशों से कहीं अधिक खराब है, जिन्होंने गौसेवा का नाम नहीं लिया था। हमने नाम तो लिया पर काम नहीं। जो हुआ, सो हुआ। लेकिन अब तो चेतें।'**

आचार्य विनोबा भावे जी यदि स्वर्ग से भारत की वर्तमान स्थिति को देख रहे होंगे तो उनकी अपनी पीड़ा और अधिक बढ़ी ही होगी। आज गाय सहित कोई भी पशु इस देश में सुरक्षित नहीं है। परंतु जब तक भारत में गाय की पूजा होती रही और लोगों का पशुओं के प्रति व्यवहार दयापूर्ण रहा तब तक देश आर्थिक रूप से संपन्न रहा। पश्चिमी देशों की भौतिक उन्नति **'मशीनी उन्नति'** है। उसमें संवेदनाओं का कोई स्थान नहीं है। पश्चिमी जगत ने शिक्षा को रोजगारप्रद बनाया और हमने रोजगारप्रद गाय को बनाया। हमने शिक्षा को केवल मानव निर्माण के लिए उचित समझा। इसलिए उच्चशिक्षा तक को भी रोजगार प्राप्त करने के लिए एक आवश्यक योग्यता के रूप में मान्यता प्रदान नहीं की। शिक्षा संस्कारप्रद रहे-यही उचित माना। परंतु मैकाले की शिक्षा पद्धति ने हमारी शिक्षा व्यवस्था को तो शीर्षासन करा ही दिया। यहां की अर्थव्यवस्था और कृषि व्यवस्था को भी शीर्षासन की मुद्रा में ला दिया। सारी व्यवस्थाएं मशीनी बन कर रह गयी हैं। इसलिए पशुओं के प्रति भी हमारा दृष्टिकोण केवल मशीनी होकर रह गया है। देश के पहले राष्ट्रपति डा. राजेन्द्र प्रसाद ने **'बिहार प्रांतीय गौशाला-पिंजरापोल सम्मेलन'** के अवसर पर पटना में कहा था-**'पशुओं से हमारी जितनी आप होती है और उनसे जो काम हमको मिलता है, उसकी मजदूरी इतनी होती है कि उन सबको यदि जोड़ा जाए तो ज्ञात होगा कि देश में इतनी आय का कोई दूसरा उपाय नहीं है, जितनी आय को हम पशुओं से लेते हैं। देश में जितना चावल होता है, उसका मूल्य पशुओं से चलने वाली आय का एक तिहाई और गेहूं का मूल्य एक चौथाई है। इसी से आप समझ सकते हैं कि किस**

प्रकार देश में फैले हुए जानवर मेघ की बूंदों की भांति काम कर रहे हैं।'

वास्तव में मशीनी विकास मानव की जीत नहीं हार है। जीत वो होती है, जिससे आपके व्यक्तित्व का विकास हो और आप, आपका परिवार, मोहल्ला पड़ोस, क्षेत्र या प्रदेश ही नहीं अपितु मानवता भी लाभान्वित हो। जिस विकास का परिणाम आपके लिए आपके परिवार और अंत में मानवता के लिए भी घातक आये उसे आप विकास नही विनाश कहें, तो ही उचित है। मशीन ने हमें सुविधाएं दी हैं, पर हमें शांति नहीं दी। शांति मानव के लिए तभी थी जब वह अन्य पशुओं के साथ मिलकर सहचर्य का जीवन यापन कर रहा था। आज के नेता हमारे देश की अर्थव्यवस्था को मशीनी बनाने पर तुले हैं और तर्क पर तर्क दिये जाते हैं कि मशीनों ने ये कर दिया, वो कर दिया है। ऐसी परिस्थितियों में ये मशीन ही गाय के गले पर चल रही है और देश की हानि कर रही है।

पुरूषोत्तम दास टण्डन ने ऐसे नेताओं को लताड़ते हुए 22 जनवरी 1956 को कलकत्ता में आयोजित सर्वदलीय गौरक्षा सम्मेलन में कहा था–**'हिंदू जाति अपनी जड़ पर ही कुठाराघात को उतारू हो गयी है। जो नेता विदेशों के उदाहरण देकर हमें समझना चाहते हैं, वे अपनी जाति और देश के मर्मस्थल पर चोट पहुंचा रहे हैं। कोई भी उदाहरण अथवा तर्क हमें अपनी मातृभूमि से अलग नहीं कर सकता।'**

पुरुषोत्तम दास टण्डन का ये संकेत उस समय की नेहरू सरकार की ओर था। नेहरू स्वयं गौहत्या जारी रखने के बहाने खोज रहे थे, और उनकी इच्छा को देखकर ही उनके चाटुकार अधिकारियों एवं नेताओं ने देश में गौहत्या जारी रखने की युक्तियां खोजीं। पुरुषोत्तम दास टण्डन जैसा देशभक्त नेता इस स्थिति परिस्थिति से निरपेक्ष नहीं रह सकता था, इसलिए मशीनों से उज्ज्वल भारत का निर्माण करने का सपना देखते तत्कालीन नेतृत्व को उन्होंने सचेत किया था। यह अलग बात है कि नेहरू सरकार ने उनकी बात को अनसुना किया, पर उचित समय पर बोलना भी अपने कर्त्तव्य और धर्म का निर्वाह करना ही होता है। उन्होंने आगे अपने भाषण में कहा था–**'केन्द्र सरकार संविधान की दुहाई देकर एक केन्द्रीय अधिनियम बनाने में असमर्थता प्रकट कर रही है।'** उन्होंने गांधीजी के उस वाक्य को दोहराया कि–**'प्रत्येक भारतीय उनके इस कथन का समर्थन करता है कि गौवध मनुष्य वध के समान है।'** शिवकुमार गोयल जी जैसे राष्ट्रवादी चिंतक और लेखक के द्वारा हमें ज्ञात होता है कि पुरुषोत्तम दास टण्डन ने उक्त भाषण में कांग्रेस की तत्कालीन नेहरू सरकार की उस नीति की भी कड़ी आलोचना की थी जिसमें 'गाय बछड़ों' की चमड़ी / मांस को बेचकर

डॉलर कमाने की अनुचित और अतार्किक नीति समाविष्ट थी। श्री टण्डन ने बंगाल सरकार की गौहत्या नीति पर करारी चोट करते हुए कहा था-**'यह पाप यहां पराकाष्ठा पर पहुंच चुका है, और यह पाप देश के लिए महान कलंक है। वर्ष में तीन लाख से अधिक अच्छी-अच्छी गायें यहां काट दी जाती हैं। यही स्थिति मुंबई की है। यदि यही क्रम जारी रहा तो देश की अमूल्य निधि से देश को हाथ धोना पड़ जाएगा। औरों के लिए रुपये पैसे सोना चांदी का बहुत मूल्य हो सकता है, परंतु भारत के लिए तो गाय ही प्रधान धन है।'**

टण्डन जी की इस चेतावनी पर यदि तत्कालीन नेतृत्व जागरूक हो गया होता तो सचमुच आज की दयनीय और कारुणिक स्थिति से बचा सकता था। लेखक को 18 सितंबर 2013 को कलकत्ता में आयोजित एक गौरक्षा सम्मेलन में वक्ता के रूप में आमंत्रित किया गया था। उस सम्मेलन में उपस्थित गौभक्तों ने बताया था पश्चिम बंगाल और बाग्लादेश की सीमा पर गौहत्या को किस प्रकार खुल्लमखुल्ला एक पेशे के रूप में लिया जा रहा है? उसे सुनकर लेखक को टण्डन जी के ये शब्द अनायास ही स्मरण हो आये- **'हमें किस प्रकार अपनी अमूल्य निधि से हाथ धोना पड़ रहा है?'** बड़े और सयाने लोग घटनाओं की अंतिम परिणति पर विचार किया करते हैं और समय से पहले परिणाम की घोषणा कर दिया करते हैं। टण्डन परिणाम बता गये पर जो लोग इस परिणाम की ओर चलने के लिए उस समय कटिबद्ध थे वे तनिक भी नही चेते।

उनकी चाल ज्यों की त्यों बनी रही और हमारे देश के जिस बंगाल प्रांत में कभी गौरक्षा के लिए बड़े-बड़े यज्ञ होते थे उसी की पावन भूमि को आज दुष्टों ने अपवित्र करके रख दिया है। वहां गाय के खून से गंगा लाल हो रही है। बाग्लादेश की सारी सीमा को ही बूचड़खाना बनाकर रख दिया गया है। भक्ति, मुक्ति और शक्ति का स्रोत गाय माता हमारी अत्याचारों का शिकार हो रही है और हमारा राष्ट्रीय नेतृत्व आंखें बंद किये सारे दृश्य की ओर पूर्णतः असावधान की मुद्रा में खड़ा है।

राष्ट्रकवि के ये शब्द कितने मार्मिक हैं:-

है भूमि वंध्या हो रही, वृष जाति दिन दिन घट रही।
घी-दूध दुर्लभ हो रहा बलवीर्य की जड़ कट रही।।
गौवंश के उपकार की सब ओर आज पुकार है।
तो भी यहां उसका निरंतर हो रहा संहार है।।

देखते हैं राजर्षि पी.डी. टण्डन की पीड़ा को देश का राष्ट्रीय नेतृत्व कब सुनेगा?

गाय का मिटना और हमारा मरना

भारत के पूर्व कृषि मंत्री रहे डा. बलराम जाखड़ ने कहा था कि गाय का गोबर मल नहीं खाद है, जिसका मूल्य भारतीय किसान भली प्रकार जानता है। कृषि वैज्ञानिकों ने अन्वेषण करने के उपरांत यह निष्कर्ष निकाला है कि गोबर के सेन्द्रिय खाद के प्रयोग से भूमि की उर्वरा शक्ति बढ़ती है। इसके विपरीत रासायनिक खाद के प्रयोग से उस समय तो अच्छी फसल हो जाती है, परंतु भूमि की उर्वराशक्ति धीरे-धीरे क्षीण हो जाती है। फलस्वरूप हर वर्ष अधिकाधिक खाद तथा कीटनाशक दवाइयों की आवश्यकता होती है, जिससे खाद्यान्नों के उत्पादन की लागत बढ़ती चली जाती है और किसान को अंत में मिट्टी की उत्पादन क्षमता की हानि होती है।

पूर्व कृषिमंत्री के इस कथन से सिद्ध होता है कि देश की सरकारों को वास्तविकता का बोध तो रहता है, परंतु व्यवहार में वास्तविकता लुप्त हो जाती है। सरकार की नीतियों में नीयत की विकृति का दोष होता है और उसका परिणाम देश और समाज की नियति पर पड़ता है। एक समय था जब हम विश्व में गौदुग्ध उत्पादन में प्रथम स्थान पर होते थे। इस प्रथम स्थान को हमसे सर्वप्रथम अमेरिका ने छीना और हमें दूसरे स्थान पर कर दिया। बहुत देर तक प्रतियोगिता चलती रही कि फिर हम पहले स्थान पर आ जाएंगे। सरकार ने अपनी घोषित नीतियों में यह दर्शाया कि 21वीं सदी के प्रारंभ होने से पूर्व ही भारत विश्व का सबसे अधिक गौदुग्ध उत्पादन करने वाला देश बन जाएगा। परंतु अघोषित नीतियों के अंतर्गत देश में पशुवधशालाओं के 'लाइसेंस' जारी करने पर ढिलाई बरतनी आरंभ कर दी। फलस्वरूप देश में 1984 में जहां प्रति व्यक्ति 185 ग्राम दूध उपलब्ध था वह 2010 के आते-50-60 ग्राम से भी कम रह गया। इस आंकड़े में मिलावटी दूध भी सम्मिलित है। अब देश में मिलावटी दूध की नदियां बह रही हैं। इसके विरुद्ध देश के सर्वोच्च न्यायालय को भी कड़ा दृष्टिकोण अपनाना पड़ा है। लोगों के स्वास्थ्य के खिलवाड़ करते लोगों के विरुद्ध कड़ा कानून लाने और दण्ड दिलाने की इच्छा सर्वोच्च न्यायालय ने व्यक्त की है। हम प्रयास तो आगे बढने का कर रहे थे लेकिन हट गये पीछे। किसी ने कारण खोजने तक का प्रयास भी नहीं किया।

तनिक कल्पना करें कि जब विश्व में डीजल-पेट्रोल के भण्डार समाप्त हो जाएंगे तो जहां-जहां डीजल-पेट्रोल के प्रयोग से कार्य किया जा रहा है। वहां-वहां क्या होगा? बैलों को समाप्त करके हमने विनाश को आमंत्रित किया है, यदि ट्रैक्टर इंजन आदि भी डीजल के अभाव में खड़े रह गये तो क्या होगा? खेती का सर्वनाश हो जाएगा। **बलराम जाखड़ हमें बताते हैं कि सन 1989 में प्रकाशित किये गये आंकड़ों के अनुसार डेरी उद्योग से प्रति हेक्टेयर 4548 रुपये की उत्पत्ति हुई जो धन गेहूं रुपये 2443, मूंगफली-गेहूं रुपये 1870 गेहूं कपास रूपये 1798 तथा मक्का गेहूं रूपये 1788 की अपेक्षा कहीं अधिक थी। इसी दिशा में और अधिक परीक्षण करने पर ज्ञात हुआ कि भैंस वंश फार्मिंग की अपेक्षा गौवंश फार्मिंग में अधिक लाभ हुआ। आंकड़ों के अनुसार डेरी उद्योग के अंतर्गत भी गौवंश पर आधारित फार्मिंग में प्रति रुपये 100 की लागत पर रुपये 117 की आय हुई जबकि भैंस वंश फार्मिंग में रुपये 114 की आय हुई।**

कृषि वैज्ञानिकों और विशेषज्ञों का मानना है कि गाय, बैल की 100 किलोग्राम गोबर से तीन टन गोबर की कंपोस्ट खाद तैयार हो सकती है। एक गाय के वार्षिक गोबर से लगभग 80 टन खाद एक वर्ष में तैयार हो सकती है **जिसकी कीमत यूरिया की 50 किलो की बोरी के मूल्य रुपये 250 से आंकी जाए तो लगभग दो लाख रुपये होती है। इसका अभिप्राय है कि एक बैल या गाय के गोबर से ही एक वर्ष में दो लाख के यूरिया खाद की बराबर का मूल्य वसूला जा सकता है। जिससे एक व्यक्ति की मासिक आय अपने एक बैल या गाय के गोबर से ही लगभग 16000 रुपये हो सकती है।**

आवश्यकता सही दिशा में कार्य करने के लिए लोगों को प्रेरित और प्रोत्साहित करने की है। नई पीढ़ी को कुत्ते के मल से घृणा नहीं है, परंतु गाय के गोबर से घृणा है। भारत जैसे देश में लोगों की सोच में यह परिवर्तन रातों रात नहीं आ गया है। इस परिवर्तन को लाया गया है, जिसके पीछे एक सुनियोजित षडयंत्र है।

हमारे देश में यदि मीडिया अपना राष्ट्रधर्म निभाए और देश के किसानों को उनकी भाषा में ये समझाने लगे कि गोबर की खाद ही वास्तव में धरती का स्वाभाविक और प्राकृतिक भोजन है और इसी के संतुलित प्रयोग से धरती की उर्वरा शक्ति को बनाये रखा जा सकता है, तो सोच में आया विकार दूर हो सकता है। लाखों वर्षों से हमारे देश की धरती में गाय का गोबर मिलता रहा है इसलिए इस धरती की उर्वरा शक्ति अंधाधुंध रासायनिक खादों के प्रयोग

के उपरांत भी बनी हुई है। यद्यपि हम इन रासायनिक खादों से लाखों हेक्टेयर भूमि को बंजर बनाकर बड़ी क्षति भी उठा चुके हैं।

श्री चोथमल जी गोयनका हमें बताते हैं कि यदि गौवंश की अवहेलना न होती, उनकी निर्मम हत्याएं न की जातीं, उनके गोबर गौमूत्र का समुचित उपयोग सही और आधुनिक ढंग से किया जाता, उसके गुणों के विषय में शोध की जाती, उनके उपयोग के लिए नयी तकनीक विकसित की जाती तो आज कृषि उत्पादन की स्थिति ही बहुत भिन्न होती देश में महंगाई नहीं बढ़ती, क्योंकि किसान जो साथ-साथ गोपाल भी है, उन्हें खेती करने में कोई लागत ही नहीं लगानी पड़ती, उसका उत्पादन अपने परिश्रम और प्राकृतिक सूत्रों से स्वतः ही होता है। खेती में लागत न आने के कारण अनाज और अन्य उत्पादन महंगे नहीं होते। सरकार को किसी प्रकार की कोई आर्थिक सहायता खाद पर या अनाज पर नहीं देनी पड़ती, जनता पर करों का बोझ नहीं पड़ता जिसके परिणाम स्वरूप गरीबी और महंगाई दोनों ही नियंत्रण में रहते और विकास के साथ देश में समृद्धि भी बढ़ती।

वास्तव में गोयनका जी ने जो अपना विचार यहां प्रस्तुत किया है। इससे हम सहमत हैं और इसी विचार से एक दिन देश की सरकारों को भी सहमत होना पड़ेगा। देश के अधिकांश लोगों की राय का प्रतिनिधित्व गोयनका जी करते हैं, परंतु देश का लोकतंत्र कुछ ऐसा रचा गया है कि यहां बहुमत पर अल्पमत शासन करता है। जिससे लोकतंत्र की वास्तविक भावना ही लुप्त हो रही है। सारे देश को अल्पमत ने अंधेरी सुरंग में छिपा दिया है और अंधेरे में लाठी घुमा घुमाकर ये प्रदर्शित किया जा रहा है कि देखिए! हम कितना परिश्रम और पुरुषार्थ कर रहे हैं? इन कथित परिश्रम और पुरुषार्थ करने वालों के लिए अंधेरे में से ही कहीं किसी कोने से तालियां बज जाती हैं, यद्यपि यह किसी को पता नहीं है कि तालियां बजाने वाले कौन हैं, ये स्वयं या कोई और? कुछ ही लोगों को पता है कि तालियां बजाने वाले वहीं हैं जो देश का नेतृत्व कर रहे हैं। अपनी पीठ अपने आप थपथपाकर देश को हांका जा रहा है, फलस्वरूप गाय मिट रही है और हम मर रहे हैं। गाय के मिटने के साथ-साथ हमारा मरना निश्चित है। जिस दिन देश का नेतृत्व इस सत्य को या फलितार्थ को समझकर अपनी कृषि नीतियों को बनाना आरंभ कर देगा उसी दिन से गौवंश की रक्षा का सार्थक प्रयास आरंभ हुआ माना जाएगा।

मोदी जी! 'मेधा ग्राम' बसाइए,

ग्राम अपने आप में एक ऐसी व्यवस्था है जिसके विषय में इसके पूर्णतः आत्मनिर्भर, पूर्णतः आत्मानुशासित और पूर्णतः आत्मनियंत्रित रहने की परिकल्पना को हमारे ऋषि पूर्वजों ने साकार रूप दिया। आज के भौतिकवादी युग में किसी ईकाई या संस्था के पूर्णतः आत्मनिर्भर आत्मानुशासित अथवा आत्मनियंत्रित होने की कल्पना नहीं की जा सकती। ग्राम्य और शहरी सभ्यता में यही अंतर है।

ग्राम्य सभ्यता संस्कृति प्रधान होती थी, जिसमें एक ऋषि या ऋषिमंडल के दिशा निर्देशन में पूरा गांव कार्य करता था। जहां व्यायामशाला होती थी, कृषि योग्य भूमि होती थी। एक गुरूकुल होता था, जिसमें ऋषि लोग छात्रें का जीवन निर्माण कर उन्हें विश्व राष्ट्र के लिए उपयोगी बनाया करते थे। गोचर भूमि में गौधन विचरता था, जो हमारी कृषीय अर्थव्यवस्था का आधार होता था और मेधावृद्धि कर हमारी आध्यात्मिक उन्नति में भी सहायक होता था। ऐसे परिवेश में एक गांव के लिए दूध, पानी, भोजन, अन्नादि कहीं बाहर से नहीं लाना पड़ता था, अपितु जीवन की मूलभूत आवश्यकताओं की पूर्ति वहीं होती थी। प्रकृति के साथ सहचर्य के आनंद से खरा वातावरण जगमगाता था, चारों ओर सहचर्य और संवेदनाओं की मीठी-मीठी सुगंध मीठे जल के झरने की भांति झरती रहती थी। इससे आध्यात्म का वातावरण बना रहता था। प्रत्येक प्राणी के जीवन को हम अपने लिए उपयोगी मानते थे, इसलिए जीव हत्या पूर्णतः निषिद्ध होती थी। अतः जीवन को संपूर्णता में जीने की एक संपूर्ण व्यवस्था का नाम है ग्राम। यह हमारी उच्चतम मेधा शक्ति का प्रतीक था।

योग से मोक्ष प्राप्ति हमारे जीवन का उद्देश्य हुआ करती थी। इसलिए चारों ओर आत्मानुशासन हुआ करता था। भारत को हम बड़े सहज भाव से गांवों का देश कह देते हैं, पर यह जानने का प्रयास नहीं करते कि गांव होता क्या

है? हम यह भी कहते हैं कि भारत की आत्मा गांवों में बसती है, पर यह नहीं जानते कि भारत की आत्मा है क्या?

सचमुच गांव सहयोग, सम्मैत्री, सद्‌भाव, सहचर्य और समभाव की वह पावन गंगा है जो मानव हृदय की अध्यात्म की प्यास बुझाती है और उसे मानव से देव बनने की ओर प्रेरित करती है। मानव का आध्यात्मिक जागरण कर उसे प्रकृति का असहयोगी नहीं, अपितु सहयोगी बनाती है और उसे प्रेरित करती है कि मेरी तरह तू भी बीहड़ जंगलों के बीच से अपना रास्ता बना, आगे बढ़ और विलीन हो जा मोक्ष के अनंत सागर में। सचमुच ये सहयोग, सम्मैत्री आदि के दिव्य गुण गांव में इसलिए मिलते थे कि वहां दिव्य मेधा संपन्न दिव्य ऋषि मंडल रहा करता था। ये ऋषिमंडल किसी राजा या सम्राट के कानून का पालन नहीं करता था, अपितु ईश्वरीय व्यवस्था के अनुसार धर्म का शासन चलाता था और सब लोगों में परस्पर सहयोग, सम्मैत्री आदि के दिव्य गुणों को विकसित कर उन्हें जीवन पथ पर आगे बढ़ने के लिए खुला छोड़ देता था। वे सारे लोग स्वभावत: इन दिव्य गुणों को अपने जीवन का आधारभूत सत्य मानकर इनके अनुसार ही अपना जीवनाचरण बनाया करते थे। यह आध्यात्मिक जीवन आचरण और सहचर्यवाद की पराकाष्ठा ही भारत की आत्मा है, जो गांवों में बसती कही जाती है।

समय ने करवट ली। जीवन मान्यताएं बदलीं और हमने देखा कि भारत के गांवों को उजाड़कर नगर बसाने की योजनाएं बनने लगीं। **अंग्रेजों ने जितनी शीघ्रता से हो सकता था, इस ग्राम्य व्यवस्था को उजाडने का कार्य करना आरंभ किया। लार्ड मैकाले ने 2 फरवरी 1835 ब्रिटेन की संसद में बोलते हुए कहा कि भारत में इस समय 6 लाख गुरूकुल कार्य कर रहे हैं। यानि प्रत्येक गांव में एक गुरूकुल है। यदि हम भारत में सफल होना चाहते हैं तो हमें भारत की इस गुरूकुल परंपरा को समाप्त करना होगा। बस यहीं से भारत को उजाड़ने का उपक्रम आरंभ हुआ।** पिछले पौने दो सौ वर्ष से भारत को उजाड़ा जा रहा है। भारत की आत्मा छटपटा रही है, भारत का प्रकृति के साथ सहचर्यवाद का दिव्य वातावरण समाप्त होकर रह गया है और हम नरकीय जीवन व्यवस्था के मकडजाल में फंस गये हैं।

हमने आध्यात्म के जंगल उजाड़कर कंकरीट के जंगलों को बसाना आरंभ कर दिया। जिससे हमारी संवेदनाएं मरने लगीं और संवेदननाशून्य 'मशीनी मानव समाज' का तेजी से विस्तार होने लगा। गरीबी और अमीरी के बीच की खाई में जमीन आसमान का अंतर हो गया। हमने बहुत बड़े मानव समाज को पिछड़ा,

अति पिछड़ा और दलित-शोषित या उपेक्षित समझकर बहुत पीछे छोड़ दिया।

इसी खेल में देश आजाद हो गया और आजादी के बाद अब 21वीं सदी में भी भारत आ गया। पर जो खेल चल रहा था उसे हमने छोड़ा नहीं, अपितु उसे और भी द्रुतगति से जारी रखा।

हम नगरों से महानगरों में प्रविष्ट हो गये। महानगरों की ये जीवनशैली वो शैली है, जिसमें न तो आत्मनिर्भरता है, न आत्मानुशासन है और नही आत्मनियंत्रण है। यहां जल, वायु, अन्न, औषधि, सब्जी, दूध आदि सभी बाहर से आते हैं। इससे लोगों को मिलावट करने का अवसर मिलता है, क्योंकि लोग सोचते हैं कि ये चीजें हमारे लिए नहीं, बल्कि शहरियों के लिए जा रही है, कर लो मिलावट, बना लो दाम। यह भावना गांव में इसलिए पैदा हुई कि उसे पिछड़ा, अति पिछड़ा समझकर पीछे छोड़ दिया गया और नगरों ने उसकी जीवन शैली पर व्यंग्य करना आरंभ कर दिया। शहरों का वातावरण परमुखापेक्षी होता है, जबकि ग्रामीण परिवेश को स्वावलंबी माना जाता रहा है। शहरी परिवेश बाजार व्यवस्था का जनक है, जबकि ग्रामीण परिवेश या ग्राम्य सभ्यता वस्तु विनिमय से काम चलाती रही है। शहरी सभ्यता भौतिकवादी है तो ग्राम्य सभ्यता संस्कृति प्रधान है। अध्यात्मवाद उसका मूल स्रोत है। आत्मानुशासन अर्थात कर्तव्य पथ पर बढ़ते हुए सुंदर व्यवहार निष्पादित करना, निष्छल, निष्कपट और निर्भ्रांत रहना ग्राम्य सभ्यता का मूल स्वभाव है, जबकि शहरी सभ्यता इसके विपरीत आचरण करती पायी जाती है। इसलिए विश्व की प्राचीन नगरीय सभ्यता के अवशेष जहां-जहां मिलते हैं, वहां-वहां हमें स्थानीय शासन की प्रणाली को विकसित करने में नगरों की सहभागिता दिख पड़ती है।

यह महत्वपूर्ण है कि ग्राम्य सभ्यता आत्मानुशासित रहती है और स्वभावतः कोई ऐसा कार्य नहीं करती जो किसी दूसरे व्यक्ति के मौलिक अधिकारों में बाधा उत्पन्न करे, या उनका हनन करे। जबकि नगरीय सभ्यताओं में ऐसा होता है और ऐसा होता है इसलिए वहां कोई 'स्थानीय शासन' मिलता है। जिसे कुछ ऐसे महत्वाकांक्षी (सेवाभावी नहीं) लोग विकसित करते हैं जो दूसरों पर अपना वर्चस्व स्थापित करना चाहते हैं। इस प्रकार शासन के माध्यम से वर्चस्व स्थापित कर लोगों का शोषण करने की प्रणाली भारत की ग्राम्य संस्कृति की नहीं, अपितु पश्चिम की नगरीय सभ्यता की देन है।

आज भारत के प्रधानमंत्री नरेन्द्र मोदी भारत में सौ मेट्रो सिटी बसाने की बात कह रहे हैं। प्रधानमंत्री जी से अनुरोध है कि वे महानगरों की नारकीय जीवन शैली से शिक्षा लें। देश में मेट्रो-सिटी बसाने की नही अपितु 'मेधा

ग्राम' बसाने की आवश्यकता है। ऐसे ग्राम जो आत्मनिर्भर हों, आत्मानुशासित हों, आत्मनियंत्रित हों। जहां दूध, पानी, हवा, अन्न औषधि आदि सभी उपलब्ध हों और लोग प्राकृतिक सहचर्य को अपनाकर स्वभावतः एक दूसरे के साथ मिलकर चलने के अभ्यासी हों।

महानगर बसाने का अभिप्राय है कि जीवन शैली को अस्त व्यस्त कर देना। एक ही स्थान पर पचास लाख की आबादी को बसाकर लोगों को पानी कहां से देंगे? दूध, सब्जी कहां से देंगे? यह विचारणीय है। **इसलिए आवश्यक है कि मेधा ग्राम बसाओ। एक ग्राम में कितनी आबादी रहेगी-यह निश्चित करो। उसके लिए कितनी भूमि पर सब्जी फल उगाए जाएंगे? कितनी भूमि पर गाय आदि दुधारू पशु रखकर उनके दूधादि की प्राप्ति की जाएगी? यह भी निश्चित करो। ऐसे मेधा ग्राम को बसाकर उसके आध्यात्मिक विकास के लिए ऋषि मंडल की स्थापना करो ताकि राज्य के विधि के शासन को लोग स्वभावतः पालने के अभ्यासी बनें। मेधा ग्राम को आत्मनिर्भर स्वावलंबी बनाओ और परमुखापेक्षी रहने की गली सड़ी वर्तमान नगरीय व्यवस्था को जितना शीघ्र हो सके विदा करो। सबल और सफल, सक्षम और समृद्ध भारत के निर्माण के लिए आज नये-नये प्रयोग करने की बजाए ऋषियों के अनुभूत प्रयोगों को ही अपनाने की आवश्यकता है।**

गाय के लिए मैराथन दौड़

भारत में धर्म राजनीति की नकेल रहा है और राजनीति धर्म की स्थापना का अर्थात मानवता को सर्वोपरि मनवाने का सशक्त माध्यम रही है। धर्म को जिन लोगों ने सम्प्रदाय या रिलीजन माना उन्होंने धर्म और राजनीति के खूनी संबंधों को मानवता के विरुद्ध मानकर धर्म और राजनीति को अलग-अलग करने का प्रयास किया। परंतु सत्य यह है कि राजनीति और धर्म अन्योन्याश्रित हैं, इन्हें अलग-अलग किया ही नहीं जा सकता। जिस दिन राजनीति धर्मविहीन हो जाएगी, उस दिन वह निरंकुश हो जाएगी और उससे तब मानवता को संकट भी उत्पन्न हो जाएगा।

भारत में धर्म के व्यापक अर्थ हैं। यहां मानवता के प्रति ही नहीं अपितु वेदों ने पशुओं के प्रति भी मानव के कर्त्तव्य धर्म का निरूपण किया है और उसे 'पशूनपाहि' का आदेश देकर पशुओं का रक्षक नियुक्त किया है-भक्षण नहीं। जो लोग पशु मांसभक्षक हैं, उन्हें भारतीयों ने प्राचीनकाल से ही चांडाल आदि का नाम दिया है। इसलिए पशुभक्षकों को कभी भी भारतीय समाज ने सम्मान की दृष्टि से नहीं देखा। यही कारण रहा कि भारतीय संस्कृति का निर्माण सात्विक भावों की प्रधानता से हुआ। इसमें आत्मविकास को प्राथमिकता दी गयी, आत्मविनाश को नहीं।

हमने पशुओं में गाय को सर्वोत्तम माना है। हमने उन तत्वों, तथ्यों और सत्यों की खोज की जिनसे गाय हमारी माता मान ली गयी। उसके प्रति संपूर्ण समाज में वैसा ही श्रद्धाभाव उत्पन्न कर दिया गया जिससे सारे समाज का सात्विक परिवेश बना। गाय के दूध की सात्विकता ने हमारी बुद्धि को सात्विक बनाया तो हमने उस सात्विक बुद्धि से बड़े-बड़े अनुसंधान और आविष्कार कर संसार को चमत्कृत कर दिया। परंतु धीरे-धीरे वैदिक सूर्य को ग्रहण लगा और देश पर विदेशी आक्रमणकारी शासक बनकर शासन करने लगे। इस काल में देश के सांस्कृतिक मूल्यों का जमकर दोहन किया गया और हमें अपने धर्म से काटने का एक व्यापक षडयंत्र रचा गया। 15 अगस्त 1947 को देश स्वतंत्र हुआ तो देशभक्तों को लगा कि अब संस्कृति का सूर्य पुनः उदय होगा और

सारे 'राहु-केतु' भाग खड़े होंगे। परंतु षडयंत्र की निराशा-निशा और भी गहराती गयी और हमने देखा कि देश को राजनीतिक स्वतंत्रता तो मिली पर देश की संस्कृति, धर्म और इतिहास को हम कारागार में ही पड़े छोड़कर उत्साह में आगे बढ़ लिए।

परिणामों पर विद्वानों ने चिंतन आरंभ किया, तो ज्ञात हुआ कि अभी स्वतंत्रता का एक और संघर्ष किया जाना शेष है। तब 'धर्म-मनीषी' और 'धर्म-सम्राट' अपना बड़े-छोटे का भेद भुलाकर नये स्वतंत्रता संग्राम की भूमिका और रणनीति बनाने में जुट गये। संघर्ष का सबसे प्रमुख मुद्दा गाय माता की रक्षा को माना गया। पर दुर्भाग्य था इस देश का कि देश का तत्कालीन नेतृत्व इस संग्राम की रूपरेखा और रणनीति पर किंचित भी सहमत नहीं था। वह अपने आप ही अंग्रेजों की भूमिका में आ गया। उसने मन बना लिया कि इस आंदोलन को जन्म लेते ही कुचला जाएगा। यद्यपि गौरक्षा के आंदोलनों का भारत में पुराना और लंबा इतिहास है, **पर हम यहां हिंदू महासभाई नेता महात्मा रामचंद्रवीर के 20 अगस्त 1966 से प्रारंभ किये गये गौरक्षार्थ आमरण अनशन और इससे उपजे आंदोलन तक ही अपने आप को सीमित रखेंगे। इस वीर महात्मा ने अपना आमरण अनशन उस समय तक महासभा के राष्ट्रीय कार्यालय में जारी रखा, जब तक 'अनशन के 80वें दिन' उन्हें गिरफ्तार कर पुलिस गोविंदवल्लभ पंत अस्पताल न ले गयी। इस काल में महासभा भवन में बहुत से लोगों ने व्यक्तिगत रूप से जाकर महात्मावीर को अपना समर्थन दिया था। सरकार ने उन पर 'आत्महत्या' का मुकद्दमा ठोंक दिया।**

इस स्वतंत्रता संग्राम को सर्वदलीय गौरक्षा महाअभियान समिति ने नई ऊंचाईयां दीं। **14 सितंबर 1966 को भारत गौसेवक समाज के कार्यालय दिल्ली में महाभियान समिति के पदाधिकारियों** का निर्वाचन किया गया। इनमें स्वामी श्री निरंजन देव तीर्थजी महाराज, गौवर्धन पीठाधीश्वर पुरी अनंत श्री स्वामी करपात्री जी महाराज, श्री प्रभुदत्त ब्रह्मचारी, स्वामी गुरूचरण दास जी, मुनि सुशील कुमार जी, श्री माधव राव सदाशिव गोलवलकर जी व श्री हनुमान प्रसाद जी पोद्दार को सम्मिलित किया गया। 5 सितंबर 1966 को संसद भवन पर गौभक्त एक विशाल प्रदर्शन कर चुके थे। इससे आंदोलन गति पकड़ने लगा था और उस आंदोलन को सही दिशा देने के लिए ही उपरोक्त लोगों का चयन किया गया। 5 सितंबर के आंदोलन में डेढ़ से दो लाख लोग सम्मिलित हुए थे।

सर्वदलीय गौरक्षा महाअभियान समिति और हिंदू महासभा गौरक्षा को एक जनान्दोलन बनाने के लिए दिन-रात एक करने पर उतारू हो गये। अंत में

7 नवंबर 1966 को दिल्ली में संसद भवन पर एक विराट गौभक्त सम्मेलन करने का निर्णय लिया गया। निश्चित दिवस को लगभग बारह लाख लोगों ने स्वतंत्रता और गौरक्षा के इस महायज्ञ में सहयोग और समिधा प्रदान कीं। इससे सारी दिल्ली गौ सुगंधि में रच-बस गयी। परंतु सरकार को इन 12 लाख लोगों की 36 लाख (एक व्यक्ति तीन समिधाएं छोड़ता है) समिधाओं से प्रचण्ड हुई यज्ञाग्नि से सुगंधि नही अपितु दुर्गंध निकलती दिखाई दी।

तत्कालीन संसार ने हमारी स्वतंत्रता के 20 वर्ष पूर्ण होने से पूर्व ही देख लिया कि इस देश की संघर्ष क्षमता क्या है और वह अपनी संस्कृति की रक्षार्थ सब कुछ न्यौछवर करने को तैयार है। लोगों ने महात्मा गांधी की अंतिम यात्रा में उमड़े जनसैलाब 'लगभग दस लाख लोग' को देखकर कहा था कि इतने लोग नहीं लगता कि किसी मुद्दे को लेकर फिर कभी एकत्र हो पाएंगे। जिनका ऐसा अनुमान था उन्होंने देख लिया कि गाय ने गांधी के कीर्तिमान को 18 वर्ष पश्चात ही ध्वस्त कर दिया। सरकार को पसीना आ गया। संसद भवन के सामने एक विशाल मंच बनाया गया जिस पर देश की गूंगी बहरी सरकार के कान खोलने के लिए देश के नामचीन धर्म नायक बैठे और उन्होंने सरकार को अहिंसक रूप से चुनौती दी। मंचासीन लोगों में स्वामी कृष्ण बोधाश्रम जी महाराज, निरंजन देवतीर्थ जी महाराज, स्वामी करपात्री जी महाराज, प्रभुदत्त जी ब्रह्मचारी, जैन मुनि सुशील कुमार जी, स्वामी रामेश्वरानन्द जी, भाई हनुमान प्रसाद पोद्दार, अटल बिहारी वाजपेयी, प्रकाशवीर शास्त्री, सेठ गोविन्द राय इत्यादि का नाम उल्लेखनीय था।

सरकार के पसीने छूट रहे थे, ऐसी धर्म विभूतियों के आवाह्न पर जुटी विशाल भीड़ को देखकर। दिल्ली में गौभक्तों का ऐसा जमावड़ा उससे पूर्व कभी नहीं हुआ था। नेहरू को कांग्रेस ने बेताज का बादशाह कहकर महिमा मंडित किया था। इससे कांग्रेस में एक भ्रांति घर कर गयी थी कि वह जो चाहे सो कर सकती है, देश की जनता तो उसी के साथ रहेगी। **24 जनवरी 1966 को देश का नेतृत्व इंदिरा गांधी के हाथ में आ गया। इंदिरा गांधी तब एक अनुभव हीन राजनीतिज्ञा थीं। दूसरे उन्हें 'बेताज के बादशाह' नेहरू की बेटी होने का घमण्ड भी था। अतः इन दोनों तत्वों ने उनका धैर्य स्तर निम्न कर दिया। वह बौखला गयीं और बौखलाए हुए व्यक्ति से कभी भी किसी उचित निर्णय के लेने की अपेक्षा नहीं की जा सकती। इसलिए उन्होंने अपने गृहमंत्री गुलजारी लाल नंदा को आंदोलन से शक्ति से निपटने का निर्देश दिया।**

सरकार ने अपनी हिंसक रणनीति को उचित ठहराने के लिए पहले अपने सरकारी गुण्डों से शांतिपूर्ण चल रही सभा में प्रदर्शनकारियों पर लाठी प्रहार करवा दिया जिससे चारों ओर अव्यवस्था फैल गयी। सरकारी षडयंत्र का पहला चरण पूर्ण हो गया तो अब षडयंत्र का दूसरा चरण आरंभ हुआ और सरकार ने अहिंसक लोगों पर आंसू गैस के गोले और राइफलों की गोलियों की बौछार करानी आरंभ कर दी। पुलिस ने जिस निर्दयता का प्रदर्शन किया उससे जलियांवाला बाग के हत्याकांड का जिम्मेदार डायर भी लज्जित हो गया होगा? उसने भी नहीं सोचा होगा कि धर्मप्रेमी जनता के अहिंसक प्रदर्शन पर राजकीय शक्ति कभी इतनी निर्मम हो सकती है। **सरकार ने लगभग 5000 साधु-संतों का वध कराया और अपने आप को छिपाने के लिए सारे शवों को विद्युत भट्ठी में जलवाकर समाप्त करा दिया। दिल्ली 'अपने लोगों की नादिरशाही' को देखकर कांप उठी।**

अब 7 नवंबर को संसद भवन के निकट शहीद हुए पांच हजार बलिदानियों का बलिदान दिवस है। जिसे सर्वदलीय गौरक्षा मंच के राष्ट्रीय अध्यक्ष ठा. जयपाल सिंह नयाल ने विशेष रूप से मनाने का निर्णय लिया है। **जिसे हिंदू महासभा के राष्ट्रीय अधयक्ष 'कार्य.' पं. बाबा नंदकिशोर मिश्र ने भी अपना समर्थन दिया है। इस दिन अमर हुतात्माओं को श्रद्धांजलि देने के लिए दौड़ का आयोजन किया जाएगा। वास्तव में यह निर्णय एक ऐतिहासिक निर्णय है, जिसके दूरगामी परिणाम होंगे।**

आज गौमाता के प्राणों को 1966 से भी अधिक संकट है। मैराथन दौड़ से भी आगे इस दिशा में कुछ करने की आवश्यकता है। हमें भारत के प्रधानमंत्री मोदी से विशेष अपेक्षाएं हैं। उन्होंने गाय के लिए कुछ किया भी है, परंतु वह अपर्याप्त है। प्रत्येक दिन की देरी लाखों गायों की हत्या का कारण बन रही है। इसे और अधिक सहन करना अब भारी होता जा रहा है। इसलिए सरकार को इस **'मैराथन दौड़'** में सहयोग करना चाहिए और गौभक्त हुतात्माओं की आत्मा की शांति के लिए उनके बलिदान दिवस को **'गौभक्त बलिदान दिवस'** के रूप में मान्यता देकर सम्मानित करना चाहिए। हम चाहेंगे कि इस बलिदान दिवस पर लोग दौड़ें और विश्व को एक अनोखा संदेश दें कि धरती पर एक ऐसा देश भी है जहां के लोग अपने लिए नहीं, अपितु एक पशु की रक्षा के लिए दौड़ रहे हैं और उसे राष्ट्रमाता घोषित कराने की मांग कर रहे हैं। नयाल जी को इस पहल के लिए धन्यवाद।

गौभक्तों का हुतात्मा दिवस : 7 नवंबर

देश के गौभक्तों ने पिछले वर्ष 7 नवंबर को जंतर-मंतर पर उन गौभक्त हुतात्माओं को बड़ी संख्या में पहुंचकर श्रद्धांजलि अर्पित की, जो 7 नवंबर 1966 को तत्कालीन इंदिरा गांधी की सरकार के गृहमंत्री गुलजारी लाल नंदा की पुलिस की गोलियों के शिकार हो गये थे और असमय ही हमारे मध्य से चले गये। सचमुच वह दिन भारतीय लोकतंत्र का एक काला दिन था, जब इस देश की अर्थव्यवस्था की रीढ़ और भारत के लोगों की असीम श्रद्धा और सम्मान की पात्र गौमाता के भक्तों को अपनी ही सरकार की गोलियों से भून दिया गया था। जिस देश में 1857 की क्रांति में हमारे कितने ही सैनिक इसलिए सम्मिलित हो गये थे कि उन्हें जो कारतूस दिये जाते थे उनमें कहीं गौमांस का प्रयोग किया जाता था। जब हमारे गौभक्त सैनिकों को ज्ञात हुआ कि इन कारतूसों को मुंह से खोलने से हमारा धर्मभ्रष्ट हो रहा है तो वे सशस्त्र क्रांति का अंग बनकर उठ खड़े हुए और विश्व को यह अनुभव करा दिया कि भारत के सैनिकों के लिए गौमाता कितनी आदरणीया है।

पर लगभग एक शताब्दी बाद 1966 मे स्थिति में परिवर्तन आ गया। गौ विरोधी राष्ट्रद्रोही मानसिकता के लोग सत्तासीन हुए और धर्मनिरपेक्ष 'धर्मभ्रष्ट' बनकर गौभक्तों पर हमारे ही सैनिक गोली चलाने लगे। **एक शताब्दी में हमने यही सीखा और इसी सीख के साथ 7 नवंबर 1966 को गौभक्तों की हत्या करके 1857 के 'गौभक्त सैनिकों' को हमारे 'गोद्रोही पुलिसिया विभाग' ने अपनी 'श्रद्धांजलि' अर्पित की।**

हमें 7 नवंबर को केवल 1966 ई. में हुए शहीदों को अपने श्रद्धासुमन अर्पित करने का दिवस ही नहीं मानना चाहिए, अपितु इसे आज तक के सभी गौभक्तों का 'हुतात्मा दिवस' घोषित किया जाना चाहिए। गौभक्तों की मौन बलिदानी परंपरा आज भी जारी है और बड़े दुख के साथ कहना पड़ता है कि अधिकारी, व्यापारी और कसाई की तिकड़ी के चलते कितने ही गौभक्त प्रतिवर्ष अपना सर्वोकृष्ट बलिदान गौमाता की रक्षा के लिए दे देते हैं। उनका यह बलिदान यूं ही व्यर्थ चला जाता है। न कोई द्वीप जलता है और न उनकी

स्मृतियों पर कोई एक पुष्प चढ़ता है। इतनी उपेक्षा संभवतः किसी भी देश के बलिदानियों की नहीं होती होगी जितनी भारत में होती है। विगत 7 नवंबर को हजारों गौभक्तों ने जंतर-मंतर पर एक साथ पुनः एकत्र होकर अपनी एकता का परिचय दिया है और अपने गौभक्त हुतात्माओं के बलिदान को अर्थपूर्ण बनाने की दिशा में एक ठोस और सकारात्मक पहल की है। हमें आशा करनी चाहिए कि सर्वदलीय गौरक्षामंच, हिंदू महासभा, आर्यसमाज और अन्य कितने ही हिन्दूवादी संगठन गाय के लिए एक मंच पर आएंगे और इस आंदोलन को नये मुकाम तक पहुंचाएंगे।

1976 ई. में स्व. श्री वेणीशंकर मु. वासु ने एक लेख लिखा था जिसका शीर्षक था-**'कहां गयी गोचर भूमि'।** लेख बड़ा तथ्यपरक और मार्मिक था, जो आज भी हमारी सरकार और हमारे देशवासियों की उस सामूहिक चेतना को झंकृत करने की सामर्थ्य रखता है, जो इस समय गाय के विषय में पूर्णतः उदासीन है, या मर चुकी है। विद्वान लेखक का उस समय का आंकलन था-जो देश स्वयं को उद्योग प्रधान कहलाते हैं और जिनके उद्योगों को भी भारत के कृषि उत्पादों पर आधारित रहना पड़ता है, वे भी अपने पशुओं के लिए और उनके परिपालन की ओर ध्यान देते हैं और संभव हो तो उतनी ज्यादा जमीन में चरागाह रखते हैं। ब्रिटेन खुद के लिए अनाज आयात करके भी और जापान रूई आयात करके भी चरागाहों को सुरक्षित रखते हैं क्योंकि उनको चरागाहों और पशुओं का महत्व मालूम है।

इंग्लैंड हरेक पशु के लिए औसतन 3.5 एकड़ जमीन चरने के लिए अलग रखता है। जर्मनी 8 एकड़, जापान 6.7 एकड़ और अमेरिका हर पशु के लिए औसतन 12 एकड़ जमीन चरने के लिए अलग रखता है। इसकी तुलना में भारत में एक पशु के लिए चराऊ जमीन 1920 ई. में 0.78 एकड़ अर्थात अनुमानित पौना एकड़ थी। 'संदर्भ : एग्रीकल्चरल स्टेटिस्टिक्स ऑफ इंडिया 1920-21 खण्ड-1' अब यह संख्या घटकर प्रति पशु 0.09 एकड़ हो गयी है। अर्थात अमेरिका में 12 एकड़ पर एक पशु चरता है, जबकि अपने यहां एक एकड़ पर 11 पशु चरते हैं। 'संदर्भ : इंडिया 1947 पेज 172-187' मात्र एक वर्ष में अपने यहां साढ़े सात लाख एकड़ जमीन पर के चरागाहों का नाश कर दिया गया। 1968 में चराऊभूमि 3 करोड़ 32 लाख 50 एकड़ थी जो 1969 ई. में घटकर तीन करोड़ 25 लाख एकड़ हो गयी। 'संदर्भ : इंडिया 1947 पेज 172' और अगले पांच वर्षों में अर्थात 1974 में वह घटकर तीन करोड़ 22 लाख 50 हजार

एकड़ रह गयी। इस प्रकार केवल छह वर्षों में दस लाख एकड़ गोचर भूमि का विनाश हुआ।

इसके पश्चात आज की स्थिति यह है कि देश के अधिकांश गांवों में गोचर भूमि को खोजना भी अत्यंत कठिन है। **''जो भूमि सरकारी (सार्वजनिक) है वह भूमि हमारी है''**- इस कुसंस्कार को आधार वाक्य बनाकर कार्य करने की प्रतिस्पर्द्धा यहां सरकार में और लोगों में उत्पन्न हुई और देखते ही देखते सारी गोचर भूमि लुप्त हो गयी। अभिलेखों में गोचर भूमि का उल्लेख मिल सकता है, परंतु स्थल पर भी वह गोचर भूमि स्थित हो यह आवश्यक नहीं है। जैसे देश के तालाबों को देश प्रदेश के राजस्व विभाग के अधिकारियों और कर्मचारियों ने मोटी धनराशि ले लेकर अवैध अतिक्रमण करा-करा के लोगों को उन पर बसाकर समाप्त प्राय: कर दिया है उसी प्रकार गोचर भूमि भी देश में समाप्त कर दी गयी है।

इस स्थिति के लिए उत्तरदायी कौन है? यह प्रश्न भी बड़ा ही समसामयिक और उचित है। हमारा मानना है कि इसके लिए सरकार की वह सोच उत्तरदायी है जिसके परिणाम स्वरूप गाय को केवल एक पशु माना गया और ऐसी नीतियों का निर्धारण किया कि गौवंश का नाश किया जा सके। **गौमांस के निर्यात से होने वाली 'आय' और उससे मिलने वाला 'कमीशन' तो मंत्री जी को दिखता रहा, पर देश की विनष्ट होती अर्थव्यवस्था की ओर उसका ध्यान नहीं गया।**

देश में नीतियां बनायी गयीं और अनीतियां लागू की गयीं। बीते 67 वर्षों में देश की सरकारी कार्यप्रणाली का यदि सूक्ष्मता से निरीक्षण, परीक्षण और समीक्षण किया जाए तो यही निष्कर्ष निकलेगा। जैसे गाय के वंश के संवर्धन की योजनाएं बनायीं गयीं तो दिखाया यह गया कि जैसे हम गोसंवर्धन की बात कर रहे हैं। पर जब 1954 ई. में संबंधित कानून लागू किया गया तो उसमें 'चोर दरवाजा' यह कहकर छोड़ दिया गया कि यदि गौवंश अनुपयोगी है, बूढ़ा है, दूध नहीं दे रहा है, तो देश में चारे की कमी के कारण उसका वध किया जा सकता है। इसी चोर दरवाजे से आज तक गाय वंश का विनाश किया जा रहा है। इसी प्रकार देश में किसानों के नाम पर, कृषि विकास के नाम पर योजनाएं बनती हैं, पर उन्हें जब लागू किया जाता है तो वहां भी हमारे हाथ अनीति ही आती है। ऐसी बातों को देखकर एक सज्जन ने एक अपनी पुस्तक का नाम रखा-'धूर्त्तों के देश में और मूर्खों के राज में।'

हमने 16 बार आम चुनाव करा लिये हैं। कहने का अभिप्राय है कि 16

बार हमें गौभक्त और गौवंश विध्वंसकों के मध्य चुनाव करने अथवा नीतियों के नाम पर अनीतियों को लागू करने वालों को दंडित करने का अवसर मिला, पर हमने अवसरों को पहचानने का प्रयास नहीं किया। अवसर आते रहे और हमारे सिर के ऊपर से जाते रहे। इसके उपरांत भी हम अपने आपको विश्व का सबसे बड़ा लोकतंत्र मानते हैं, और उस पर गर्व करते हैं। जबकि हमने परिपक्व लोकतंत्र का परिचय तो नहीं दिया।

इसी लोकतंत्र के चलते 7 नवंबर 1966 को देश में गौभक्तों पर सरकार की निर्मम गोलियां चलीं और देश की राजधानी के 'राजपथ' पर लोकतंत्र की सार्वजनिक हत्या कर दी गयी। उसी 'हत्यारी सरकार' को देश की जनता ने पुरस्कार देकर 1971 के आम चुनावों में पुनः सत्तासीन कर दिया। श्री वेणीशंकर जी का कहना है कि 1860 तक हमारे देश में चरनी में घास **'बरसाती वनस्पतियों से अभिप्राय है'** इतना ऊंचा उगता था कि यदि कोई घुड़सवार हाथ में भाला लेकर घोड़े पर आता था, तो वह घास में ढ़क जाता था। दूर से कोई उसे देख नहीं पाता था। आज की स्थिति ऐसी नहीं है। अधिकांश गांवों में जहां कहीं घास उगती है तो वह कुछ इंचों तक ही पहुंच पाती है। इसका कारण ये है कि जंगल सीमित रह गये हैं और उसी चरान पर प्रतिदिन पशु चरने आते हैं, रात-रात में वह घास कितनी बढ़ सकती है? जिसे अभी शाम में ही पशु चरकर गये थे। एक और दुखद स्थिति है कि हम अब अपने घरों के बाहर कोई ऐसा कुण्ड या छोटी नाद जैसी चीज नहीं रखते हैं जिनमें पशुओं को पीने के लिए पानी भरा हो।

विदेशों ने भारत से बहुत कुछ सीखा है और उसका प्रयोग करते हैं परंतु भारत अपनी शिक्षा भी कायम नहीं रख सका है। विदेशियों ने पशु पालन को एक सम्मानजनक व्यवसाय माना है, जबकि हमने तो पशुपालन और कृषि तक को एक ऐसा घृणास्पद व्यवसाय बना दिया है। **गौपालन के स्थान पर 'कुत्ता पालन' का प्रचलन अवश्य बढ़ा है, और प्रातःकाल उस कुत्ते को 'बड़े साहब' स्वयं शौचादि कराने ले जाते हैं। कुत्ता 'बड़े साहब' का 'साहब' है। क्योंकि 'साहब' को अपने कार्यालय में तो पानी पिलाने वाला भी एक व्यक्ति अलग होता है पर वही 'साहब' जब घर जाते हैं तो कुत्ते को शौच कराने ले जाते हैं। यह शर्म की बात है। दूसरी ओर 'गो पालन' पर गर्व नहीं होता? हम कहां खड़े हैं, इस पर विचार किया जाना चाहिए।**

आज हमें 7 नवंबर 1966 के दिन हुतात्मा हुए अपने वीरों की आत्मा से पूछना होगा कि आपके सपने क्या थे और आप कैसा भारत निर्माण करना चाहते

थे। केन्द्र में मोदी सरकार काम कर रही है, उससे बड़ी अपेक्षाएं लोगों को हैं। **मोदी संस्कृति रक्षक प्रधानमंत्री के रूप में कार्य भी कर रहे हैं इसलिए उन्हें 7 नवंबर को गौभक्त बलिदान दिवस के रूप में मनाने की घोषणा करनी चाहिए और इस दिन को विश्वोत्थान के लिए समर्पित करना चाहिए। गौमाता के दिव्य गुणों और लक्षणों के कारण गाय विश्व माता भी है। सर्वदलीय गौरक्षा मंच और समस्त गौ सेवी संस्थाएं इसी एक सूत्र पर कार्य करें कि हमें देश में गौ संस्कृति को लागू कराके गौ आधारित अर्थव्यवस्था को अपनाना है तो गौ विश्वमाता स्वयं ही बन जाएगी।** इसके लिए सरकार अपनी व्यापक कार्यनीति जितना शीघ्र हो, घोषित कर दे। 7 नवंबर के बलिदानियों की अब अधिक परीक्षा लेने की आवश्यकता नहीं है। अब मोदी जी उन्हें पुरस्कार दें और 'भागीरथी' को लाकर इन हुतात्माओं की आत्मा को शांति प्रदान करें। कार्य कठिन तो है पर असंभव नहीं।

गौवध निषेध को अनिवार्य समझने वाले राज करेंगे

केन्द्रीय गृहमंत्री राजनाथ सिंह ने देश में गौधन विकास के लिए गंभीर और ठोस बात कही है। श्री सिंह ने कहा है कि गौधन विकास और गौवध निषेध को मुगल बादशाह भी इस देश पर शासन करने के लिए आवश्यक मानते थे। जबकि अंग्रेजों ने इस ओर पूर्णतः उपेक्षा भाव का प्रदर्शन किया। इस प्रकार केन्द्रीय गृहमंत्री ने इतिहास के न्यायालयों में ले जाकर उन लोगों को खड़ा करने का प्रयास किया है जो इस देश में गौवध को आवश्यक मानते हैं। इसके अतिरिक्त श्री सिंह ने यह भी स्पष्ट कर दिया है कि भारत पर वही लोग शासन कर सकते हैं, जो 'गौवध' निषेध को अनिवार्य समझते हैं।

इतिहास वास्तव में ही अतीत की कब्र नहीं होता, अपितु इतिहास अतीत का स्मृतिकोष है। जब वर्तमान संशय में हो या 'किंकर्त्तव्यविमूढ़' की अवस्था में हो तब इतिहास के 'स्मृतिकोष' से आप कोई व्यवस्था 'नजीर-रूलिंग' ले सकते हैं, और उससे वर्तमान के संशय के तालों को खोल सकते हैं। इसलिए यह सच है कि राजनीति में इतिहास और इतिहास में राजनीति होती है। राजनीति वही सफल होती है जो अपने सकारात्मक 'इतिहासबोध' से ओत-प्रोत होती है। केन्द्रीय गृहमंत्री राजनाथ सिंह इतिहास पर पूर्व में भी बोले हैं। जिससे उनके 'सकारात्मक-इतिहासबोध' का पता चलता है।

गौधन विकास इस देश की ही आवश्यकता नहीं है, अपितु यह विश्व समुदाय की आवश्यकता है। यदि समय रहते इस तथ्य को नहीं समझा गया तो अनर्थ हो जाएगा। हमें यथाशीघ्र गौधन विकास को राष्ट्रीय संकल्प के रूप में स्थापित कर देना चाहिए। यदि हम इसमें चूक गये तो विश्व नष्ट हो जाएगा। हमारे पूर्वजों ने 'गावो विश्वस्य मातरः' अर्थात गाय विश्व की माता है, वैसे ही नहीं कहा था। उन्होंने इस बात को गहराई से परीक्षित और समीक्षित कर लिया था कि गाय किस प्रकार विश्व के अस्तित्व के लिए आवश्यक है?

गाय की उपयोगिता को समझकर ही हमारे ऋषि पूर्वजों ने उक्त कथन की घोषणा कर उसे अपने **'सांस्कृतिक नारे और राजनीतिक दर्शन'** के रूप में मान्यता दी थी।

इस सोच का परिणाम यह आया था कि भारत ने गाय को अर्थव्यवस्था की रीढ़ के रूप में सम्मान दिया था। इसलिए गाय हमारे खेतों से लेकर रसोई तक छायी रहती थी। खेत में बैल दिखता था, घर के आंगन में गाय दिखती थी और रसोई में गाय का दूध, लस्सी, घी दिखाई देते थे। सारा देश गौ-भक्ति में लीन रहता था। सारा व्यापार गौ पर आधारित होता था। लेन-देन करने में भी लोग परस्पर बाय का आदान-प्रदान कर लिया करते थे। 'आदान प्रदान' का माध्यम गौ होने से इसे लोग 'धन' भी कहा करते थे। गांवों में आज भी लोग जंगल में चरती हुई गायों को देखकर या वहां से लौटती हुई गायों को देखकर 'धन चर रहा है या धन आ रहा है' ऐसा कह देते हैं।

भारत में गाय स्वास्थ्य के लिए वैद्य के औषधालय से लेकर रोगी की शैया तक भी खड़ी दिखती थी। वैद्य लोगों को गौघृत, गौदुग्ध, लस्सी या गौमूत्र इत्यादि के साथ या सीधे इन्हीं के पान से रोगों से मुक्त होने के सूत्र या औषधियां बताया करता था। जबकि रोगी की शैया के पास खड़े लोग उसे इन्हीं चीजों के साथ औषधि सेवन कराया करते थे। इस प्रकार सारा वातावरण ही गौमय हो जाया करता था।

हमारा मानना है कि भारत की गाय के प्रति अटूट और असीम श्रद्धा भावना की पुरातन परंपरा को इस समय स्थापित करने की आवश्यकता है। विदेशी षडयंत्रकारियों ने बड़ी चालाकी से गाय को हमारे खेतों से लेकर घर की रसोई तक से विदा कर दिया है। भारत तेजी से आलसी लोगों का और स्वसंस्कृतिद्रोहियों का देश बनता जा रहा है। हम अपने पुरातन और सनातन मूल्यों से बीते 68 वर्षों में काट दिये गये हैं। खेतों में ट्रैक्टर, रसोई में 'रिफाइंड ऑयल' चिकित्सक के यहां अंग्रेजी दवाईयां और रोगी की शैया के पास से गौधन और पंचगव्यादि दूर हो गये हैं।

इस स्थिति का परिणाम यह हुआ है कि आज की हमारी पीढ़ी गौधन को अनुपयोगी मानने लगी है। पिछले दिन मेरे पास राजस्थान के विषय में एक समाजसेवी रविन्द्र आर्य का फोन आया। श्री आर्य की चिंता थी कि राजस्थान में भाजपा सरकार ने 'गौवध निषेध' तो कर दिया है पर अब यहां गौधन यूं ही खुला आवारा घूमता है। उसे लोग उपेक्षित करके घर से निकाल देते हैं, जिससे उसके उचित रखरखाव की समस्या आन खड़ी है।

हमारा केन्द्रीय गृहमंत्री से अनुरोध है कि लोगों को गौधन संरक्षण के लाभ बताने के लिए टीवी चैनलों पर विशेष चर्चाएं करायी जाएं। समाचार पत्रों में इस ओर विशेष ध्यान दिलाने का प्रयास किया जाए और एक ऐसी सरकारी योजना घोषित की जाए जो गाय के आर्थिक महत्व को स्थापित कर इसे हमारी राष्ट्रीय अर्थव्यवस्था का एक आवश्यक अंग बना दे। जब लोगों को गाय के आर्थिक लाभों की जानकारी होगी और पता चलेगा कि यह किस प्रकार हमारे लिए उपयोगी है तो आवारा गौधन को भी उचित संरक्षण मिल सकेगा। हमारा मानना है कि सरकार गाय को भारत के लाखों करोड़ों वर्ष के इतिहास के संदर्भ में प्रस्तुत करे और गौ की लस्सी को देश का राष्ट्रीय पेय घोषित कर दे। इतिहास के उचित संरक्षण से ही गाय का संरक्षण संभव है। इतिहास के संदर्भों के मर्मज्ञ राजनाथ सिंह से अपेक्षा है कि वह इस दिशा में कोई उपाय करेंगे।

गाय पर कुरान और इस्लाम

जिन लोगों ने इस देश में हिंदू मुस्लिमों के मध्य घृणा का परिवेश बनाकर एक दूसरे को साम्प्रदायिक पालों में खड़ा करने का प्रयास किया है, वही इस देश के वास्तविक शत्रु हैं। इस्लाम की व्याख्या करने वालों ने अपने लिये हिंदू समाज की धार्मिक और सामाजिक मान्यताओं के विपरीत चलना ही उचित माना। कहने का अभिप्राय है कि इस्लाम के इन व्याख्याकारों ने यह बताया कि एक और एक यदि दो होते हैं और हिंदू समाज ऐसा ही मानता है तो तुम इन्हें दो ना कहकर तीन कहो। इसी में इस्लाम का भला है।

ऐसे ही लोगों ने विश्व की माता के रूप में पालन करने वाली गौमाता के प्रति हिंदुओं की अत्यधिक आस्था देखकर इस्लाम के मानने वालों को बताया कि तुम्हें गौ का अनादर करना है। हिंदुओं की अपनी धार्मिक मान्यता इस पशु की पूजा 'गुणों का सम्मान' करने की है, तो तुम्हें यह काटना है। फलस्वरूप हमारे देश में सदियों से गोकशी की ऐसी घटनाएं होती आ रही हैं, जिनसे साम्प्रदायिक परिवेश बिगड़ता रहता है और साम्प्रदायिक दंगे फैलाकर देश में आग लगाने वालों की चांदी कटती रहती है।

वैसे इस्लाम के विषय में यह भी सत्य है कि इसका वास्तविक मानवतावादी स्वरूप इसी के व्याख्याकारों ने कभी सामने आने नहीं दिया है। इसे **'आतंक का धर्म'** बनाने के प्रयास किये गये हैं, जिससे इसके कुछ मौलिक सिद्धांत सामने आने से रह गये हैं। अन्यथा सत्य यह है कि इस्लाम और उसके पैगंबर साहब और प्रतिष्ठित नेता गाय को सम्मान की दृष्टि से देखते रहे हैं। हजरत मुहम्मद **'नासिहाते हादौ'** फरमाते हैं– **'गाय का दूध और घी तुम्हारी तंदुरूस्ती के लिए बहुत आवश्यक है। उसका गोश्त नुकसानदेह और बीमारी पैदा करता है, जबकि उसका दूध भी दवा है।'**

बेगम हजरत आयशा से हजरत मुहम्मद कहते हैं–**गाय का दूध बदन की खूबसूरती और तंदुरुस्ती बढ़ाने का जरिया है।**

कुरान शरीफ में लिखा है– **'बिलाशक तुम्हारे लिए चौपायों में भी सीख है, उनके 'गाय के' पेट की चीजों में से गोबर और खून के बीच में से**

साफ दूध जो पीने वालों के लिए स्वाद वाला है हम तुम्हें पिलाते हैं।' (कुरान शरीफ 16-66)

मौला फारुखी द्वारा संकलित 'बरकत और सरकत' में मुहम्मद साहब कहते हैं- **'अच्छी तरह पली हुई 90 गाय 16 वर्षों में न सिर्फ 450 गाय और पैदा करतीं हैं, बल्कि उनसे हजारों रुपये का दूध और खाद भी हमें मिलते हैं। गाय दौलत की रानी है।'**

गाय के प्रति इस्लाम के ऐसे दृष्टिकोण को समझकर ही कुछ वर्ष पूर्व पांच लाख मुसलमानों ने राष्ट्रपति को अपने हस्ताक्षर वाले ज्ञापन देकर देश में गौहत्या निषेध को पूर्णतः लागू कराने की मांग की थी। 1857 की क्रांति के समय मुगल बादशाह बहादुर शाह जफर ने गौहत्या बंदी के लिए विधिवत शाही हुक्मनामा जारी किया, जिस पर देश में अच्छी प्रतिक्रिया हुई थी। बाबर ने अपने पुत्र हुमायूं को राजगद्दी सौंपने से पूर्व यह समझाया था कि इस देश में गाय के प्रति लोगों की असीम श्रद्धा है, इसलिए देश के लोगों का विश्वास जीतने के लिए तुम्हें भी गाय के प्रति सम्मान प्रदर्शित करना है। हमें गाय के प्रति अन्य मुगल बादशाहों के भी ऐसे ही आदेश मिलते हैं जिनसे स्पष्ट होता है कि साम्प्रदायिक परिवेश को देश में बनाये रखने का अच्छा प्रयास उनकी ओर से भी किया गया।

ब्रिटिश काल में जिन मुसलमान शासकों ने अपनी इन रियासतों में गौहत्या बंदी करायी थी वे थे-**नवाब रावनपुर, नवाब मंगरौल, नवाब दुजाना 'करनाल, नवाब गुडगांव और नवाब मुर्शिदाबाद। मौलाना फारूखी लिखित खैरव बरकत से पता चलता है कि शरीफ मक्का ने भी गौहत्या पर प्रतिबंध लगवाया था। इमाम जाफरसाहब ने इरशाद फरमाया था गाय का दूध दवा है, इसके मक्खन में शिफा 'तंदुरुस्ती' है और मांस में बीमारी है। मौलाना हयात साहब खानखाना हाली हमद साहब ने भी कहा है कि मुसलमान को गाय नहीं मारना चाहिए। ऐसा करना हदीश के खिलाफ है।**

अब गाय पर कुरान के पाक विचारों को एक प्रदेश में पोस्टर पर दिखा देने से कुछ लोगों ने शोर मचाना आरंभ किया है कि ऐसा करना संबंधित प्रदेश की सरकार की तानाशाही है। इसको इलेक्ट्रानिक मीडिया ने बढ़ चढकर परोसा है और यह दिखाने का प्रयास किया है कि ऐसा पोस्टर लगाने से भी विवाद खड़ा हो गया है। एक तार्किक बात और यदि प्रमाणिक साक्ष्य दिया जा रहा है तो फिर इलेक्ट्रानिक मीडिया या चैनल वालों द्वारा अपनी दुनिया के स्वर्ग

में उसे विवादित कैसे मान लिया गया? यह प्रयास तो विवादों को निपटाने के लिए किया गया है कि परस्पर एक दूसरे की बातों का और धार्मिक मान्यताओं का सम्मान करो, जिस कुरान के नाम पर या मुहम्मद साहब के नाम पर तुम गोकशी का अपराध कर रहे हो, उसके सच को जानो और उसके अनुसार आचरण करो। इसमें कैसा विवाद, कैसा झगड़ा, कैसा फसाद?

हम इस देश में शांति की प्रार्थना करते हैं और हमारी यह प्रार्थना सामूहिक होनी चाहिए। ऐसा नहीं होना चाहिए कि एक वर्ग शांति की प्रार्थना करे तो दूसरा उसी समय अशांति का पाठ करे। इस पोस्टर के लगने पर जो लोग यह कह रहे हैं कि अब सरकार हमारा खाना पीना भी तय करेगी, तो उन्हें समझना चाहिए कि सरकार का कार्य अपने लोगों में पारस्परिक सद्भाव और भाई चारे को बढ़ाना भी है। हमारे संविधान की प्रस्तावना को सारे देश का 'संकल्प प्रस्ताव' माना जाता रहा है जिसमें ऐसी ही प्रतिज्ञा की गयी है कि हम परस्पर बंधुता को बढ़ाने वाली बातों को प्रोत्साहित करेंगे। इसलिए संबंधित सरकार का यह प्रयास प्रशंसनीय है जिससे उसने एक पोस्टर में गाय के विषय में कुरान शरीफ के पाक विचारों को परोसकर इस प्राणी के जीवन की रक्षा को गंभीरता से परोसने का प्रयास किया है।

महापुरुषों के वचनों पर प्रश्नोत्तरी

1. भगवान कृष्ण ने किस ग्रंथ में कहा है 'धोनुनामसिम' अर्थात मैं गायों में कामधेनु हूं?
   उत्तरः श्रीमद्भगवतगीता में।

2. 'चाहे मुझे मार डालो पर गाय पर हाथ न उठाओ' किस महापुरुष ने कहा था?
   उत्तरः बाल गंगाधर तिलक ने।

3. रामचंद्र 'वीर' ने कितने दिनों तक गौहत्या पर रोक लगवाने के लिए अनशन किया?
   उत्तरः 70 दिन तक।

4. पंजाब में किस शासक के राज्य में गौ हत्या पर मृत्यु दंड दिया जाता था?
   उत्तरः पंजाब केसरी महाराज रणजीत सिंह के शासनकाल में।

5. गाय के घी से हवन पर किस देश में वैज्ञानिक प्रयोग किया गया?
   उत्तरः रूस में।

6. गोबर गैस संयंत्र में गैस प्राप्ति के बाद बचे पदार्थ का उपयोग किस में होता है?
   उत्तरः खेती के लिए जैविक 'केंचुआ' खाद बनाने में।

7. मनुष्य को गौ-यज्ञ का फल किस प्रकार होता है?
   उत्तरः कत्लखाने जा रही गाय को छुड़ाकर उसके पालन-पोषण की व्यवस्था करने पर ।

8. एक तोला '10 ग्राम' गाय के घी से यज्ञ करने पर क्या बनता है?
उत्तर: एक टन आक्सीजन ।

9. गाय के संदर्भ में ईसा मसीह का क्या कथन था?
उत्तर: एक गाय को मारना, एक मनुष्य को मारने के समान है।

10. प्रसिद्ध मुस्लिम संत रसखान ने क्या अभिलाषा व्यक्त की थी?
उत्तर: यदि पशु के रूप में मेरा जन्म हो तो मैं बाबा नंद की गायों के बीच में जन्म लूं ।

11. पं. मदन मोहन मालवीय जी की अंतिम इच्छा क्या थी?
उत्तर: भारतीय संविधान में सबसे पहली धारा सम्पूर्ण गौवंश हत्या निषेध की बने।

12. भगवान शिव का प्रिय श्री सम्पन्न 'बिल्वपत्र' की उत्पत्ति कहा से हुई है?
उत्तर: गाय के गोबर से।

13. गौवंशीय पशु अधिनियम 1995 क्या है?
उत्तर: 10 वर्ष तक का कारावास और 10,000 रुपए तक का जुर्माना ।

14. गाय की रीढ़ में स्थित सुर्यकेतु नाड़ी से क्या होता है?
उत्तर: सर्वरोगनाशक, सर्वविषनाशक होता है।

15. देशी गाय के एक ग्राम गोबर में कम से कम कितने जीवाणु होते है?
उत्तर: 300 करोड़।

16. गाय के दूध में कौन-कौन से खनिज पाए जाते है?
उत्तर: कैलिशयम 200 प्रतिशत, फास्फोरस 150 प्रतिशत, लौह 20 प्रतिशत, गंधक 50 प्रतिशत, पोटैशियम 50 प्रतिशत, सोडियम 10 प्रतिशत, पाए जाते हैं।

17. विश्व की सबसे बड़ी गौशाला का नाम बताइए?
उत्तरः पथमेड़ा, राजस्थान।

18. गाय के दूध में कौन-कौन से विटामिन पाए जाते हैं?
उत्तरः विटामिन ए 2 प्रतिशत, विटामिन 'आई.क्यू' 174 और विटामिन बी 5 प्रतिशत।

19. 'यदि हम गायों की रक्षा करेंगे तो गाय हमारी रक्षा करेंगी' यह संदेश किस महापरुष का है?
उत्तरः पंडित मदन मोहन मालवीय का।

20. 'गौ' धर्म, अर्थ, काम और मोक्ष की धात्री होने के कारण कामधेनु है। इसका अनिष्ट चिंतन ही पराभव का कारण है। यह विचार किनका था?
उत्तरः महर्षि अरविंद का।

21. भगवान बालकृष्ण ने गाय चराने का कार्य किस दिन से प्रारम्भ किया था?
उत्तरः गोपाष्टमी से।

22. श्रीराम ने वन गमन से पूर्व किस ब्राह्मण को गायें दान की थी?
उत्तरः त्रिजट ब्राह्मण को।

23. 'जो पशु हों तो कहा बसु मेरो, चरों चित नंद की धेनु मंझारन' यह अभिलाषा किस मुस्लिम कवि की है?
उत्तरः रसखान।

24. 'यही देहु आज्ञा तुरुक को खा पाऊं, गौमाता का दुःख सदा मैं मिटाऊं यह इच्छा किस गुरु ने प्रकट की?
उत्तरः गुरु गोबिंद सिंह जी ने।

बिना गाय के मानव का भविष्य धूमिल

किसी छोटे से छोटे कार्यक्रम का आयोजन भी बिना उसकी योजना के अपूर्ण ही रहता है। यदि कार्यक्रम की पूर्ण रूपरेखा बना ली गयी है और उसके एक-एक पहलू पर पूर्ण चिंतन-मनन कर लिया गया है तो फिर उसके संपन्न होने में किसी प्रकार की बाधा नही आ सकती। पूर्ण मनोयोग से किये गये कार्य को मिलने वाली असफलता भी कुछ शिक्षा देकर जाती है और उससे व्यक्ति निराश न होकर द्विगुणित ऊर्जा से भरकर पुनः प्रयास करता है और एक दिन सफल हो जाता है। किसी कवि ने कितना सुंदर कहा है :-

कोशिश कर हल निकलेगा।
आज नहीं तो कल निकलेगा॥
अर्जुन के तीर सा सधा, मरूस्थल से भी जल निकलेगा।
मेहनत कर पौधों को पानी दे बंजर जमीं से भी फल निकलेगा॥
ताकत जुटा, हिम्मत को आग दे
फौलाद का भी बल निकलेगा।
जिंदा रख दिल में उम्मीदों को
गरल के समुन्दर से भी गंगाजल निकलेगा॥
कोशिशें जारी रख कुछ कर गुजरने की,
जो है आज थमा-थमा सा, चल निकलेगा॥

पुरुषार्थी, योजनाकार और विवेकशील व्यक्तियों को ऐसे ही मनोभावों से सफलता मिला करती है।

यह जो सृष्टि है न यह भी किसी पुरुषार्थी योजनाकार विवेकशील पुरुष की प्रायोजना है। अंतर केवल इतना है कि वह विवेकशील पुरुष कोई सांसारिक पुरुष न होकर पारलौकिक पुरुष है, परमपुरुष है। जिसने जगत का यह सारा तामझाम बनाया है, रचा है। मानव की रचना में मानव कोई दोष निकाल दे, यह तो संभव है, क्योंकि मानव अल्पज्ञ है, उसका ज्ञान असीम है, सीमाओं में

बंधा है, पर उस असीम परमपुरुष की किसी रचना में आप दोष नहीं निकाल सकते। वह स्वयं भी पूर्ण है और उसकी रचना भी पूर्ण है। पूर्ण में से चाहे जितना अंश निकाल लो, चाहे पूर्ण में से पूर्ण निकाल लो वह तो पूर्ण ही रहना है। अतः उसकी रचना में कोई दोष नहीं निकाला जा सकता।

ईश्वर ने सृष्टि रची है तो इसमें उसने अपने पूर्ण ज्ञान और विज्ञान का समायोजन किया है। हर पग पर आपको उसके ज्ञान-विज्ञान की झलक मिल जाती है। उसकी रचना में वैसा ही समायोजन है जैसा एक कुशल शिल्पकार की रचना में होता है। जैसे एक कुशल शिल्पकार एक-एक ईंट को काट छांटकर लगाता है और देखते ही देखते एक भवन बना देता है, वैसे ही उस ईश्वर ने पूर्ण समायोजन करते हुए हर जीवधारी को एक दूसरे के साथ समन्वय बनाने के लिए भेजा है। उसने ना तो कोई वनस्पति अनुपयोगी बनायी है और ना ही कोई पशु-पक्षी या कोई जीवधारी अनुपयोगी बनाया है। सबकी अपनी-अपनी उपयोगिता है, अपना-अपना महत्व है। जो लोग ईश्वर के रचना विज्ञान के इस रहस्य को जानते समझते हैं कि उसने कोई भी वनस्पति या जीवधारी अनुपयोगी बनाया है। सबकी अपनी-अपनी उपयोगिता है, अपना-अपना महत्व है। जो लोग ईश्वर के रचना विज्ञान के इस रहस्य को जानते समझते हैं कि उसने कोई भी वनस्पति या जीवधारी अनुपयोगी नहीं बनाया । जो लोग ईश्वर की सृष्टि को इसी भाव से देखते हैं कि यहां सब एक दूसरे के सहयोग के लिए और एक दूसरे का सहयोग कर रहे हैं, वे इस संसार में रहकर सदा सकारात्मक ऊर्जा से भरे रहते हैं और प्रत्येक प्राणी को अपने लिए उपयोगी और सहयोगी मानते हैं। ऐसे लोगों की ऐसी सकारात्मक सोच के कारण प्राकृतिक संतुलन भी बना रहता है और हर व्यक्ति संसार के समस्त प्राणियों के साथ सहयोगी बनकर चलने का प्रयास करता है। ऐसे लोगों की वेद की भाषा में घोषणा होती है:-

मित्रस्याहं चक्षुषा सर्वाणि भूतानि समीक्षे 'यजु. 36.18' अर्थात मैं सब प्राणियों को मित्र की दृष्टि से देखता हूं। कहने का अभिप्राय है कि जैसे कोई सच्चा मित्र अपने मित्र की हत्या नहीं कर सकता वैसे ही किसी अन्य को अपना मित्र मानने के कारण एक व्यक्ति उसकी हत्या अपने निहित स्वार्थ अर्थात उदरपूर्ति के लिए नहीं कर सकता। इसका एक कारण यह भी है कि जब मनुष्य हिंसा से किसी की हत्या करके मांसाहार करने लगता है तो उस समय उसकी प्रवृत्ति दानवी अर्थात घात-प्रतिघात वाली हो जाया करती है। ऐसी प्रवृत्ति से बुद्धि का नाश होता है और व्यक्ति सदा अपने आपे से बाहर होने

वाला आचरण-व्यवहार करता रहता है। तब क्या होता है?

यत्र वि जायते यामिन्यपतुर्रू सा पशून क्षिणाति रिफती रूशती। 'अथ. 3/28/1' अर्थात जिस अवस्था में बुद्धि विशेष बिगड़ जाती है अमर्यादित हो उठती है और असंतुलित होकर अपनों पर ही घात-प्रतिघात करने लगती है तो वह शास्त्रघात से मारती हुई तथा अन्य उपायों से हत्या करती हुई पशुओं को नष्ट करती है। अतः मानवता इसी में है कि किसी प्रकार की पाशविकता या दानवता का प्रदर्शन किसी भी स्थिति परिस्थिति में न किया जाए। जिस पाशविकता को पशु समाज में देखकर मनुष्य हिंसाचार की बातें करता है उसके विषय में उसे ज्ञात होना चाहिए कि तुझे हिंसाचार नहीं करना है, क्योंकि तू हो पशु न होकर मनुष्य है। तू अपना धर्म पहचान और उसके अनुसार आचरण करने वाला बन।

जिस वैदिक धर्म में हिंसा निषेध की बातें 'प्रत्येक प्राणी के जीवन का सम्मान करते हुए' पूर्ण निष्ठा से की जाती है उसमें गाय जैसे अति उपयोगी प्राणी की हिंसा का निषेधा न हो, भला यह कैसे हो सकता है? वैसे भी गाय की उपयोगिता को सर्वप्रथम समझने वाला संसार का एकमात्र धर्मग्रंथ वेद है, और उसके द्वारा प्रतिपादित वैदिक धर्म है। भारत के लोगों के लिए यह परम सौभाग्य का विषय है कि हमने भारत माता के समान ही गौमाता को सम्मान दिया है। इसका कारण केवल यही है कि हमने गौमाता के महत्व को समझा है। जैसे दोपायों में मनुष्य सर्वश्रेष्ठ है वैसे ही चौपायों में गाय सर्वश्रेष्ठ है। जिसकी हत्या कदापि नहीं होनी चाहिए। हिंसक लोग उपद्रवी और अशांति उत्पन्न करने वाले होते हैं। जिससे विश्व में विद्या शिल्प व्यवसाय की उन्नति अवरुद्ध होती है। ऐसे उपद्रवी लोगों को समाप्त करने की प्रार्थना राजा से प्रजाजन करते हैं। राष्ट्रवासी राष्ट्रपति से कहते हैं :-

वि न इंद्र मृधो जहि। अर्थात हे इंद्र! ऐश्वर्यशाली राजन! आपको हमने अपना राजा इसलिए नियुक्त किया है कि आप हमारे मसलने वालों को अर्थात मृधों को मार डालें, जो लोग हमारा किसी भी प्रकार से शोषण या उत्पीड़न करते हैं, उन्हें आप नष्ट कर दें। ऐसे लोग चाहे कितने ही साधन संपन्न और उच्च पदस्थ क्यों न हों, राजा को प्रजा पीडकों के विनाश में कोई प्रमाद नहीं करना चाहिए। अथर्ववेद 1/2/13 में भी कहा गया है कि-**''वि रक्षो वि मृधो जहि वि वृत्रस्य हनू रूज''** अर्थात जो लोग राक्षस प्रवृति के हैं, या प्रजा उत्पीडक हैं या प्रजा पर किसी भी प्रकार का अत्याचार करते हैं, उसका शोषण

करते हैं, उसके जीवन और जीने के मौलिक अधिकार का हनन करते हैं, उनको राजा कठोर से कठोर दण्ड दे। उपद्रवियों को समाप्त करना राजा का धर्म है। इसीलिए ऋग्वेद '10/152/2' में कहा गया है कि–

स्वस्तिदा विशस्पतिर्वृत्रहा वि मृधो वशी।
वृषेन्द्रः पुर एतु नः सोमपा अभयंकरः॥

अर्थात सुख प्रदाता कल्याण प्रदाता प्रजा के लिए हर प्रकार से सुख-शांति देने वाला प्रजा पालक पापनाशक प्रजोत्पीडकों का नियंत्रणकारी, सुखवर्षक, ऐश्वर्यरक्षक और अभयंकर भय रहित करने वाला व्यक्ति हमारा नेता हो।

राजा को ईश्वर का प्रतिनिधि माना जाता है। इसका कारण यह है कि जैसे राजा अपनी समस्त प्रजा **'समस्त योनियों के समस्त जीवधारियों'** के लिए कल्याणप्रदाता, सुखवर्षक, शांति प्रदाता आदि है। उसी प्रकार राजा को भी हिंसाचार से किसी भी जीवधारी के प्राणों की रक्षा करनी चाहिए। उसे भी सबके प्रति दयाभाव अपनाने के लिए अपने राज्य के लोगों को प्रेरित करना चाहिए। यही कारण है कि भारत में दया को धर्म का मूल माना गया है। यह दयाभावना मनुष्य की मनुष्य के प्रति ही नहीं होनी चाहिए, अपितु सभी जीवधारियों के प्रति होनी चाहिए। तभी तो 'जीवों पर दया करो'-ऐसा आदर्श सूत्र वाक्य हमारे यहां बचपन में ही बच्चों को सिखाया जाता है। **हिंसक जीवों को उस समय समाप्त कर देना उचित है जब वे मानव समुदाय को कहीं चोट करने लगते हैं, या अपनी हिंसा का शिकार बनाकर उन्हें समाप्त करने लगते हैं। वन्य हिंसक जीवों के शिकार की परंपरा भी हमारे राज-परिवारों में इसीलिए चली थी कि उनके शिकार करने से एक तो मानव समुदाय की रक्षा हो जाती थी, दूसरे क्षत्रिय लोगों का शस्त्राभ्यास भी हो जाता था। इस प्रकार शिकार की भी अपनी मर्यादाएं थीं, उसकी अपनी सीमाएं थीं। ऐसा नहीं था कि शिकार जब चाहे जिस प्राणी का कर लिया और उसे मारकर खा लिया। शिकार को मारकर खाने की परंपरा विदेशी है और इन विदेशियों के संसर्ग और संपर्क में आने पर भारतीयों को यदि यह रोग लगा तो यही वह संस्कृति है जिसे 'गंगा जमुनी संस्कृति' कहकर देश में प्रचारित कर महिमामंडित किया जाता है। इस गंगा-जमुनी संस्कृति ने हमें दोष दिये हैं, दुर्गुण दिये हैं और उन दोष व दुर्गुणों के दिये दुर्दिनों के कारण आज हम दुःख भोग रहे हैं। क्योंकि हमने प्राकृतिक संतुलन को बिगाड़ने की दिशा में तो उन्नति की है पर उसे सुधारने की दिशा में कोई कार्य नहीं किया।**

वेद की भाषा में देशवासी अपने राष्ट्रपति से उपद्रवियों और प्रजोत्पीडकों के विनाश की अपील कर सकते हैं तो अन्य मूक प्राणियों की अंतर्मन की पीड़ा को राजा को स्वयं ही सुनना चाहिए, उनके जीवन की रक्षा का भार वह वैसे ही उठाये जैसे ईश्वर अपनी प्रजा की सुरक्षा का भार उठाये रहता है, क्योंकि राजा ईश्वर का प्रतिनिधि है। यदि राजा अपने कर्त्तव्य में चूक करता है तो मनुष्य समुदाय से उत्पीड़ित प्राणियों को अधिकार है कि वे राजाओं के राजा स्वयंभू ईश्वर से अपनी पुकार करें कि मनुष्य के उत्पातों से हमारी रक्षा करो। वह ईश्वर न्यायकारी है। वह जब देखेगा कि मनुष्य अपने धर्म से और राजा अपने धर्म से डिग गया है और इनके कारण अन्य जीवधारियों का अस्तित्व ही संकट में है तो वह अपने न्याय से ऐसे राजा और ऐसे लोगों का भारी विनाश कर सकता है। सारी मानवता आज परमाणु युद्ध के भय के साये में जी रही है कहीं यह भय ईश्वर के किसी न्याय की ओर तो प्रकृति का संकेत नहीं है?

आज गाय जब रम्भाती है-तो वह रम्भाती कम है, डकराती अधिक है। मानो वह परमपिता से कह रही है कि-**'मुझे बचाओ इस दुष्ट मानव से जो मुझे अस्तित्वविहीन करने पर तुला है।'** हमारा विश्वास है कि ईश्वर गाय की पुकार को अवश्य सुनेंगे-मानव को अपने किये का दण्ड भोगने के लिए तैयार रहना चाहिए। क्योंकि इस अशुभ कर्म का फल उसे अवश्य ही मिलेगा। उस परमपिता के न्यायालय में न कोई कुतर्क चलेगा और न कोई बहाना। वहां तो न्याय होगा और न्याय भी ऐसा कि जिसमें पूर्ण पारदर्शिता होगी। दूध का दूध और पानी का पानीं। जिनके हाथ में पानी आएगा-वह समझ लेंगे कि यह पानी नहीं उनका 'पाप' है, किये का फल है।

गाय माता देश में असुरक्षित क्यों है?

भारत में गाय माता होकर भी असुरक्षित क्यों है? जब इस प्रश्न पर विचार किया जाता है तो पता चलता है कि इसके एक नहीं अनेक कारण हैं। सर्वाधिक महत्वपूर्ण कारण है कि भारत ने दूसरों को सम्मान देते-देते अपने सांस्कृतिक मूल्यों को या तो भुला दिया या फिर दूसरों को प्रसन्न करने के लिए उन पर अधिक बल नहीं दिया। इसे कुछ स्वार्थी विदेशी लेखकों ने या विद्वानों ने भारत की परंपरागत सहिष्णुता या उदारता के रूप में महिमामंडित किया और इस महिमामंडन के माध्यम से वे अपना स्वार्थ सिद्ध कर गये। हम भारतीय अपने स्वभाव से सहिष्णु या उदार हैं, इसमें दो मत नही हैं-परंतु हमें कितना सहिष्णु या उदार होना चाहिए? हम अपने विषय में ही यह भूल गये। इसी को वीर सावरकरजी ने हमारी 'सद्‌गुण विकृति' कहा है। जब विदेशियों ने हमारी सहिष्णुता या उदारता का महिमामंडन करना आरंभ किया और उन्होंने हमें यह समझना आरंभ किया कि आप तो बहुत अच्छे हैं। आप अपनी बात पर कभी हठीलापन नही दिखाते हैं। आप दूसरों का सम्मान करना जानते हैं, दूसरों के अपराधों को आप क्षमा कर देते हैं, दूसरे जैसे चाहे रहें, तुम इस पर कोई आपत्ति नही करते हैं, तो हम अपने सिद्धांतों से कुछ दूर हो गये और हमने अपनी शास्त्रार्थ परंपरा का त्याग कर दूसरों की अतार्किक और अवैज्ञानिक बातों को भी मानने की भूल करनी आरंभ कर दी।

आज भी जब कहीं ईसाइयों या इस्लाम वालों के द्वारा हिंदू के कराये जा रहे धार्मांतरण पर हम कहीं मुखरित होते हैं या कहीं गाय काटी जाती है या कहीं ऐसी ही मजहबी उन्माद की घटना घटित होती है, तो 'गंगा-जमुनी संस्कृति' का राग अलापने वाले बड़ी शीघ्रता से बाहर निकलते हैं और हमें हमारी परम्परागत सहिष्णुता और उदारता को अपनाने का उपदेश देने लगते हैं। जहां-जहां 'गंगा-जमुनी संस्कृति' का राग अलापा जाता है वहीं समझ लो कि हिंदू को मिटाने और घटाने की योजना पर कार्य किया जा रहा है। देश में जितने लोग इस काल्पनिक 'गंगा-जमुनी संस्कृति' की बात करने वाले

हैं–उनसे आप गाय की रक्षा की अपेक्षा नहीं कर सकते। इन लोगों ने देश में इस विचार को प्रगतिशीलता के नाम पर प्रसारित किया है कि प्राचीनकाल में आर्य लोग या भारत के पूर्वज भी गौमांस खाया करते थे। इस धारणा को इन्होंने देश के विद्यालयों के पाठ्यक्रम में सम्मिलित कराया है जिससे नई पीढ़ी में यह कुसंस्कार जन्म ले सके कि भारत में गाय मांस खाना प्राचीनकाल से जारी है। इस धारणा के रूढ़ होते जाने से 'गंगा–जमुनी संस्कृति' की बेल हरी बनी रहेगी और धीरे–धीरे वह सारे भारत में फैल जाएगी। इस विचार का दूसरा लाभ इन लोगों को यह मिल रहा है कि कुछ लोग विदेशी मजहबों के मानने वालों के प्रति आकर्षित हो रहे हैं, वे मानने लगे हैं कि इस्लाम और ईसाइयत दोनों मजहब प्रगतिशील हैं, जबकि हिंदू धर्म रूढियों में जकड़ा हुआ है। तीसरे ऐसी मान्यता से हमारी युवा पीढ़ी देर–सबेर यह मानने लगेगी कि भारत के क्रांतिकारियों ने अनावश्यक ही देश को स्वतंत्र कराने की योजना बनायी थी या देश में देर तक जिन लोगों ने जब भी जिस शताब्दी में भी देश को स्वतंत्र कराने के लिए संघर्ष किया वे मूर्ख थे।

इस प्रकार की योजना को 'गंगा–जमुनी संस्कृति' के नाम से सिरे चढ़ाने की योजना है, जिसे धीरे–धीरे देश के धर्मनिरपेक्ष दलों ने चढ़ाने या फैलाने का प्रयास किया है। इससे गाय को केवल एक पशु मानने का विचार प्रचार पा रहा है। इन धर्मनिरपेक्ष दलों की सोच से इस्लाम और ईसाइयत को लाभ मिल रहा है और इन सबके सामूहिक प्रयास से जितने हिंदू इनके रंग में रंगते जा रहे हैं, वे सब भारत के लिए सिरदर्दी उत्पन्न करने वाले हैं। भारत को मिटाने का सपना देखने वाले ऐसे सभी लोग बड़ी सावधानी से अपना कार्य कर रहे हैं। किसी का उद्देश्य देश को 'लाल सलाम' के रंग में रंगने का है, तो किसी का उद्देश्य हरे रंग में या सफेद रंग 'ईसाइयत' में रंगने का है। सबका एक छुपा हुआ एजेंडा है। इन सबके चलते जैसे ही कहीं गाय, गंगा, गीता की बात कही जाती है तो इन सबका सामूहिक विरोध एक साथ आता है कि देश को भगवा रंग में रंगने की तैयारी हो रही है। 'भगवा रंग' देश में एक गाली हो गया है, जबकि लाल सलाम, हरा रंग या सफेद रंग देश की उन्नति, प्रगति और विकास की दिशा निर्धारित करने वाले रंग मान लिये गये हैं। इसीलिए जे.एन.यू. में राष्ट्रद्रोही पलते हैं और उनके समर्थन में बड़े–बड़े राजनीतिक दलों के नेता उतर आते हैं। भगवा को चुप–चुप खाने वाले रंग प्रगतिशील हैं और भगवा दुर्गति का प्रतीक है, ऐसा प्रचार देश में चल रहा है। गाय को भगवा के साथ जोड़ दिया गया है, इसलिए गाय भी साम्प्रदायिक हो गयी है।

'लाल सलाम' अपने स्वार्थ के लिए सफेद और हरे रंग को साथ ले रहा है। उसे आशा है कि हिंदुत्व की शक्ति से लडने के लिए और देश की गाय संस्कृति को मिटाने के लिए यदि इनका समर्थन ले लिया जाए तो कोई बुरी बात नहीं है। इसी प्रकार हरा रंग अपनी क्रांति की सफलता के लिए लाल और सफेद को तथा सफेद अपनी सफलता के लिए लाल और हरे को साथ ले रहा है। सबका सामूहिक उद्देश्य है-देश का विखण्डन। देश के हिंदू समाज को ये लोग अपने-अपने उद्देश्यों की पूर्ति के लिए विखण्डित रखना चाहते हैं। इसलिए उनके बीच आरक्षण की, ऊंच नीच की या ऐसी ही अन्य दूषित भावनाओं की दुर्गंध को फैलाये रखना चाहते हैं।

देश के धर्मनिरपेक्ष दलों को पता होना चाहिए कि जब देश से गाय संस्कृति का लोप करके वे सफलता का घोष करेंगे तब उन्हें पता चलेगा कि उनका परंपरागत शत्रु हरा रंग भी है और सफेद रंग भी है-तब क्या होगा? किसी के पास इस प्रश्न का उत्तर नहीं है।

विचारधाराओं की इस लड़ाई में गाय के अस्तित्व को मिटाने का लक्ष्य बड़ी सावधानी से निर्धारित किया गया है। इस लड़ाई में विदेशी कम्पनियों के पेय पदार्थ देश में इसलिए बिकवाये जा रहे हैं कि इस देश में गाय अनुपयोगी होती चली जाए। विदेशी कंपनियों के कृत्रिम खाद या कीटनाशक इसलिए मंगाये जा रहे हैं कि गौमाता की उपयोगिता को लोग भूल जाएं। इससे देश का बहुत भारी अहित हो रहा है। देश को विचारधाराओं के इस संघर्ष को समझना होगा। इसके उद्देश्य को समझना होगा, अन्यथा **'भारत तेरे टुकड़े होंगे इंशा अल्लाह, इंशा अल्लाह'** कहने वाले सफल हो जाएंगे।

भारत गाय का उपासक देश है, इसके ऋषियों ने गाय की उपयोगिता और महत्व को समझकर इसे अपने साहित्य में बहुत ही सम्मानपूर्ण स्थान दिया है। हो सकता है कि धार्मिक भावुकता में बहकर उसमें कहीं कोई अतिवादिता का पुट आ गया हो-पर इसका अर्थ यह तो नहीं कि गाय की उपयोगिता और महत्व कम हो गया। किसी धार्मिकता के पुट से गौमाता का महत्व बढ़ता ही है, घटता नहीं है और यदि ऐसा पुट किन्हीं लोगों को अखरता है तो भारत की उदारता के सहारे अपनी दुकान चलाने वाले और भारत में **'गंगा-जमुनी संस्कृति'** का राग अलाप कर लोगों की जबान बंद करने वाले लोग यह भी समझ लें कि भारत शास्त्रर्थ परंपरा वाला देश है। अतः देश की संसद में बात-बात पर चर्चा या बहस की मांग करने वाले लोग **'देश में गाय की उपयोगिता और महत्व'** पर या **'मानव जीवन के लिए गाय की महत्ता'** जैसे विषयों पर भी बहस या

शास्त्रार्थ करा लें, जिनका पक्ष अधिक मानवीय, उदार और वैज्ञानिक हो उसी को इस देश का राजधर्म घोषित कराके स्वीकार कर लिया जाए।

लोकतंत्र में सिरों की गिनती को अर्थात किसी प्रदेश की विधानसभा में या देश की संसद में विधायकों या सांसदों के सिरों की गिनती को लोकतंत्र की जय-पराजय का या सफलता और असफलता का सटीक प्रमाण नहीं माना जा सकता। लोकतंत्र में जय-पराजय या सफलता और असफलता तो तर्क तराजू पर तोलकर बोले जाने वाले प्रमाणों से सिद्ध होती है। अत: शास्त्रार्थ लोकतंत्र की पहली अनिवार्यता है जो लोग शास्त्रार्थ से भागकर सिरों की गिनती के आधार पर लोकतंत्र को हांकने की वकालत कर रहे हैं, वास्तव में वे ही लोकतंत्र के हत्यारे हैं। लोकतंत्र की व्याख्या को अपने-अपने रंग में रंगने की मूर्खता करना देश के साथ अपघात करना है। अभी किसी ने इस विषय पर मतदान कराने की बात कही है कि गौवध पर प्रतिबंध लगे या न लगे? राजनीतिज्ञों की ऐसी सोच पर तरस आता है। ऐसी सोच देश में प्रचलित की जा रही **'गंगा-जमुनी संस्कृति'** की जीत का मार्ग प्रशस्त कर अंत में हमें **'दारूल इस्लाम'** के समुद्र में ले जाकर विलीन कर देगी। जिन लोगों ने देश की वैदिक संस्कृति को धीरे-धीरे मिटाने का कार्य इस देश के विद्यालयों के पाठ्यक्रम से किया और धीरे-धीरे लोगों के मन-मस्तिष्क में गाय को केवल एक 'पशु' मानने का **कुसंस्कार पैदा किया**, अब वही पिछले 70 वर्ष में अपने द्वारा किये गये पापकर्म का फल देखना चाहते हैं कि हमें अपने इस कार्य में कितनी सफलता मिली? हमारा मानना है कि देश के मूल्यों की रक्षा पर मतदान से काम नहीं चलेगा-शास्त्रार्थ से काम चलेगा, वैज्ञानिकों के निष्पक्ष अनुसंधानों से काम चलेगा, विज्ञान के युग में विज्ञान के तर्क और सत्य आधारित अनुसंधानों से काम चलेगा। उसके लिए साहस करने की आवश्यकता है। मतदान कराके निर्णय देने की मूर्खताओं से तो देश का मन भर चुका है। इससे देश का अहित ही हुआ है-देश का भला कुछ नहीं हुआ।

शास्त्रार्थों को लोकतंत्र की रीढ़ बनाया जाना चाहिए। वास्तविक अर्थों में भाषण और अभिव्यक्ति की स्वतंत्रा भी यही है कि किसी भी मुद्दे पर स्वतंत्र विचारों के आदान-प्रदान की व्यवस्था देश में हो। परंतु एक निष्कर्ष निकलते ही उस निष्कर्ष के विपरीत मतों को वैसे ही नगण्य घोषित किया जाना चाहिए जैसे किसी न्यायिक निर्णय में देश के न्यायालयों के न्यायाधीशों की किसी जूरी में विपरीत मत रखने वाले जज का विचार नगण्य माना जाता है और बाहर केवल एक ही निर्णय सुनाया जाता है। अलग-अलग मतों को मान्यता देते चले जाना

उचित नहीं है। जो मत अवैज्ञानिक, अतार्किक, अमानवीय और अलोकतांत्रिक सिद्ध हो जाये उसे किसी का निजी मत कहकर भी जारी रखना एक प्रकार का तुष्टिकरण ही है। इसी तुष्टिकरण के चलते गाय जैसे प्राणी की रक्षा करने में हम असफल रहे हैं।

टी.वी. चैनलों पर भी गौमांस को लेकर लोग तर्क देते दिखाई पड़ते हैं कि कोई क्या खाता है? यह उसी पर छोड़ देना चाहिए। इस तर्क को लोकतंत्र की आत्मा के अनुकूल माना जाता है, परंतु वास्तव में यह तर्क अलोकतांत्रिक है। क्योंकि कोई क्या खाता है-क्या नही खाता है-इसे निश्चित करने के लिए यह देखना आवश्यक है कि हम जो कुछ खाते हैं उसका लोकस्वास्थ्य पर क्या प्रभाव पड़ता है? यदि हमारे खाने या पीने का लोकस्वास्थ्य पर विपरीत प्रभाव पड़ता है तो ऐसा खानपान छुडवाना हमारा राष्ट्रधर्म हो, यही लोकतंत्र की आत्मा के अनुकूल है, क्योंकि लोकतंत्र लोक की रक्षा का तंत्र है। गाय का मांस हमारे लिए और लोक के लिए कितना घातक या हानिकारक है और यह प्राणी जीवित रहते कितना उपयोगी है? हमारी बहस का फोकस इसी पर होना चाहिए। तभी हम सही निष्कर्ष निभा सकते हैं।

कृष्णजी का गौ प्रेम अनुकरणीय

मनुष्य का स्वभाव है बड़ों का अनुकरण करना। माता-पिता, गुरू या बड़े भाई जैसा करते हैं, बच्चा वैसा ही सीखने लगता है। गीता में कृष्णजी के मुख से गीताकार कहलवाता है :-

यद्यदाचरति श्रेष्ठस्तत्तदेवेतरो जनः।
स यत् प्रमाणं कुरूते लोकस्तदनुवर्तते। '3-21 ॥

गीताकार का कथन है कि-''**संसार में श्रेष्ठ पुरूष जैसा आचरण-व्यवहार करता है, संसार के अन्य पुरूष भी उसके अनुसार ही अपना बर्ताव करने लगते हैं।**''

बड़ों का अनुकरण करना मानव का स्वभाव है, इसीलिए बड़ी कंपनियां अपने सामान का विज्ञापन किसी प्रसिद्ध व्यक्तित्व से कराती हैं, जिसकी देखादेखी अन्य लोग भी उस पदार्थ या वस्तु को खरीदने लगते हैं और उसका उपभोग करने लगते हैं। भारत में गांधी टोपी, जवाहरकट, राजीव गांधी की शॉल ओढ़ने की प्रवृत्ति और अब मोदी जी की बाजूकट कुर्ता पहनने की प्रवृत्ति को लोगों ने बड़ी तेजी से अपनाया है। इसी को 'भेड़चाल' भी कह दिया जाता है।

मानव की इसी प्रवृत्ति और प्रकृति को समझकर हमारे प्राचीन ग्रंथकार भी लोकाचार की बातों को भी किसी महापुरूष के द्वारा की जाती हुई दिखा दिया करते थे या उस महापुरूष के मुखारबिंद से कुछ ऐसी बातें कहलवा देते हैं जो जगत के अन्य लोगों के लिए उपयोगी हो सकती हैं।

गाय की उपयोगिता को सिद्ध करने के लिए गायों के प्रति कृष्ण जी का विशेष अनुराग दिखाया गया है। अपनी बात को और भी अधिक प्रामाणिक और तर्कपूर्ण बनाने के लिए कृष्णजी को ग्वाला ही नहीं बना दिया गया, बल्किं

माखनचोर तक कह दिया गया। हम इस घटना पर इतना कहना चाहते हैं कि जिस समय दूध, दही, मक्खन आदि प्रचुर मात्र में मिलते थे और माताएं अपने बच्चों को ही नही अपितु दूसरों के बच्चों को भी मक्खन खिलाकर प्रसन्न होती थीं। उस समय कृष्णजी जैसा योगी पुरुष माखनचोर बने यह जंचता नहीं? अब यह घटना चाहे जिस दृष्टिकोण से ग्रंथकारों ने कृष्णजी के साथ जोड़ी हो पर इसके विषय में एक बात तो सत्य है कि माखनचोर या ग्वाला जैसे शब्दों को कृष्णजी के साथ लगाकर लेखक ने अपनी बात को वैसे ही बल दिया है जैसे एक कंपनी अपने उत्पादों को बेचने के लिए उसमें किसी विशिष्ट चेहरे या व्यक्तित्व को अपने लिए प्रयुक्त करती है। जहां जिस देश में अष्टांग योग 'यम, नियम, आसन, प्राणायाम, प्रत्याहार, धारणा, ध्यान और समाधि' में यम के पांच उपायों अर्थात अहिंसा, सत्य, अस्तेय, अपरिग्रह, अस्तेयं, ब्रह्मचर्य में अस्तेय अर्थात चोरी न करने को मोक्ष प्राप्ति की पहली सीढ़ी पर ही सिखाया जाता हो वहां कोई योगीराज माखन की चोरी करे, यह सर्वथा असंभव है।

कृष्णजी गोपालक थे, उनका गायों के प्रति असीम अनुराग था। इसका कारण यह था कि वह गौ के प्रति सारे विज्ञान को जानते थे। गाय की उपयोगिता के रहस्य को जानते थे और गाय मानव मात्र के लिए ही नहीं अपितु समस्त प्राणधारियों के लिए क्यों उपयोगी है-इस सत्य को भी जानते थे।

कृष्णजी और गौवर्धन की पूजा का रहस्य भी कुछ ऐसा ही है। उसके विषय में कथा है कि गोपगण प्रतिवर्ष वृष्टि के लिए इंद्रयज्ञ किया करते थे। कृष्ण ने लोगों को समझाया कि हमारे ग्वालों के जीवन का आधार गायें और गौवर्धन पर्वत है अतः इंद्र की पूजा निषिद्ध किया जाए और अब से आगे इंद्र पूजा के स्थान पर गायों, बछड़ों और गौवर्धन की पूजा होनी चाहिए।

कृष्णजी ने अपना यह उपदेश गौमाता के प्रति लोगों की श्रद्धा में और भी अधिक वृद्धि करने के उद्देश्य से दिया होगा। जिसे ग्रंथकार ने और भी अधिक बढ़ा-चढ़ाकर प्रस्तुत कर दिया। ग्रंथकार कहता है कि लोगों ने कृष्णजी का परामर्श स्वीकार कर लिया तथा इंद्र पूजा के स्थान पर गायों और बछड़ों की पूजा की गयी। गौवर्धन पर्वत को जो खाद्य पदार्थ अर्पित किये गये, उन्हें कृष्णजी ने गौवर्धन का रूप धारण कर खा लिया। इंद्र अपना यह अपमान देखकर कुपित हुआ। कुपित इंद्र ने मेघों को ब्रज पर मूसलाधार वृष्टि करने का आदेश दे दिया। अतिवृष्टि से दुखी होकर गोपियां और ग्वाल अपने पशुओं को लेकर कृष्णजी की शरण में गये। कृष्णजी ने गौवर्धन पर्वत को उठाकर सबको शरण दी और ब्रज को बचाया। अंत में इंद्र ने गौवर्धन पर्वत को उठाकर

शांतमना खड़े कृष्ण के सामने अपनी पराजय स्वीकार की। इंद्र लज्जित होकर क्षमा याचना करने लगा। 'भागवतत्कार ने उपन्यास शैली में अपना यह कथानक इस प्रकार प्रस्तुत किया है;

हिंदी के प्रसिद्ध कवि पं. अयोध्या सिंह उपाध्याय 'हरिऔध' ने गौवर्धन धारण की जो व्याख्या की है वह अत्यंत तर्कपूर्ण है। वह कहते हैं कि एक बार जब ब्रज में घोर वृष्टि हुई तो उससे ब्रज के गोप, गोपी, गायों और बछड़ों को बड़ा कष्ट हुआ। ऐसे भयंकर जलप्लावन के समय में कृष्णजी जैसे लोकसेवक का जनता की सेवा कार्य में पीछे रहना असंभव ही था। वे तुरंत रक्षा कार्यों में कूद पड़े। उन्होंने अपनी चतुराई, धैर्य, कार्यकुशलता तथा सहयोग भावना से कार्य का अपूर्व आदर्श प्रस्तुत किया और विपत्ति काल में लोगों की रक्षा की। पार्वत्य गुफाओं तथा कंदराओं में वृष्टिपीड़ित प्राणियों के निवास की व्यवस्था कर उनके प्राणों की रक्षा की। यही उनका गौवर्धन धारण था।

'लख अपार प्रसार गिरीन्द्र में
ब्रज धाराधिप के प्रिय पुत्र का।
सकल लोग लगे कहने उसे
रख लिया उंगली पर श्याम ने ॥'

कुल मिलाकर एक बात सिद्ध होती है कि कृष्णजी एक महान लोकसेवक थे और वह किसी भी प्रकार की आपदा के समय प्रजा के साथ खड़े रहने को ही अपना सौभाग्य मानते थे। आपदा के समय में उन्होंने गाय और उसके बछेड़ों की भी भरपूर सेवा की थी। उनकी प्राणरक्षा का भी उतना ही प्रयास किया जितना वह मनुष्यों की प्राणरक्षा का कार्य कर रहे थे। इसके पीछे भागवत्कार का मंतव्य यही है कि गाय और उसके वंश के प्रति भारतीय इतिहास के महानायक कृष्ण का चिंतन इस प्रकार प्रस्तुत किया जाए कि वह लोगों के लिए अनुकरणीय बन जाए।

ऐसा नही है कि ग्रंथकार की इन कथाओं का कोई प्रभाव हमारे समाज पर नहीं पड़ा। लोगों पर कृष्णजी के गौप्रेम का अद्‌भुत प्रभाव पड़ा। ऐसे कितने ही अवसर आये जब लोगों ने अपने प्राणों को संकट में डालकर गौवंश की रक्षा की। आज भी ऐसे कितने ही लोग हैं जो अपने प्राणों को संकट में डालकर गौ की रक्षा करते हैं।

लेखक के पिताश्री राजेन्द्रसिंह आर्य जी ने एक बार दिल्ली में यमुना के किनारे पर दो कसाईयों से संघर्ष कर गाय की प्राण रक्षा की थी। वह बताया करते थे कि उस गाय को भी यह अनुभव हो चुका था कि अब उसकी मृत्यु निश्चित है। पर जब कसाइयों के हाथ से उसे पिताश्री छुड़ाकर ले जाने में सफल हो गये तो उसने भी पिताश्री के उपकार का बदला चुका ही दिया था। एक बार पिताश्री बीमार हुये तो उस गाय ने चारा खाना छोड़ दिया। लेखक की माताश्री ने उस गौमाता की मानसिकता को समझा और उसे खुला छोड़ दिया। तब वह भागकर पिताश्री की चारपाई के पास पहुंच गयी और उन्हें अपनी जिह्वा से चाटने लगी। इतनी विवेकशील और बुद्धिमती होती है गाय माता।

ऐसी गौमाता के प्रति हमारे महानायक कृष्णजी का विशेष प्रेम और सम्मान भाव रहना ही चाहिए। भागवत्कार की कथा के मर्म को और उसके संदेश को समझने की आवश्यकता है।

गौमूत्र और हमारा स्वास्थ्य (भाग-1)

मानव स्वास्थ्य का बीमा करने का दायित्व गौमाता स्वयं अपने ऊपर लेती है। पुराने समय में लोग गाय के साथ इतनी आत्मीयता से जुड़ते थे कि उससे माता और पुत्र का संबंध स्थापित कर लेते थे। इन संबंधों के पीछे कोरी अंधश्रद्धा ही एक कारण नहीं था, अपितु गाय के वास्तविक महत्व को समझ लेना इसका वास्तविक कारण था। **हमारे ऋषियों ने हमें बताया था कि गाय आधिदैविक, आधिदैहिक और आधिभौतिक तीनों तापों का नाश करने में सक्षम है। यही कारण रहा कि हमारे शास्त्रकारों ने गाय को 'सर्वसुखप्रदा' कहकर महिमामंडित किया है।**

हमारे समाज के लोग गौमूत्र को एक औषधि समझकर प्रयोग करते थे और वर्ष भर क्या जीवन भर स्वस्थ रहते थे। पर आजकल समय परिवर्तित हो गया है, ग्रामीण संस्कृति से निकलकर भारत का शहरीकरण हो रहा है। जहां कुत्ता रखना तो स्वीकार्य है और उसे बड़प्पन की निशानी माना जाता है, पर गाय रखना पिछड़ेपन का प्रतीक है। छोटे-छोटे घरों में गाय आदि के रखने की व्यवस्था भी संभव नही है। तब देश के शहरों में बसने वाले लोगों के लिए ताजा गौमूत्र का मिलना कठिन हो गया है। **पर इसे अच्छी प्रकार शोधित कर लोगों तक पहुंचाने का प्रशंसनीय कार्य बाबा रामदेवजी और आचार्य बालकृष्णजी ने किया है। सचमुच उनका यह कार्य देश की संस्कृति की रक्षा के लिए अत्यंत उपकारमय है। लोगों ने बड़ी संख्या में अपने आपको भारतीय सांस्कृतिक मूल्यों से जोड़ा है और स्वास्थ्य के लिए लोगों में भारत की परंपरागत आयुर्वेदिक चिकित्सा पद्धति के प्रति आकर्षण बढ़ा है। स्वामी रामदेव जी जिस प्रकार गौमूत्र को शोधित कर लोगों को उपलब्ध करा रहे हैं उससे ताजा गौमूत्र मिलने की अनिवार्यता समाप्त हो**

गयी है अब इस शोधित गौमूत्र को आप देर तक प्रयोग कर सकते हैं।

गौमूत्र किन-किन रोगों को शांत कर सकता है, अब इस पर विचार किया जाता है-

यकृत रोगों में लाभदायक गौमूत्र :- गौमूत्र के लाभों पर विचार करते हुए विद्वानों का मानना है कि गौमूत्र के सेवन से जिगर का बढना, यकृत की सूजन, तथा तिल्ली के रोगों में तुरंत लाभ मिलता है। इन रोगों के लिए गौमूत्र अमोघ-औषधि मानी गयी है। पुनर्नवा के क्वाथ 'काढ़े' में समान भाग गौमूत्र मिलाकर पीने से यकृत की शोथ तथा विकृति का शमन होता है। इस बीमारी में गर्म गौमूत्र से कपड़ा भिगोकर उसे प्रभावित स्थान पर लगाने से भी आशातीत लाभ मिलता है।

कब्ज और गौमूत्र :- लोगों में कोष्ठबद्धता अर्थात कब्ज की बीमारी भी बड़ी सामान्य है। आजकल की तनावभरी और आपाधापी की जीवनशैली में व्यक्ति खाने-पीने पर उचित ध्यान नहीं देता। उसका कोई समय खाने-पीने का नही है। जब चाहे जैसे उल्टे-सीधो खाद्य-पदार्थों से पेट भर लेता है। इस प्रकार की जीवन शैली व्यक्ति के स्वास्थ्य के लिए बड़ी घातक है। इसी कारण व्यक्ति को कब्ज की बीमारी की अक्सर शिकायत बनी रहती है। जिनको यह बीमारी अक्सर रहती हो उनके लिए भी गौमूत्र रामबाण है। प्रातः सायं 3-3 ग्राम हरड़ के चूर्ण के साथ गौमूत्र का सेवन करने से पुराना कब्ज भी दूर हो जाता है, पेट हल्का हो जाता है और शरीर में ओज व तेज प्रकट होने लगता है। खाया-पीया लगने से चेहरे की रंगत निखर जाती है। पिंडलियों में शरीर को संभालने की शक्ति आ जाती है और व्यक्ति यदि दो किलोमीटर की सैर करने से भी थकने लगा था तो अब वह 5-7 किलोमीटर की सैर बड़ी सरलता से करने लगता है।

बवासीर :- आजकल की जीवनशैली में यह रोग भी बड़ी तेजी से फैला है। यह दो प्रकार की होती है-एक तो खूनी बवासीर और दूसरी बादी की बवासीर। खूनी बवासीर में मलोत्सर्जन के समय खून आता है, जबकि बादी की बवासीर में पेट अक्सर खराब रहता है। वायु बाहर नहीं निकलती है पेट में ही भरा रहता है। इससे पेट के अन्य अवयव भी अस्त व्यस्त होने लगते हैं। खाया-पीया न लगने से चेहरा कांतिहीन हो जाता है। इसके निवारण के लिए गौमूत्र में कलमीशोरा 2-2 ग्राम मिलाकर पीने से बहुत लाभ होता है। गर्म गौमूत्र का स्थानीय सेक भी इस रोग के निवारण में लाभ करता है।

जलोदर :- जलोदर की बीमारी में पेट में पानी भर जाया करता है। पेट का आकार मटके की भांति हो जाता है। शरीर में कमजोरी आ जाती है। इस रोग से मुक्ति पाने में भी गौमूत्र का लाभ लिया जा सकता है। इसके लिए 50-50 ग्राम गौमूत्र में दो-दो ग्राम यवक्षार मिलाकर पीते रहने से कुछ सप्ताहों में ही पेट का पानी कम हो जाता है। यदि इस रोग के रोगी को गौदुग्ध का पान इस दौरान कराया जाए तो और भी अधिक उत्तम होगा।

वायुरोग 'पेट में गैस बनना' :- आजकल पेट में गैस बनने की बीमारी से भी लोग बहुत पीड़ित हैं। रात्रि में देर तक जागना और सुबह देर तक सोना इस बीमारी का प्रमुख कारण है। रात्रि में देर से भोजन लेना भी घातक है। पर आजकल लोग रात्रि ग्यारह-बारह बजे तक भोजन लेने के अभ्यासी बनते जा रहे हैं।

यह प्रवृत्ति असंतुलित जीवनशैली की परिचायक है। इसे हमारे संस्कृत साहित्य में निशाचरों की जीवनशैली कहा गया है। कभी यह देश निशाचरों को हेयदृष्टि से देखा करता था पर आजकल तो निशाचर दिन प्रतिदिन बढ़ते जा रहे हैं। यह अलग बात है कि इन निशाचरों के कारण रोग भी उसी अनुपात में बढ़ रहे हैं।

हमारे ऋषियों का मानना था कि सायंकाल का भोजन सूर्यास्त होते-होते या सूर्यास्त के एक-दो घंटे बाद तक और सोने से कम से कम दो घंटे पूर्व तक अवश्य कर लेना चाहिए। इससे सायंकालीन भोजन लेने का उत्तम समय 8 बजे तक माना जाता है। रात्रि दस बजे हमें अपने बिस्तर पर जाने की तैयारी अवश्य कर लेनी चाहिए। इस जीवनशैली को अपनाने में चूक करते जाने से ही हम वायु रोग=उदावर्त-पेट में गैस बनने की बीमारी से पीड़ित हो रहे हैं।

इस रोग के निवारण में भी गौमूत्र लाभकारी है। उदर में वायु को शांत करने के लिए प्रात:काल आधा कप गौमूत्र में काला नमक तथा नींबू का रस मिलाकर पीने से गैस रोग कुछ दिनों में ही समाप्त हो जाता है। इस व्याधि में गौमूत्र को पकाकर प्राप्त किया गया क्षार भी गुणकारी है। इसके अतिरिक्त यदि भोजन के प्रथम ग्रास में आधा चम्मच गौमूत्र क्षार तथा एक चम्मच गौघृत को मिलाकर लिया जाए तो उससे भी गैस का बनना समाप्त हो जाता है।

गैस से मुक्ति पाने के लिए यह भी ध्यान रखना चाहिए कि हम अपने भोजन को ठंडा करके खायें। गरम-गरम चपाती और गरम-गरम सब्जी खाने से भी पेट में गैस बन जाती है।

इसीलिए हमारे यहां आयुर्वेदाचार्यों ने **'ठंडा करके खाने'** की अनिवार्यता लागू की। आजकल **'ठंडा करके खाने'** का मुहावरा भी बन गया है। हमें चाहिए कि हम उस मुहावरे का अर्थ और उसके पीछे अपने आयुर्वेदाचार्यों के वैज्ञानिक चिंतन को समझें। जैसे ही हमें अपने पूर्वजों के चिंतन की पवित्रता का बोध होगा वैसे ही हमारा मस्तक उनके सामने श्रद्धा से झुक जाएगा। जिन लोगों को गैस बनती हो उन्हें गाय का घृत ही प्रयोग करना चाहिए पर घृत को सब्जी में डालकर प्रयोग करना चाहिए। फ्रीज के ठंडे पेय या खाद्य पदार्थों के सेवन से भी हम स्वयं को बचायें। ये भी हमारे स्वास्थ्य को खराब करते हैं और पेट में गैस बनाते हैं।

गौमूत्र और हमारा स्वास्थ्य (भाग-2)

स्थूलता या मोटापा : स्थूलता या मोटापा भी आजकल की एक आम समस्या है। विश्व में हर तीसरा व्यक्ति मोटापे की बीमारी से ग्रस्त बताया जाता है। परंतु पुराने समय में हमारे देश में इस बीमारी को कोई जानता तक भी नहीं था। उस समय लोग अपना आहार-विहार और आचार-विचार शुद्ध और प्रकृति के अनुकूल बनाये रखने पर विशेष बल देते थे। मोटापे से हमारे शरीर में अनेकों रोगों की उत्पत्ति होती है, जिससे शरीर शिथिलता अनुभव करने लगता है। इस रोग से मुक्ति पाने के लिए आधा गिलास ताजा पानी लें, उसमें चार चम्मच गौमूत्र, दो चम्मच शहद और एक चम्मच नींबू का रस मिलाकर नित्य पीयें। इसके कुछ दिन के प्रयोग से शरीर की स्थूलता समाप्त हो जाएगी और शरीर का सौंदर्य भी बना रहेगा।

त्वचा संबंधी रोग : चर्मरोग जैसे खाज, खुजली, कोढ़ आदि के निवारण में भी गौमूत्र विशेष लाभदायक होता है। इन रोगों से मुक्ति पाने के लिए गौमूत्र का सेवन नीम गिलोय के साथ करना चाहिए। चर्मरोग रक्त दोष के कारण बनते हैं। रक्त दोषों को नीम और गौमूत्र यथाशीघ्र शमित करने की क्षमता रखते हैं। नीमगिलोय के क्वाथ के साथ दोनों समय गौमूत्र का सेवन करने से रक्तदोष और चर्मरोग समूल नष्ट हो जाते हैं। जीरे को महीन पीसकर गौमूत्र के साथ मिलाकर लेप करने से या गौमूत्र की मालिश करने से चमड़ी सुवर्ण तथा रोगरहित हो जाती है।

पुराने जुकाम में लाभदायक : जुकाम का रोग भी लगभग हर व्यक्ति को ही वर्ष भर में कई बार होता रहता है। जुकाम यदि लंबा रह जाए तो यह नजला को भी आमंत्रित कर लेता है। विजातीय तत्वों के प्रति असहिष्णुता से यह रोग बार-बार होता है। नासारन्ध्रों में सूजन के स्थायी बने रहने से पीनस बन जाता है। ऐसी स्थिति में गौमूत्र का मुख द्वारा सेवन करने या नस्य लेने से रोग दूर हो जाता है। फूली हुई फिटकरी का चौथाई भाग चम्मच चूर्ण आधा कप गौमूत्र में मिलाकर सेवन करने से जुकाम ठीक हो जाता है। इतना ही नहीं इसके प्रयोग से श्वास कष्ट भी नष्ट हो जाता है।

संधिवात 'जोड़ों का दर्द' : जोड़ों के दर्द से भी आजकल बहुत लोग पीडित हैं। अधिकतर लोगों का कार्य कुर्सी पर बैठकर करने का हो गया है। बैठने का ढंग भी लोगों का ठीक नहीं रह पाता, इससे भी यह रोग उत्पन्न होता है। **इसके अतिरिक्त बेमेल भोजन लेने और ठंडी चीजों के निरंतर सेवन करने से भी संधिशूल या संधिवात का रोग हो जाता है। इससे लोगों को उठने बैठने में भी पीड़ा होने लगती है। घुटनों और पीठ में शूल अधिक अनुभव होता है। महारास्नादि क्वाथ के साथ गौमूत्र मिलाकर पीने से यह रोग नष्ट हो जाता है।** सर्दियों में सोंठ के 1-1 ग्राम चूर्ण से भी इसका सेवन करके रोग से मुक्ति मिल सकती है। दर्द के स्थान पर गर्म गौमूत्र का सेक करने से भी रोग से मुक्ति मिलती है।

पेट के कीड़े और गौमूत्र : यह रोग अक्सर बच्चों में मिलता है। इससे मुक्ति पाने के लिए आधा चम्मच आजवायन के चूर्ण के साथ चार चम्मच गौमूत्र का एक सप्ताह तक सेवन करना चाहिए। यह मात्र बड़ों के लिए है। यदि यह रोग बच्चों में है तो उनके लिए इसकी आधी मात्रा ही पर्याप्त होगी।

हृदय रोग : प्रभुभक्ति से शांति और आत्मविश्वास मिलते हैं। ये दोनों ही मानव जीवन की उन्नति के लिए आवश्यक हैं। इनकी प्राप्ति के बिना जीवन निरर्थक है। सार्थक जीवन जीने के लिए आवश्यक है कि परमपिता परमात्मा का स्मरण नित्यप्रति अवश्य करें। शांति और आत्मविश्वास की प्राप्ति से व्यक्ति तनाव मुक्त रहता है और विषम से विषम परिस्थिति में भी उसका आत्मविश्वास डगमगाता नहीं है।

आजकल की जीवन शैली में व्यक्ति मानसिक शांति और आत्मविश्वास से दूर हो गया है। जिससे उसके चित्त की प्रसन्नता लुप्त हो गयी है। भौतिकवाद में रमकर हम अपने जन्म-जन्म के परम साथी परमपिता-परमात्मा का साथ छोड़कर जगत में इधर-उधर टक्कर मारते फिर रहे हैं। इसीलिए हमारे मन में अशांति छायी रहती है। यह अशांति ही तनाव की काली घटाओं को घेर-घेरकर हमारे हृदय पर बार-बार संसार के झगड़ों-विवादों और कलह क्लेश की बारिश करती है, जिससे हृदय दौर्बल्य अनुभव करने लगता है। आजकल हृदय रोग बड़ी तेजी से फैल रहा है। इसके लिए भी हमारी अस्त व्यस्त जीवनशैली और खान-पान ही उत्तरदायी है। अच्छा हो कि हम कुछ समय प्यारे प्रभु के साथ व्यतीत करें। उसके सामीप्य में जो आनंद का प्रकाश मिले उसकी अमृतमयी वर्षा से भी हृदय को नहलाने का अभ्यासी बनायें। लाभ मिलेगा।

गौमूत्र के विभिन्न खनिज पदार्थ हृदय हेतु रसायन का कार्य करते हैं। इसके सेवन से रक्त का प्रवाह नियमित तथा पर्याप्त मात्र में होता रहता है। जिससे व्यक्ति हृदयघात से बचा रहता है।

कोलस्टेरोल का बढना : कोलस्टेरोल एक वसायुक्त द्रव्य है। यदि यह रक्त में सामान्य से अधिक मात्र में बढ़ जाए तो कई प्रकार रोगों को जन्म दे सकता है। यह हृदय को भी अधिक कार्य करने के लिए विवश करता है। जिससे अधिक शक्ति लगाते लगाते हमारा हृदय भी दुर्बलता का अनुभव करने लगता है।

यदि गौमूत्र 2-2 चम्मच नियमित रूप से प्रातः सायं लिया जाए तो बढ़ा हुआ कोलस्टेरोल कम हो सकता है।

नासूर : इस रोग की जड़ गहरी होती है। इसके लिए कई बार शल्य क्रिया भी करनी पड़ जाती है। एलोपैथ चिकित्सक लोग शल्य क्रिया में बड़ी धनराशि व्यय कराते हैं। इसलिए वे अधिकतर शल्य क्रिया के लिए ही रोगी को अपना परामर्श देते देखे जाते हैं, पर गौमूत्र का नियमित सेवन इस व्याधि को समूल नष्ट करने की क्षमता रखता है। प्रातः सायं 4-4 चम्मच गौमूत्र के सेवन करने से और प्रभावित स्थल पर गौमूत्र की पट्टी रखने से एक दो माह में रोग से मुक्ति मिल जाती है।

कफ वृद्धि : हमारा शरीर त्रिदोषयुक्त होता है। जिन्हें वायु, पित्त और कफ कहा जाता है। इनकी समावस्था शरीर को स्वस्थ रखती है, जबकि विषमावस्था व्यक्ति को अस्वस्थ कर देती है। सीमा से अधिक बढ़े हुए कफ का नाश करने के लिए गौमूत्र एक प्रभावशाली औषधि है। इसका नियमित सेवन करने से कफ विकार यथा तन्द्रा, आलस्य, मुख का मीठा प्रतीत होना, मुखस्राव, अजीर्ण, गले में कफ का लेप सा बने रहना इत्यादि नष्ट हो जाते हैं।

इस प्रकार गौमूत्र व्यक्ति को पूर्णतः नीरोग और स्वस्थ रखने में काम करता है। इसका नियमित सेवन करते रहने से व्यक्ति की आयु बढ़ती है। जब हम गौमाता के रूप में ईश्वर प्रदत्त इस वरदान पर चिंतन करते हैं और मानव जाति पर गौ के उपकारों का ध्यान करते हैं तो हृदय अनायास ही गौमाता के प्रति श्रद्धा और सम्मान से झुक जाता है इसीलिए आज हमें गौमाता के लिए विशेष कार्य करने की आवश्यकता है। देश के प्रकृतिप्रेमी और संवेदनशील लोग इस दिशा में कार्य भी कर रहे हैं, अच्छा हो कि हम सभी गौमाता की प्राणरक्षा को राष्ट्रीय संकल्प मान लें और विशेष कार्य करने की दिशा में सक्रिय हो उठेगा। क्योंकि यदि गौमाता बचेगी तो ही हम बचेंगे अन्यथा हम भी नही बचेंगे।

उपकरणीय प्रधान अर्थव्यवस्था और गौवंश

गाय हमारे सृष्टिचक्र में मानव के अर्थचक्र को गति देती है और उसे सुनिश्चितता भी प्रदान करती है। **'इंस्टिट्यूट ऑफ इकनामिक ग्रोथ दिल्ली'** ने एक विशेष अध्ययन के द्वारा यह स्थापित किया है कि देश में लगभग 8 करोड़ बैल खेती में लगे हैं। यदि हम बैलों को खेती के कार्य से हटा देते हैं तो उनके स्थान पर हमें दो करोड़ ट्रैक्टरों की आवश्यकता होगी, जिनके लिए हमें चालीस खरब रुपये की आवश्यकता होगी। यह आंकलन 8वीं पंचवर्षीय योजना के समय किया गया था। जबकि वह योजना 80 खरब रुपये की थी।

अब प्रश्न उत्पन्न होता है कि हम प्रकृति प्रदत्त अनमोल खजाने गाय को कब तक लुटाते रहेंगे? गाय एक ऐसा पशु है जो हमारी अर्थव्यवस्था का आधार है। चालीस खरब रुपया एक विकासशील देश ट्रैक्टर खरीदने पर व्यय नहीं कर सकता, जबकि उसकी एक पंचवर्षीय योजना 80 खरब रुपये की हो। समृद्धि वास्तविक अर्थों में वही कहलाती है जो आपको समर्थ करे और आपकी अर्थव्यवस्था को गति दे, आधार दे। प्राकृतिक रूप से हमारे पास संसाधन उपलब्ध हों और हम उनका प्रयोग प्रकृति के मित्र बनकर करें। जिससे प्राकृतिक स्रोतों को सूखना न पड़े। एक किसान समृद्धि का अनुभव तभी कर सकता है, जब उसके खेत-खलिहान प्राकृतिक उत्पादनों से भरे रहें और वह अपनी आवश्यक आवश्यकताओं की पूर्ति करता रहे। यदि कोई किसान खेत बेचकर **'अपने प्राकृतिक समृद्धि के संसाधनों को मिटाकर'** घर में समृद्धि लाने का प्रयास करेगा तो वह एक दिन विनाश को प्राप्त हो जाएगा। यह वैसे ही होगा जैसे एक शराबी घर के बर्तन बेचकर अपनी जेब गरम करता है और फिर शराब पीने का अपना शौक पूरा करता है।

स्वतंत्र भारत की सरकारों ने भी कई बार ऐसा संकेत दिया है कि वह भी घर के बर्तन बेचकर शराब पी रही है और भविष्य के प्रति असावधान होकर गाड़ी चला रही है।

गाय को काट-काटकर गौवंश को समाप्त करते जा रहे कत्लखानों की ओर से मुंह फेर लेने की सरकार की नीतियों को इसी श्रेणी में रखा जा सकता है। यह विचार हमारे नीति नियामकों द्वारा नहीं किया गया कि एक गाय प्राकृतिक रूप से उत्पन्न वनस्पतियों को भोजन के रूप में ग्रहण करती है।

यह हमारे लिए सौभाग्य की बात है कि राज्यपाल महोदय श्री कल्याणसिंह की प्रेरणा से राजस्थान की वसुंधरा राजे सिंधिया की भाजपा सरकार ने देश में एक अच्छी पहल करके वहां के विद्यालयों के पाठ्यक्रम में गाय के विषय में पढ़ाने का निर्णय लिया है। स्वतंत्रता के पश्चात भी प्राथमिक विद्यालयों की पुस्तकों में बच्चों को 'ग' से गाय पढ़ाई जाती थी, लेकिन उसे साम्प्रदायिक मानकर पाठशालाओं के पाठ्यक्रम से हटा दिया गया। बात तो छोटी सी थी, पर उसके परिणाम बड़े घातक आये।

जिन लोगों ने गाय को ही साम्प्रदायिक मानकर 'ग' से गाय पढ़ाना भारत जैसे धर्मनिरपेक्ष देश के लिए घातक माना, वह तो अपने प्रयास में सफल हो गये। जिन्होंने 'ग' से गाय के स्थान पर 'ग' से गधा पढ़ाना आरंभ कर दिया, उन्होंने भी अपने गधा होने का प्रमाण दे ही दिया। परिणाम यह आया है कि बच्चों को अंदर गौमाता के प्रति सेवा सम्मान और श्रद्धा का भाव समाप्त होता चला गया। जिन वनस्पतियों को गाय अपना स्वाभाविक भोजन मानकर ग्रहण करती है उससे उसके वंश का पालन होता है। जिसे प्रकृति स्वयं ही इस धरती पर उपजा देती है। मानो अरबों रुपये का डीजल बचाने के लिए उसने वनस्पतियों को जन्म दिया क्योंकि ट्रैक्टर तो डीजल से ही चलेगा। **इसके लिए 'आठवीं पंचवर्षीय योजना के समय' हमें 20 अरब अमेरिकन डालर की आवश्यकता होती। यदि गायों के बैलों से हम खेती जारी रखते तो 20 अरब डालर प्रतिवर्ष का यह खर्चा तथा 40 अरब रूपये की ट्रैक्टरों की अनुमानित कीमत की धनराशि के भुगतान से यह देश बच सकता था। हमने अपने अर्थ चक्र के प्राकृतिक चक्र को बिगाड़ा। हमारा यह अर्थचक्र जो प्रकृति द्वारा संचालित था हमारे ऋषि पूर्वजों के दीर्घकालीन वैज्ञानिक चिंतन का परिणाम था।** पर स्वतंत्रता के पश्चात देश के काले अंग्रेजों ने हमारे ऋषि पूर्वजों को वैज्ञानिक चिंतन को अंग्रेजों के कहे अनुसार उनका अनाड़ीपन मानना और स्थापित करना आरंभ कर दिया था, इसलिए हम अपने गौरवपूर्ण अतीत के गौरवपूर्ण पृष्ठों की गौरवपूर्ण सुगंध से वंचित रह गये।

अपने अर्थचक्र को बिगाडकर हमने गाय के वंश को नष्ट किया, देश पर

और उसके कोष पर विदेशी कर्जा बढ़ाया। फलस्वरूप समृद्धि कुछ सीमित हाथों तक सिमटकर रह गयी, जिससे भारत में अन्त्योदयवाद के आंदोलन के मूल संस्कार की हवा निकल गयी। जबकि गाय को जब भारत की अर्थव्यवस्था का आधार बनाकर चलाया जा रहा था तो उस समय हमारी अर्थव्यवस्था स्वाभाविक रूप से अंत्योदयवाद की थी। इसलिए तब किसान वास्तविक अर्थों में समृद्ध रहता था। उसे आत्महत्या की आवश्यकता अनुभव नहीं होती थी। हमने पश्चिम से ट्रैक्टर लेकर तथा गौवंश को मिटाने की सौगंध उठाकर अंत्योदयवाद के स्थान पर 'अत्योदयवाद' को अपना लिया। यदि भारत में गाय को अर्थव्यवस्था का आधार पुनः बना दिया जाए तो विदेशी ऋण को शीघ्रता से उतारने में सफलता मिल सकती है। बनावटी महंगाई से देश को मुक्ति मिल सकती है। क्योंकि तब **'हम घर के बर्तन बेचकर शराब नही पीएंगे'** अपितु शराब पीनी ही छोड़ देंगे।

वैसे एक प्रसन्नता की बात ये है कि भारत के सुदूर देहात में आज भी गौवंश के प्रति श्रद्धा है। लोगों ने अपनी अर्थव्यवस्था से गाय को निकाल बाहर भी नही किया है। इसलिए उन्हें रसोई गैस की आवश्यकता नहीं है। वे अपनी रसोई का काम गाय के कण्डों से कर लेते हैं। कण्डों की गरमी से बनी रोटियां स्वास्थ्य के लिए अति उत्तम और स्वास्थ्य वर्धक हैं, इसलिए वे लोग अधिक बीमार भी नही होते। वह प्रकृति के निकट हैं।

अधिकतर लोग गाय के गोबर से तैयार धूपबत्ती, अगरबत्ती का प्रयोग करते हैं। शैंपू, साबुन का प्रयोग करते हैं। कई स्थानों पर लोगों को ये चीजें चाहें बनानी न आये पर वे अपने लिए कुछ परंपरागत उपायों का प्रयोग करते हैं, और ऐसी बहुत सी चीजों के लिए उन्हें बाजार नहीं जाना पड़ता। हमारे अधिकारियों और देश की सरकार को भारत के ग्रामीण अंचल में बसे भारत को समझने की आवश्यकता है कि अंततः वह इतना स्वस्थ क्यों है? और गाय का उसके जीवन में कितना हस्तक्षेप है? यदि यह समझ लिया गया तो फिर 'बीमार इंडिया' को स्वस्थ करने की ओर कदम बढ़ाया जाए।

80 के दशक में देश में केवल डेढ़ करोड़ बैलगाडियां थीं, परंतु 5 मार्च 1994 को एक सम्मेलन में एक अधिकारी ने दिल्ली में बताया था कि आज देश में बैलगाडियों की संख्या ढ़ाई करोड़ है। उस अधिकारी के इस कथन का सत्यापन अब पुनः कराने की आवश्यकता है, यदि आंकड़ा अब भी आगे बढ़ रहा है तो उसे किसानों के लिए गौरव का विषय बताकर टी.वी. चैनलों के माध्यम से और भी प्रोत्साहित करने की आवश्यकता है और

यदि यह आंकड़ा गिर रहा है तो इसे देश की आवश्यकता मानकर और अधिक प्रबल करने की आवश्यकता है।

सरकारी आंकड़ों के अनुसार बैलों का उपयोग वर्ष भर में 50 से सौ दिन ही होता है। भोपाल अनुसंधानशाला ने एक ऐसा उपकरण बनाया है जिसके प्रयोग से बैलों की उपयोगिता बढ़ेगी। इस प्रकार के उपकरण में बैलों का प्रयोग करने से बैलों को एक ही स्थान पर घुमाकर 800 से 1000 चक्कर की गति मिलती है। जिससे कई ग्रामीण उद्योग बिना बिजली, बिना डीजल खर्च किये चलते हैं। इस उपकरण से चारा काटने, अन्न निकालने आटा चक्की चलाने, खराद का कार्य करने जैसे काम किये जा सकते हैं। ऐसे उपकरण बनाकर हम अपनी अर्थव्यवस्था को और भी अधिक गतिशील बना सकते हैं। आवश्यकता इन उपकरणों को अपनी अर्थव्यवस्था के लिए आवश्यक बनाने की है। यंत्रीकरण न कर अर्थव्यवस्था का उपकरणीयकरण किया जाए, क्योंकि गौवंश की उपयोगिता उपकरणीयकरण में है। यंत्रीकरण प्रधान अर्थ व्यवस्था तो गौवंश को समाप्त करा रही है।

मानव जीवन के लिए बहुपयोगी है गाय का गोबर

गाय का गोबर मानव जीवन के लिए अत्यंत उपयोगी है। भारत के ग्रामीण आंचल में गाय के गोबर के बहुत से उपयोग किये जाते हैं। लोग महंगे उत्पाद न खरीदकर गाय के गोबर से काम चला लेते हैं। इससे ग्रामीण अर्थव्यवस्था का संतुलन बनकर चलता रहता है। भारत में आज भी दो प्रकार की अर्थव्यवस्था काम कर रही है-एक है शहरी अर्थव्यवस्था और दूसरी है, ग्रामीण अर्थव्यवस्था। सरकारी स्तर पर कभी भी यह जांचने परखने का प्रयास नही किया गया कि भारत के सुदूर देहात की अर्थव्यवस्था आज भी सुचारू रूप से क्यों चल रही है? यदि यह जांचा परखा जाए तो उस सुचारू व्यवस्था के पीछे आपको गाय खड़ी मिलेगी।

मनुष्य के शरीर के किसी अंग पर सूजन आ जाने पर लोग गाय के गोबर का लेप कर लेते हैं। कई स्थलों पर गाय का गोबर खिलाया भी जाता है। जो लोग गाय के गोबर को केवल मल ही मानते या समझते हैं, वे भूल करते हैं। गाय का गोबर केवल मल नहीं है, अपितु यह मलशोधक है। इसलिए गोबर में लक्ष्मी का वास माना गया है। गाय के पंचगव्य के सेवन से शरीर, मन, बुद्धि और अंतःकरण के विकारों का शमन होता है। इससे शरीर की शक्ति बढ़ती है, मनुष्य को ओज, तेज, बल और आयुष्य की प्राप्ति होती है। गाय के गोबर से घर में लेपन करने से बहुत से कीटाणु-विषाणु नष्ट हो जाते हैं। इसलिए हमारे गांव-देहात में गोबर के लेपन की परंपरा आज भी चल रही है। शहरों में लोग कितने ही कीड़े-मकोड़ों 'काक्रोच आदि' को मारने के लिए घर में 'हिट' आदि कीटाणु नाशकों का प्रयोग करते हैं। यह महंगा तो पड़ता ही है साथ ही स्वास्थ्य के लिए घातक भी हैं। गाय के लेपन से आणविक विकिरण एवं वायु प्रदूषण से भी रक्षा होती है। जिस समय जापान में हिरोशिमा और नागासाकी पर बम वर्षा की गयी थी तो उस समय जापान ने गाय के गोबर के लेपन का महत्व समझा था। उसके पश्चात वहां पर लोग अपने ओढ़ने की चादर को

गोबर के घोल को छानकर उसके पानी में भिगोने के पश्चात सुखाकर तब ओढ़ते हैं। इससे उनके स्वास्थ्य की रक्षा होती है तथा उसकी रोग निरोधक क्षमता भी बढ़ती है।

भारतीय गौवंश संरक्षण संवर्धन परिषद के अध्यक्ष रहे श्री पी.डी. झुनझुनवाला का कहना है-**'अमेरिका के वैज्ञानिकों ने दुधारू गाय के गोबर, खमीर तथा समुद्र के पानी को मिलाकर एक ऐसा उत्प्रेरक पदार्थ बनाया है जो केवल बंजर भूमि को ही हरा भरा नहीं करता, अपितु सूखे तेल के कुओं में उसे डालने से पुनः तेल आना आरंभ हो जाता है। समुद्र में जहाजों से रिसे तेल को वह अपने में जज्ब कर लेता है, जिससे समुद्र जल प्रदूषण रहित हो जाता है।'** गांवों में आज भी एक परंपरा देखने को मिलती है कि यदि बच्चा घर के आंगन में शौच कर देता है तो महिलाएं उस शौच पर राख डाल देती हैं। यह राख गाय के उपलों से जलने से बनी होती है, तो ही उत्तम होती है। महिलाएं बच्चे के शौच पर या परंपरागत शौचालयों में राख का ही प्रयोग क्यों करती हैं? उस पर मिट्टी भी तो डाल सकती हैं। इसका कारण यही है कि हमारे ऋषि पूर्वजों को प्राचीन काल से ही यह ज्ञान रहा है कि गाय के गोबर की राख से ही मल की दुर्गंध समाप्त होती है। मिट्टी से दुर्गंध समाप्त नहीं हो सकती। ग्रामीण महिलाएं कितनी महान परंपरा का अनुकरण करती हैं? यह प्राकृतिक उपाय है मल की दुर्गंध की समाप्ति का जो बिना किसी प्रकार का धान व्यय किये ही हमें प्राप्त हो जाता है। हम यह भी देखते हैं कि मल के ऊपर यदि राख डाल दी जाए तो यह मल भी शीघ्र ही खाद बन जाता है।

गाय के गोबर की राख से ही हमारे देहात में लोग अपने दांत साफ करते हैं, जबकि महिलाएं राख से घर के बर्तनों को साफ करती हैं। इसके सार्वजनिक प्रयोग से पूरे देश के करोड़ों रुपये बच सकते हैं, जो बर्तनों को साफ करने के लिए विशेष साबुन, सर्फ आदि पर व्यय किया जाता है। इस प्रकार के साबुन व सर्फ से महिलाओं के हाथों में चर्मरोग होने या उनकी त्वचा के कमजोर होने की संभावना बनी रहती है।

गांवों में फल-सब्जी के खेतों पर छोटे-छोटे पौधों व बेलों पर यदि कीड़ा लग जाए तो लोग उन पर गाय के गोबर की राख का छिडकाव करते हैं जिसका स्थान आजकल कीटनाशक लेते जा रहे हैं। परंतु इन कीटनाशकों के प्रयोग से फल व सब्जियों की विषैली होती जा रही हैं और मनुष्य शरीर पर घातक प्रभाव डाल रही है। जबकि राख डालने से किसी फल या सब्जी के विषैला बनने की संभावना लगभग शून्य ही रहती है। ग्रामीण आंचल में लोग

इसलिए स्वस्थ मिलते हैं कि वे शुद्ध फल व शुद्ध सब्जी का प्रयोग करते हैं।

1904 ई. में भारत की उन्नत कृषि पद्धति का अध्ययन करने के लिए ब्रिटेन से कृषि वैज्ञानिक सर एलबर्ट होवर्ड आया। उसने यहां बड़ी सूक्ष्मता से अपने विषय पर शोध किया और अपने निष्कर्षों को 'एन एग्रीकल्चरल टेस्टामेंट' में लिखा। वह लिखता है-**'पूसा 'बिहार' के आसपास के गांवों में उपजने वाली फसलें सभी प्रकार के कीटों से गजब की मुक्त थीं। किसानों की अपनी परंपरागत कृषि पद्धति में कीटनाशक जैसी चीजों के लिए कोई स्थान था ही नहीं। भारतीय कृषि पद्धति का ज्ञान तथा उसमें मेरी दक्षता ज्यों-ज्यों बढ़ती गयी, मेरी फसलों में भी रोग त्यों-त्यों कम होते चले गये। मुझे दो प्रोफेसर मिले थे एक थे वे अनपढ़ किसान और दूसरे थे स्वयं पौधों के महामारी रोग। इन नये प्रोफेसरों से पांच वर्ष तक ट्यूशन पढ़ने के पश्चात मैंने जान लिया कि उन सभी पौधों पर जिनकी जड़ों के लिए वहां की मिटी अनुकूल है, कीड़े आदि का आक्रमण नगण्य होता है। नुकसान पहुंचाने वाले कीट बैक्टीरिया तथा महामारी रोग उन्हीं पौधों पर जाकर लगते हैं जिनकी मिटी रूग्ण है। स्वस्थ्य भूमि में उगने वाले पौधों पर ये फटकते भी नही। जाहिर है कि पौधों की रूग्णता भूमि की रूग्णता का ही परिणाम है। भूमि की रूग्णता क्या है? यह उसकी उर्वरा शक्ति का ह्रास है, जो उसे उसके वाजिब हिस्से से वंचित रखने के कारण हुआ है। भूमि का वह वाजिब भाग क्या है? गोबर वनस्पति तथा प्राणियों के अवशेष जो गोबर की खाद में होते हैं। वही उसका वाजिब हिस्सा है। यह उसे मिलना चाहिए तभी भूमि स्वस्थ रह सकती है। जिससे पौधो स्वस्थ होंगे तथा प्राणी भी स्वस्थ होंगे।'**

हम कह सकते हैं कि गाय ही वह प्राणी है जिसके रहने से भूमि और मनुष्य सहित सभी प्राणी स्वस्थ रह सकते हैं। इसलिए भूमि पर गाय माता को सृष्टि का प्राणतत्व कहकर भी सम्मानित किया गया है।

भारत में गौ महिमा की वास्तविकता

गौ के विषय में हमारा सारा वैदिक साहित्य श्रद्धा और सम्मान से भरा पड़ा है। कई बार तो इस सम्मान व श्रद्धा के भाव को देखकर ऐसा लगता है कि जैसे कुछ अति हो गयी है पर एक विवेकशील व्यक्ति को अपनी आंखें और अपना मस्तिष्क खोलकर ही कुछ पढ़ना या समझना चाहिए। किसी व्यक्ति, संस्था, प्राणी, वस्तु या स्थान आदि के विषय में लेखक किस भाव से क्या और क्यों लिख रहा है? पाठक को यह भी ध्यान रखना चाहिए। कहने का अभिप्राय यह है कि हम यंत्रवत या अंधश्रद्धा के वशीभूत होकर न कुछ पढ़ें और न कुछ समझें। यदि इस भाव से हम कुछ पढ़ेंगे या समझेंगे तो गौमाता को सही संदर्भों और सही अर्थों में समझ सकेंगे।

गौमाता को सही संदर्भों और सही अर्थों में समझने के लिए उसके गुणों और उसकी उपयोगिता को सर्वप्रथम समझना अपेक्षित है। जितना ही हम गाय के गुणों और उसकी उपयोगिता को समझते जाएंगे, उतना ही हम यह समझते जाएंगे कि आर्य ग्रंथों में गाय की इतनी अधिक महिमा क्यों वर्णित की गयी है? गाय की महिमा को समझकर ही उसे अवध्या कहा गया है। इस आलेख में हम गाय की महिमा को स्थापित किये गये कुछ ऐसे ही विशेषणों पर चर्चा करना चाहेंगे।

अनाद्या अवध्या गौमाता

ऋग्वेद में गाय को **'मा गामनागामदितिं वधिष्ट'** कहा गया है। इसका अभिप्राय है कि गाय अदिति अर्थात अविनाशी अमृतत्व का अंश है। मनुष्य को स्वस्थ, हृष्ट-पुष्ट और निरोग रखना, ईश्वरीय प्रेरणा का कार्य है। इसके लिए ईश्वर ने अनेकों वनस्पतियों व औषधियों की रचना की है, परंतु यदि कोई व्यक्ति अज्ञान से, आलस्य या प्रमाद से उन वनस्पतियों को या औषधियों को अपने प्रयोग में न ला सके, तो वह गौमाता का पालन-पोषण कर उसके पंचगव्य से भी अपना काम चला सकता है जिससे वह निरोग रहेगा। ईश्वर का

यह अमृतमयी स्वरूप या तो वनस्पतियों या औषधियों में समाया है या फिर गाय माता में समाया है। इसलिए वह ईश्वर के अमृतत्व का प्रतीक होने से अवध्या है, अदिति है। अमृतत्व स्वयं अमृत होकर औरों को भी अमृत होने का मार्ग दिखाता है। इसकी रक्षा से मनुष्य ही नही सभी प्राणियों की रक्षा की जानी संभव है। क्योंकि मनुष्य गाय के पंचगव्य के प्रयोग से अहिंसक बनता है और उसका विवेक जागृत होता है। जिससे वह गाय के प्रति ही नहीं अपितु समस्त प्राणियों के प्रति भी अहिंसा भाव से भरा रहता है। गाय अवध्या है, इसीलिए उसे अनागा कहा गया है। अघ्न्या का भी यही अर्थ है कि गौमाता अवध्या है। अन्यत्र कहा गया है-

यत्वगस्थितम् पापं देहे तिष्ठति मामके।
प्राशनात् पंचगव्यस्य दहत्वग्नि रिवेन्धानम।

अर्थात जो मेरे शरीर की हड्डियों में पाप प्रविष्ट हो गया है, वह सब पंचगव्य के पान करने से उसी प्रकार नष्ट हो जाए जैसे अग्नि सूखी लकड़ियों को जलाकर भस्म कर देती है।

गायों को तृण खिलाने से पुण्य मिलता है

हमारे देश में लोग धार्मिक रहें और किसी भी स्थिति में उनका नैतिक पतन ना होने पाये, इसके लिए मनुष्य के लिए वर्जित कर्मों को करने से उसे पाप का लगना तथा न करने से पुण्य का मिलना होना बताया जाता है। पाप-पुण्य पर विचार करने से मनुष्य अपने कार्यों पर ध्यान देता है और अपनी भूमिका को भी संतुलित बनाये रखता है।

गाय की सेवा करने को भी लोगों ने पुण्य के साथ जोड़ा है। **पुराने समय में कई लोग गांवों में जंगल से किसी न किसी वनस्पति के तृण लाकर गाय को खिलाया करते थे। यह परंपरा अब धीरे-धीरे लुप्त होती जा रही है। वास्तव में यह परंपरा बड़ी ही उपयोगी और परहितकारी थी। घर के खूंटे पर बंधी गाय को जंगल से विभिन्न स्थानों की घास लाकर खिलायी जाती थी, वह भी इसी परंपरा के कारण थी कि गाय को तृण लाकर खिलाने चाहिए। उससे पुण्य मिलता है। इस परंपरा से गाय को विभिन्न वनस्पतियां खाने को मिलती थीं जिनका अंश औषधीय तत्वों के साथ गाय के दूध में जाता था। इन औषधीय तत्वों से गाय का दूध अमृत और नीरोगता प्रदान करने वाला बनता था।** इसलिए परंपरा थी कि जंगल से जो

कोई भी गांव की ओर आए वह गाय के लिए किसी न किसी जंगली वनस्पति के तृण अपने हाथ में लाये और किसी के भी घर में बंधी गाय को खिला दे।

यह परंपरा भारत के गांव देहात में पिछले 30-35 वर्ष से लुप्त सी होने लगी है। इस परंपरा के चलते गाय के लिए महिलाएं जंगल से घास लाती थीं, जिसे एक स्थान से न लेकर झोली बनाकर विभिन्न स्थानों से लिया जाता था। जिससे एक नहीं, अपितु कई प्रकार की वनस्पतियां घास के साथ आ जाती थीं। जिसे गाय खाती थी तो उसके दूध में उस वनस्पति का औषधीय गुण आ जाता था जो सभी के लिए उपयोगी होता था। उससे न जाने किस व्यक्ति का भला हो जाता था। इस प्रकार गाय की सेवा से मनुष्य की सेवा अपने आप ही हो जाती थी। यही कारण था कि लोग गाय को तृण खिलाना पुण्य मानते थे। देखिए तो सही कि भारत की गाय को तृण खिलाने की यह परंपरा कितनी दिव्य थी कि व्यक्ति के घर में कोई गाय नहीं है तो वह पड़ोसी की गाय के लिए ही जंगल से तृण ला रहा है, जबकि उसे पता है कि उस गाय का दूध उसे तो पीना नहीं है, पर उसे यह पता है कि न जाने इस गाय का दूध पीने से किसका भला हो जाएगा? इसी को कहते हैं-**'नेकी कर दरिया में डाल।'** तब हमारा संपूर्ण समाज ही ऐसा था कि वह नेकी कर दरिया में डालने में विश्वास करता था। लोकोपकार करने का हमारे पूर्वजों का कितना उत्तम और पवित्र ढंग था यह।

गौग्रास की परंपरा

गोग्रास खिलाने से भी बताया जाता है कि व्यक्ति को पुण्य लाभ मिलता है। महाभारत में यह प्रसंग आया है कि जो व्यक्ति एक वर्ष तक स्वयं भोजन करने से पूर्व प्रतिदिन दूसरे की गाय को मुट्ठी भर घास। **'इसी से अंग्रेजी का ग्रास शब्द बन गया है।'** ग्रास केवल गाय के लिए ही प्रयोग होता है। यह किसी अन्य पशु के लिए प्रयोग नहीं किया जाता। कुछ लोग अपने घर से गाय के आटे को गूंथकर ले आते हैं और उसके लड्डू बनाकर गाय को देते हैं। गाय का यौगिक अर्थ गतिशील है। कहा गया है कि-**गच्छति इति गौ**-अर्थात जो चलती है, गतिशील है-वह गाय है। संपूर्ण संसार गति कर रहा है। इसलिए वह गोरूप है। हमारे विद्वानों की यह निराली प्रवृत्ति रही है कि वह जिस गुण को जिस वस्तु में देखते हैं उस जैसे गुण से विभूषित किसी अन्य वस्तु, व्यक्ति, पदार्थ, प्राणि या विभूति से उसकी तुरंत तुलना कर देते हैं। इससे जहां उनके ज्ञान-गाम्भीर्य का पता चलता है, वहीं ऐसा करने से उनके लेखन में दिव्यता

आ जाती है और पाठकों को किसी वस्तु या पदार्थादि का किसी अन्य वस्तु या पदार्थादि से तुलना करने का ढंग आ जाता है।

गाय और संसार की परस्पर तुलना करने से भी ऐसा ही हुआ है। इससे संसार की गतिशीलता को गाय की भांति नमनीय एवं वंदनीय बनाया गया है। इसका अभिप्राय है कि हम निष्क्रिय न रहें, जीवन में निरंतर प्रवाहमान और गतिशील रहें। जैसे गाय चौबीस घंटे क्रियाशील रहती है और संसार भी क्षण-क्षण, पल-पल गतिशील है-वैसे ही हम भी गतिशील रहें। इस प्रकार संसार को गौ का प्रतिबिम्ब बताकर विद्वानों ने हमारा ही उपकार किया है। हमसे कहा है कि इस संसार में आकर तुम निष्क्रिय मत हो जाना। 'चरेवैति-चरेवैति' इसी से उदभूत होकर हमारा मार्गदर्शन कर रहा है। हमारा आचरण 'चरैवेति का 'चर' ध्यान देने योग्य है' और चाल चलन, खान-पान 'चर=चरना अर्थात भोजन करना' सब ऐसे हों जो हमें 'चलते रहो-चलते रहो' का संकेत करते रहें। ऐसा करने से गाय, विश्व और व्यक्ति सभी एक दूसरे के पूरक बनकर उन्नति की ओर बढ़ते चले जाएंगे।

बौद्धधर्म और सिक्ख पंथ में गौ के प्रति श्रद्धाभाव

महात्मा बुद्ध वैदिक धर्म के पुरस्कर्ता थे। उनके समय में लोगों ने वैदिक ऋचाओं के अतार्किक अर्थ लगा-लगाकर वेदों के नाम पर ही हिंसा करनी आरंभ कर दी थी। जिससे वैदिक धर्म की बड़ी हानि हो रही थी। उस दीनावस्था से वैदिक धर्म का उद्गार और उत्थान करने के लिए महात्मा बुद्ध ने कठोर परिश्रम किया। सर्वत्र व्याप्त हिंसा को समाप्त करने के लिए उन्होंने **'अहिंसा परमोधर्मः'** का उद्घोष किया। यद्यपि उनके इस सिद्धांत की अति के कारण भी हमें कालांतर में क्षति उठानी पड़ी, परंतु जिन परिस्थितियों में उन्होंने यह उद्घोष किया था उन परिस्थितियों में उनका यह उदघोष उचित ही था।

महात्मा बुद्ध किसी भी प्राणी की हत्या के विरोधी थे। उनका यह मानवतावाद आज के समाज के लिए प्रेरणादायी हो सकता है। वह गौमांस भक्षण के भी विरोधी थे। इसलिए उन्होंने अपने जीवन में गौ संवर्धन की बातें कहीं। अपने उपदेशों और प्रवचनों के माध्यम से वह लोगों को और अपने शिष्यों को गौसंवर्धन के लिए प्रेरित करते रहे। उन्होंने कहा है :-

यथा माता पिता भाता अ४ं्चे वादि न णातका।
गावो नो परमामित्ता यासु जायन्ति ओसधा।।
अन्नदा बलदा चेता वण्णदा सुखदा तथा
एकमत्थवसं ४ंत्व नास्तु गावो हरि सुते।।

इसका भावार्थ है कि हमारे परिवार में जो सम्मान सत्कार माता पिता भाई और परिवार के ज्येष्ठ, श्रेष्ठ और वरिष्ठ परिजनों का होता है वैसा ही गायों का होना चाहिए। उन्हें भी परिवार का एक सदस्य ही मानना चाहिए, क्योंकि

वह हमारे लिए परम हितकारिणी हैं। हमारी परममित्र हैं। गायों का सम्मान इसलिए भी होना चाहिए कि उसके दूध से दवा बनती है जो हमें निरोग रखती है। गाय, अन्न, बल, रूप सौंदर्य तथा सुख को देने वाली है। इन सब बातों को जानकर ही पहले के लोग गाय की रक्षा किया करते थे। गाय का सम्मान किया करते थे।

महात्मा बुद्ध ने गौमाता और उसके वंश के प्रति जिस करुणा भाव का प्रदर्शन किया उसे उनके अनुयायियों ने भी ज्यों का त्यों अपनाया। बौद्ध धर्म में गाय के प्रति सम्मान का यह भाव आज भी देखा जा सकता है। जो विदेशी बौद्ध मांस भक्षण करते हैं वे ऊपरी और बाह्य रूप से तो बौद्ध हैं पर भीतरी जगत से वह बौद्ध नहीं हैं। ऐसा सभी मतों के साथ होता है। इस्लाम में भी कई चीजें पूर्णतः त्याज्य बतायी गयी हैं, परंतु इस्लाम के मानने वाले उन्हें अक्सर करते दिखाई दे जाएंगे। इसी प्रकार ईसाईमत में भी है और यही हिंदू धर्म में भी है। हमें चाहिए कि यदि हम किसी मत के विषय में कोई अपनी धारणा बनाये तो सर्वप्रथम उसका साहित्य और उसकी मूल शिक्षाएं हम पढ़ें। यदि हम ऐसा करेंगे तो पता चलेगा कि इस्लाम सहित सभी मतों में गाय का सम्मान है।

ब्रह्मदेश अर्थात बर्मा के अंतर्गत विजयपुर में सन 1350 में राजा सीहसूर का राज्य था। उनके प्रधानमंत्री द्वारा लिखित **'लोकनीति'** नामक ग्रंथ में कहा गया है-''सब गृहस्थों को भोग अर्थात योग्य पदार्थ देने वाले और पोषित करने वाले गाय-बैल ही हैं। इसलिए माता पिता के समान उन्हें पूज्यनीय और नमनीय माना जाना चाहिए। जो लोग गौ मांस खाते हैं उनके विषय में समझना चाहिए कि वे अपनी माता का मांस खाते हैं।

गाय के प्रति जो सम्मान बौद्ध धर्म में है वही सिख पंथ में भी है। वैसे भी ये पंथ आर्यधर्म की रक्षार्थ ही स्थापित किये गये थे। गुरू गोविंद सिंह जी महाराज एक बार पुष्कर तीर्थ की यात्रा पर गये हुए थे। वहां उनका पं. पृथ्वीराज से गंभीर विचार विमर्श चल रहा था। बातचीत के क्रम में पं. पृथ्वीराज ने उनसे पूछ ही लिया कि आपके जीवन के वास्तविक लक्ष्य क्या हैं? आप करना क्या चाहते हैं? और ऐसी क्या आवश्यकता आन पड़ी है कि आपने खालसा पंथ चला दिया है।

इस पर उन्होंने बड़ी गंभीरता से कहा-**'पंडित जी! यह खालसा पंथ, आर्यधर्म, गौ, ब्राह्मण, साधु-गरीब तथा दीन दुखियों की सेवा के लिए है। यही सेवा में कर रहा हूं और मेरा खालसा सदा करता रहेगा।'**

पंडितजी गुरूदेव के उत्तर को सुनकर गद्‌गद् हो गये। वास्तव में आर्यधर्म, गाय ब्राह्मण आदि की सेवा करना वैदिक धर्म की सेवा करने के समान ही था। गुरूदेव के ये आप्तवचन यह भी स्पष्ट करते हैं कि उन्होंने मुगल सत्ता के विरुद्ध यदि उस समय कोई आंदोलन खड़ा किया तो उसका उद्देश्य भी गाय ब्राह्मण और आर्य धर्म की रक्षा करने से ही था। अपने सांस्कृतिक मूल्यों की सुरक्षा करना ही वास्तविक राष्ट्रसेवा होती है। गुरूदेव ने 'चण्डी दो बार' की रचना की है। उसमें वह लिखते हैं :-

यही देहु आज्ञा तुर्क गाहै पाऊं।
गऊ घात का दोष जग सिऊ मिटाऊं॥
सकल हिंदू सिऊ तुर्क दुष्टां बिदारहु।
धरम की धवजा गऊ जगत में झुला रहु॥
सकल जगतकहिं खालसा पंथ गाजै।
जगै धर्म हिंदुत्व सकल धुंध भाजै॥

इतनी पवित्र भावना से ओतप्रोत गुरू गोविन्द सिंह जी ने देश धर्म और गाय माता की सेवा का संकल्प लिया। उनके द्वारा तत्कालीन सत्ता के विरुद्ध की गयी क्रांति का कारण आर्यधर्म, गौ और आर्य सिद्धांतों की रक्षा करना था।

गुरूजी ने जिस आशा और उद्देश्य के दृष्टिगत रखते हुए खालसा पंथ की स्थापना की थी उनका वह पवित्र उद्देश्य उनके पश्चात भी लोगों को विदेशी सत्ता से संघर्ष करके अपनी गौ प्रेमी संस्कृति की रक्षार्थ आंदोलन करने के लिए प्रेरित करता रहा। 1871 ई. में कूका आंदोलन चला तो उसमें अपने बलिदानियों की बलिदानी परंपरा को देखकर लोग दंग रह गये थे। इन कूका वीरों ने पंजाब में चुन-चुन कर ऐसे स्थानों पर हमले किये और गौहत्यारों का वध किया था जो उस समय किसी न किसी प्रकार से गौहत्या कर रहे थे, कूका वीरों ने अनेकों बूचड़खानों को तोड़ फोड़कर रख दिया था। इस अपराध का दण्ड देते हुए अंग्रेजों ने अनेकों कूका वीरों को रंगून निर्वासित करा दिया था। निर्वासित होने के पश्चात इनमें से संभवत: कोई एकाध भाग्यशाली ऐसा था जो देश में पुन: आ गया हो, अन्यथा सब के सब अपने देश के धर्म संस्कृति व गौमाता की रक्षा के लिए वहीं जीवन पूर्ण कर गये थे। कांग्रेसी छद्‌म धर्मनिरपेक्षी सरकारों को कभी भी इन वीरों के बलिदानों की स्मृति नहीं आयी।

बाबा बहादुर जी के जीवन चरित्र से हमें ज्ञात होता है, जिसमें सरदार इंद्रसिंह की घोषणा है कि गौरक्षा आंदोलन करते हिंदुओं को यदि तनिक भी संकट अनुभव होता है तो दस लाख सिख अपना बलिदान देने के लिए तत्पर खड़े हैं।

इस प्रकार गौरक्षा का उस समय का अभियान हिंदू और सिखों ने मिलकर लड़ा था। रंगून के लिए भारत से निर्वासित कर भेजे जाने वाले आंदोलनकारियों में कूका आंदोलन के प्रणेता सतगुरू रामसिंह जी भी सम्मिलित थे। उस महान संत का देहावसान भी रंगून में ही हुआ।

उस पुण्यात्मा की प्रेरणा का ही प्रभाव था कि जब पंजाब में आर्य समाज ने गौरक्षा आंदोलन खड़ा किया तो सिखों ने बड़ी संख्या में सम्मिलित होकर उसमें अपना गौरवपूर्ण सहयोग किया था। जिससे सिद्ध होता है कि गौरक्षा हमारा राष्ट्रीय संकल्प है। इसकी रक्षा के लिए हमने अनेकों आंदोलन किये और हमारी मुक्ति को देश की मुक्ति का तथा इसकी रक्षा को देश की रक्षा का पर्याय माना।

वैदिक धर्म और गाय (भाग-1)

भारतवर्ष में गौमांस भक्षण नहीं होता था। विदेशों में कई स्थान ऐसे हैं, जहां अन्नादि की कमी वर्ष भर रहती है। यूरोप के कई देश ऐसे हैं, जिनमें आपको धरती पर सफेद बर्फ की चादर तो पड़ी दिखाई देगी, परंतु हरियाली नहीं दिखेगी। अन्न औषधियां भी उत्पन्न होती नहीं दिखेंगी। इसी प्रकार अरब में रेत तो दिखाई देगा पर, पर्याप्त मात्रा में हरियाली नहीं दिखेगी। यह केवल भारत ही है जहां आपको पर्वत भी दिखेंगे, राजस्थान का रेगिस्तान भी दिखेगा तो अधिकांश भूभाग पर हरियाली भी दिखेगी। इस हरियाली में ऐसी अनेक वन्य औषधियां मिलेंगी जो हमारे शरीर, स्वास्थ्य और सौंदर्य के लिए अतीव लाभकारी हैं। इस प्रकार की प्राकृतिक धनसंपदा से परिपूर्ण इस देश की भूमि को देवभूमि कहा गया है जहां प्रकृति ने अपना पूर्ण वैभव मानव के लिए लुटा दिया है। यह भारतभूमि ही हमारे शरीर, स्वास्थ्य और सौंदर्य का ध्यान रखती है और मां की भांति हमारा लालन-पालन करती है, इसलिए कृतज्ञतावश सम्मान भाव से प्रेरित होकर इसे हमने 'भारत-माता' कहा है।

इस पवित्र भारतभूमि को अरब सहित अन्य देशों के लोगों ने भी सम्मानभाव से ही संबोधित किया है। इस भारतभूमि की वैदिक संस्कृति ने लोगों को प्रभावित किया है। फाहयान नामक विदेशी (चीनी) यात्री चौथी शताब्दी के अंत में तथा पांचवीं शताब्दी के प्रारंभ में भारत आया था। वह यहां की अहिंसा प्रेमी और पशु प्रेमी संस्कृति से प्रभावित होकर लिखता है:-
'चाण्डालों के अतिरिक्त कोई भी 'व्यक्ति' किसी जीवित प्राणी का वध नहीं करता, न मादक पेय पीता और ना जीवित पशुओं का व्यापार करता था। वधशालाएं और मदिरा की दुकानें नहीं थीं। केवल चाण्डालों को ही शिकार खेलने या मांस बेचने की आज्ञा थी।'

(संदर्भ : जे.टी. व्हीलर द्वारा लिखित 'भारतवर्ष का इतिहास' द्वितीय भाग, पृष्ठ 253)

जिस समय देश पर सम्राट हर्षवर्धन का शासन था उस समय चीनी यात्री ह्वेनसांग भारत आया था। हर्ष बहुत ही धार्मिक प्रवृत्ति का वैदिक संस्कृति के

प्रति निष्ठावान शासक था। समाज के लोगों का नैतिक पतन न होने पाये इसके लिए भारत के हर सम्राट की भांति उसने भी पर्याप्त प्रयास किये थे। ह्वेनसांग ने लिखा है- **'सम्राट हर्ष के प्रयास से भारतवर्ष के निकटवर्ती पांचों द्वीपों में पशुवध तथा मांस भक्षण बंद हो गया था।'**

इस प्रकार हम देखते हैं कि सातवीं शताब्दी तक भी राजकीय स्तर पर भारत में लोगों के नैतिक पतन को रोकने के लिए भरपूर प्रयास किये जाते थे। **लोग जो चाहें सो खायें ऐसा नहीं था, अपितु जो लोगों के स्वास्थ्य के लिए उत्तम है, और जिससे लोक स्वास्थ्य पर विपरीत प्रभाव न पड़े अर्थात प्राकृतिक संतुलन बना रहे और हर प्राणी अपने जीने के प्राकृतिक अधिकार का उपभोग कर सके-यह शासन की नीति का आधारभूत तथ्य था।**

जे.टी. व्हीलर अपने उसी ग्रंथ के पृष्ठ 386 पर रोम निवासी मार्कोपोलो को उद्धृत करते हैं जो 1260 से 1295 तक भारत में रहा था, वह लिखते हैं :-

'कुमारी अंतरीय के पूर्व की ओर कोरोमंडल प्रदेश है, जिसका प्राचीन नाम 'चोलमण्डलम' था। यह तमिल भाषा भाषियों का देश है और उत्तर में बंगाल की खाड़ी के सहारे-सहारे तैलंग अथवा तेलगू प्रदेश तक फैला है। वहां के लोग गाय और सांड की पूजा करते हैं तथा चाण्डालों को छोड़कर कोई भी गौमांस नहीं खाता था। वे किसी जीव की हत्या नहीं करते। अतः जिन्हें भेड़ या बकरे के मांस की आवश्यकता होती है, उन्हें किसी अरब या किसी अन्य विदेशी को कसाई के रूप में नौकर रखना पड़ता है।'

कहने का तात्पर्य है कि भारत में अलाउद्दीन खिलजी के शासनकाल तक भी कोई व्यक्ति पशुवध करने की नौकरी पाने का इच्छुक नहीं होता था, इसके लिए लोगों को किसी विदेशी को ही नौकर रखना पड़ता था। इससे हमारे सामाजिक नैतिक स्तर का तो पता चलता ही है, साथ ही हमारे लोगों का पशु पक्षियों के प्रति कितना दयालुतापूर्ण व्यवहार का भी पता चलता है। जो लोग आजकल यह तर्क देते हैं कि भारत में मांस भक्षण प्रारंभ से ही था-उनके लिए ये प्रमाण आंख खोलने वाले हो सकते हैं।

अलाउद्दीन खिलजी के शासनकाल तक भी समाज की रीति-नीति पर लोग ध्यान देते थे और सामाजिक मर्यादाओं का पालन करते हुए पशवुध और गौवध को 'पाप' मानते थे? इतना ही नहीं इसके पश्चात भी भारत ने अपनी परपंराओं को और सामाजिक मर्यादाओं को बनाये रखने का सफल प्रयास किया।

जे.टी. व्हीलर अपनी पुस्तक **'मुसलमानी शासन काल में भारतवर्ष का इतिहास'** 'पृष्ठ 418' में बताते हैं कि सन 1615 से 1618 (भारत में उस समय जहांगीर बादशाह का शासन था) टेरी नामक एक विदेशी यात्री भारत आया था। वह लिखता है- **'भारत में मछली बहुत सस्ते भाव में मिल सकती है। मानो इनका कोई मूल्य ही नहीं हो। इसके दो कारण हैं एक तो यह कि देश में अन्न बहुतायत से होता है और दूसरा यह कि यहां के अधि कांश निवासी मांस भक्षण नहीं करते।'**

हम भारत के लोगों की यह अनोखी परंपरा है कि जब-जब विदेशी शासक वार्ड ने भारत के लोगों को उनकी आत्मा की आवाज के विरुद्ध कार्य करने के लिए प्रेरित किया तो एक ओर तो हम उसके प्रतिकार के लिए उठ खड़े हुए और दूसरी ओर अपनी सामाजिक और धार्मिक परंपराओं को बनाये रखने के लिए हमने विदेशियों की शिक्षा प्रणाली का प्रारंभ से ही बहिष्कार किया। 1930-31 की जनगणना के समय भारत की कुल जनसंख्या 30-32 करोड़ थी परंतु अंग्रेजी स्कूलों में पढ़े लिखे लोगों की संख्या कुछ लाख ही थी। इसका अभिप्राय यह नहीं था कि शेष लोग पूर्णत: अशिक्षित थे। अंग्रेजों के दृष्टिकोण से तो वह अशिक्षित ही थे परंतु वे अपने वैदिक ज्ञान को और वैदिक धर्म की परंपराओं को सुन-सुनकर आगे बढ़ाने की प्रक्रिया में लगे रहे। उसी का परिणाम था कि विदेशियों ने चाहे उन्हें मांसाहारी बनाना चाहा, पर वे मांसाहारी नहीं बने। विदेशियों ने बहुपत्नी विवाह का भी भरपूर प्रचलन कर लिया, पर उसे भारतीयों ने नहीं अपनाया। भारत की आत्मा अपनी सजीव वैज्ञानिक धार्मिक परंपराओं के प्रति समर्पित रही और विदेशी शैक्षणिक संस्थानों का बहिष्कार करके अपने मूल से जुड़ी रही। ज्ञान-विज्ञान के उपासक रहे भारत को ज्ञान प्राप्ति की तो इच्छा थी पर वह गाय, गीता और गंगा की बलि चढ़ाकर या वैदिक धर्म की मान्यताओं को विस्मृत कर किसी प्रकार के ज्ञान को लेने का इच्छुक नहीं था। विरोध का अपना ढंग था यह, जिसने भारत को विदेशी आक्रांताओं के विरुद्ध संघर्ष करने और अपनी गौमाता व भारतमाता की रक्षा करने के लिए प्रेरित किया।

श्री डेलाबैले की साक्षी है-**'डेलाबैले इमारी से प्रस्थान करके ओलाजी कीरानी के राज्य की ओर बढ़े जो मंगलौर तक फैला हुआ था। उन्होंने देखा कि भोजन की दृष्टि से हिंदू प्रदेशों में यात्रा करना बड़ा कठिन है। इन सब बातों में हिंदू बड़े कट्टर थे। उनसे मांस या मछली तो मिल ही नहीं सकती थी। चावल, मक्खन या दूध भी वे मोल नहीं देते। हां,**

उनकी विशेष कृपा होने पर ये वस्तुएं भले ही किसी को मोल मिल जाएं।' (जे.टी. व्हीलर की उपरोक्त पुस्तक से)

हमारे यहां पिछली दो तीन पीढ़ी तक भी यह परंपरा रही है कि दूध और पूत बेचे नहीं जाते। ये सबके होते हैं। यदि किसी को इनकी आवश्यकता है तो वह इनको किसी से भी ले सकता है। दूध का अर्थ यहां भोजन से भी है। इसलिए लोग किसी भूखे को भोजन तो करा देते थे परंतु उससे उस भोजन का पैसा नहीं लेते थे। लोग दूर देश की यात्रा करने निकलते थे तो भी सामान्यतया मार्ग में पड़ने वाले गांवों के लोग ही उसे संध्या समय भोजन करा देते थे, इसी प्रकार 'पूत' पर भी सबका अधिकार होता था। जिसको भी अपने किसी कार्य के लिए उसकी आवश्यकता होती तो सहयोग ले सकता था। यहां तक कि किसी शत्रु से भी अपनी प्राण रक्षा करानी होती थी तो वह भी किसी के भी पुत्र का सहयोग ले सकता था। इसलिए लोग पुत्र के जन्म पर सामूहिक रूप से प्रसन्नता का उत्सव मनाने की परंपरा चल गयी।

इस परंपरा का अर्थ यह नहीं था कि पुत्री के जन्म की प्रसन्नता ही न हा। प्रसन्नता तो होती थी पर उस पुत्री के सम्मान की रक्षा भी भाई से ही होगी-इसलिए पुत्र के जन्म पर विशेष प्रसन्नता होती थी। कालांतर में परपंराओं में रूढ़िवाद आ गया तो उनके दूसरे कारण थे, जिनका उल्लेख करना यहां उचित नहीं है।

डेलाबैले की उक्त साक्षी से हमें यह पता चलता है कि देश में उसके काल तक गौमांस तो छोडिये अन्य किसी पशु या प्राणी का मांस ढूंढ़े से भी नहीं मिलता था।

वैदिक धर्म और गाय (भाग-2)

मुगल बादशाह शाहजहां और औरंगजेब के काल में एक विदेशी यात्री टैवर्नियर (1641-1668) भारत आया। उसने अपने समय के भारत के विषय में कई अच्छी जानकारियां दी हैं। वह भारत के सामाजिक परिवेश से भी जुड़ा और उसने भारत की सामाजिक स्थिति को बड़ी निकटता से देखा। वह लिखता है :-

'बड़े गांवों में प्राय: मुसलमान सेनानायक रहते थे, अत: वहां भेड़ों का मांस और मुर्गे या कबूतर मिल सकते थे। किंतु जो गांव हिंदू बनियों के अधिकार में होते थे वहां आटा, चावल, साग पात तथा खोए की मिठाई के अतिरिक्त कुछ भी नहीं मिलता था।' (वही पुस्तक पृष्ठ 470)

भारत में गंगा जमुनी संस्कृति की काल्पनिक बातें करने वाले लोग तनिक विचार करें कि यह देश किसी काल्पनिक संस्कृति का देश नहीं है, यह वैदिक संस्कृति का देश है जो हर नैतिक व्यवस्था को अपनाने और हर प्रकार की अनैतिकता का विरोध करने का अपना सनातन पराक्रम रखता है। यह सात्विक लोगों की संस्कृति है क्योंकि यह गाय की पूजा करने में विश्वास करती है। इस देश के लोगों ने अपनी संस्कृति की रक्षार्थ औरंगजेब जैसे बादशाह के शासनकाल में भी अपने सांस्कृतिक मूल्यों की रक्षा की। उपरोक्त पुस्तक का लेखक जे.टी. व्हीलर एक अन्य विदेशी यात्री डाक्टर जान फायर '1678-1681 ई.' की साक्षी को उद्धृत करते हुए लिखता है :- 'वे 'लोग अपनी सात्विक प्रवृत्ति के कारण' कंद-मूल, साग, पत्ती, चावल तथा सब तरह के फलों पर ही निर्वाह करते हैं, किंतु किसी जीव को नही खाते और न अण्डे जैसी कोई वस्तु खाते हैं, जिसके जीव उत्पन्न होता है।''

जिन लोगों ने भारत में वैदिककाल से गौमांस खाने का प्रचलन बताकर उस विदेशी संस्कृति का समर्थन करने का प्रयास किया है जो पशुवध कर उसे खाने की समर्थक है, उनके लिए ये सारे प्रमाण बता रहे हैं कि भारत ने अपने दुर्दिनों में भी गौमाता की रक्षा करने और अपने सांस्कृतिक मूल्यों को बचाने का किस प्रकार प्रयास किया था?

सन 1674 ई. में डा. फायर ने ही लिखा था- **''सूरत जैसे घनी बस्ती**

वाले नगर में मुसलमानों के लिए साल भर में जितने जानवर काटे जाते हैं, उनसे अधिक यहां 'बंबई में' केवल अंग्रेजों के लिए एक महीने भर में काटे जाते हैं।'' (अली: 'रिकाड्र्स ऑफ ब्रिटिश इंडिया')

अंग्रेजों के काल में बंबई नगर की स्थिति बड़ी दयनीय हो गयी थी। उसका वर्णन भी जे.टी.व्हीलर ने अपने पुस्तक 'मुसलमानी शासन काल में भारतवर्ष का इतिहास' में किया है। वह इस विषय पर प्रकाश डालते हुए लिखता है:-

'समुद्री हवा तथा अक्सर होने वाली वर्षा के कारण मौसम ठंडा रहता था। **गरमी बढ़ नही पाती थी। इसके पूर्व यहां की वायु बड़ी दूषित तथा खतरनाक थी, किंतु जब से अंग्रेजों ने नगर तथा आसपास के दल-दलों को सुखा दिया तब से वायु शुद्ध हो गयी थी। इतने पर भी बंबई में कई यूरोपियन अचानक मर गये। उनमें से अधिकांश नये आये हुए थे, जिनके रहन-सहन का ढंग यहां की जलवायु के अनुकूल नहीं थी, जिनके कारण वह जल्दी चल बसे। वे गाय तथा सूअर का मांस अधिक मात्रा में खाते थे, जो भारतीय कानून के अनुसार निषिद्ध था और घोर ग्रीष्म ऋतु में भी वे पुर्तगाल की गरम शराब पीते थे।'**

अंग्रेजों ने स्थिति को और भी अधिक बिगाड़ने का प्रयास किया। यह सर्वविदित है कि सन 1857 की क्रांति का प्रमुख कारण कारतूसों में गाय और सूअर की चर्बी का प्रयोग किया जाना था। अंग्रेजों ने यह कृत्य केवल इसलिए ही किया था कि भारत के लोगों का धर्मभ्रष्ट किया जा सके। क्रांति की चिंगारी को चाहे अंग्रेज एक बार दबाने में सफल हो गये थे, परंतु यह चिंगारी स्थायी रूप से नहीं बुझ पायी थी। अनेक यातना सहने के उपरांत भी भारतीय धर्म की चेतना जीवित रही और गौमाता की रक्षार्थ लोग संघर्ष करते रहे।

'एग्रीकल्चरल जर्नल ऑफ इंडिया' : वर्ष 17 भाग-1, जनवरी 1922 में भारत सम्राट के द्वारा नियुक्त दुग्ध व्यवसाय के विशेषज्ञ विलियम स्मिथ का कथन है- **'भारत के कुछ प्रमुख व्यक्तियों का कहना है कि गौरक्षा की दृष्टि से यहां के पशु बाहर न भेजे जाएं। कुछ चाहते हैं कि मांस के लिए पशुओं का वध रोकने के संबंध में सरकार की ओर से निर्देश मिलने चाहिए। इधर ग्रामीण जनता के एक वर्ग का मत है कि पशुओं के चरने के लिए राज्य द्वारा विस्तृत भू भाग खुले छोड़ने की व्यवस्था से ही यह समस्या हल होगी। निःसंदेह इन सभी प्रस्तावों का किसी अंश में समर्थन किया जा सकता है, किंतु मुझे ऐसा प्रतीत होता है कि गौरक्षा के लिए मुख्य और सबसे आवश्यक उपाय-जिसे भारतवर्ष में बहुत शीघ्र**

काम में लाने की आवश्यकता है-बड़े-बड़े नगरों में जवान गाय तथा भैंसों के वध को रोकना है।'

18 सितंबर, 1919 को सर एच.एच. मैन **'डायरेक्टर ऑफ एग्रीकल्चर'** ने पूना से लिखे डी.ओ. नम्बर 11599 में लिखा था- **'मैं सोचता हूं कि बंबई तथा अन्य बड़े नगरों में दूध देने वाले पशुओं के वध को देखकर यह भय होता है कि देश में दूध देने वाले उत्तम पशु आगे दिखाई ही नही देंगे। इस संबंध में शीघ्र ही जोरदार कार्रवाई करने की आवश्यकता है।'**

इन दोनों उद्धरणों से हमें पता चलता है कि भारत के लोगों के द्वारा जब गौवंश संरक्षण की बात उठायी गयी और पशुवध से प्राकृतिक संतुलन बिगडने से उत्पन्न स्थिति की ओर सरकार का ध्यान आकृष्ट किया गया तो उसकी आंखें खुलीं। सरकार के उच्चाधिकारियों को लगा कि कहीं न कहीं चूक हो रही है और यदि इसे समय रहते सुधारा नहीं गया तो परिणाम भयावह आएंगे। यह दुर्भाग्य रहा इस देश का कि अंग्रेजी सरकार के इन अधिकारियों का यह चिंतन आगे नहीं बढ़ा और 1920 के पश्चात नेतृत्व गांधीजी के हाथों में आने से भारतीय सांस्कृतिक मूल्यों और गौहत्या निषेध को लेकर कांग्रेस की ओर से कोई भी बड़ा आंदोलन नहीं चलाया गया। जैसे-जैसे अंग्रेजों को यह लगने लगा कि अब इस देश को स्वतंत्र करना ही पड़ेगा तो वे भी गौवंश संरक्षण या देश के पर्यावरण संतुलन को बनाये रखने के प्रयासों को लेकर अगंभीर हो गये। **उन्होंने गांधीजी और उनके साथियों विशेषतः नेहरूजी को इस बात के लिए मना लिया कि हिंदू धर्म एक रुढ़िवादी धर्म है और इसकी अवैज्ञानिक और अतार्किक सामाजिक परंपराओं को आप प्रगतिशीलता में बाधक होना मानें। नेहरूजी ने स्वतंत्रता के पश्चात जब गौवंश को लेकर कानून बनवाया तो उन्होंने अंग्रेजों के प्रति अपनी निष्ठा का पूर्ण प्रदर्शन किया, जिसका उल्लेख हम पूर्व में कर चुके हैं।**

वैसे पायथागोरस का कहना है- **'ऐ मरण धर्मा मनुष्यो! अपनी कलंकित तश्तरियों के लिए प्राणी शरीरों का वध करना छोड़ो। जो एक भोले भाले बछड़े की गर्दन पर छुरी चलाते हुए उसका बंभना सुनता है अथवा जो बच्चों की भांति मिमियाते हुए बकरी के बच्चों का वध करता है या जो अपने ही हाथों खिलायी-पिलायी मुर्गी को खाकर अपने को पुष्ट कर सकता है, वह अत्यंत दुष्ट स्वभाव को ग्रहण करता है। वह पशुओं की भांति मनुष्यों का रक्त बहाने के लिए भी अपने आपको तैयार करता है।'** -राहा परसा

विश्व में प्रचलित बड़े-बड़े मजहबों में से एक का कहना है कि वह भाईचारे का मजहब है तो दूसरा कहता है कि वह करुणा का धर्म है। इनसे विश्व में पर्यावरण से अधिक क्षति पहुंची है।

अब तो आज का विज्ञान भी मान चुका है कि गाय आदि पशुओं की कटते समय की चीख-पुकार और उनका रूदन हमारे लिए भूकंप जैसी प्राकृतिक आपदाओं का कारण बन रहा है। यदि हम अपना और मानवता का सुरक्षित भविष्य देखना चाहते हैं तो गौवध सहित प्रत्येक प्रकार के पशुवध को शीघ्रातिशीघ्र बंद कराना ही होगा अन्यथा हमारा भाईचारा और करुणा का उपदेश निरर्थक ही रह जाएगा। अब इनका दायरा बढ़ाना ही होगा।

गौमाता की सात्विकता

भारत जैसे देशों में ईसाइयों के उपदेश के ग्रहण करने में ईसाई पादरियों तथा उनके उपदेशों से ईसाई बने हुए लोगों के खान-पान से अधिक बाधक शायद और कोई नहीं है। ईसा के 1000 'हजारों' वर्ष पूर्व ही ब्राह्मणों ने इस नियम की घोषणा की थी कि अध्यात्म मार्ग पर चलने वाले लोगों को मांस नहीं खाना चाहिए, क्योंकि इसमें व्यर्थ की हिंसा और निर्दयता को प्रश्रय देना पड़ता है। बुद्ध ने भी यही सिखाया था कि जीवों को मारना और उन्हें खाना दया तथा ईश्वर की इच्छा के विरूद्‌घ है। जरथुस्त्र ने भी यही कहा। तब हम यह आशा कैसे कर सकते हैं कि हिंदू, बौद्ध अथवा पारसी, ईसाई धर्म की श्रेष्ठता स्वीकार कर लेंगे, जबकि अपनी परंपरा भावना तथा धार्मिक विश्वासों के कारण वे अपनी अपेक्षा आमिषभोजी ईसाई धर्मावलंबियों को आध्यात्मिक अनुभव तथा बोध में बहुत नीचा समझते हैं। यदि कुछ मनुष्य भक्षी हमें नैतिकता सिखाने आयें तो क्या हम उनकी शिक्षा सुनेंगे? इतने पर भी धर्म परिवर्तन के द्वारा बने हुए ईसाई तो मुख्यत: मांस खाने के हानिकारक स्वभाव के द्वारा शराब में बढ़ती हुई रूचि से ही पहचाने जाते हैं कि वे ईसाई हैं। चूंकि प्राच्य जातियां इस प्रकार, इन दुर्गुणों को उनकी खास विशेषताएं मान लेती हैं इसलिए वे ईसाई धर्म को अस्वीकार करती हैं।'

-इतिहासकार सिडनी एच. बेअर्ड की पुस्तक 'क्या मांसाहार समर्थनीय है' से साभार।

इस उद्धरण से स्पष्ट है कि भारत ने ईसाइयत को अपने लिए इसलिए उपयुक्त और उपयोगी नहीं माना कि वह शराब और मांसाहार को उचित मानता था। इस प्रकार ईसाइयत से मुक्ति का जो संघर्ष भारत के लोगों ने चलाया उसका एक यह भी कारण था। भारत और इस देश में रहने वाले लोग ऐसे किसी भी दुर्गुण को अपनाने के लिए उद्यत नहीं थे जो उनके सांस्कृतिक मूल्यों के विरूद्‌घ हो। कहने का तात्पर्य है कि भारत वालों के लिए अपना धर्म और अपनी संस्कृति पहले थी, क्योंकि वह जानते थे कि यदि उनका

धर्म और उनकी संस्कृति मिट गयी तो उनके पास फिर ऐसा कुछ भी नही बचेगा जिसे 'भारतीयता' कहा जा सके। मनुष्य चाहे जितना भी बर्बर हो, हिंसक हो, अत्याचारी और दुष्टात्मा क्यों न हो, पर उसकी अंतरात्मा की खोज तो उस परमात्मा रूपी शक्ति की ही रहती है जो उसे उन्नति और प्रगति के सारे उपाय सुझाये और सारे अवसर भी प्रदान करे। इसके लिए वह प्रयत्नशील रहता है और एक ऐसे विश्व की कल्पना भी करता रहता है जिसमें किसी प्रकार के कलह, कटुता, ईर्ष्या, घृणा या द्वेष का लेशमात्र भी न हो। ...और एक ऐसा अहिंसक विश्व समाज हो जिसमें प्रत्येक प्राणी को जीने का समान अधिकार उपलब्ध हो। परंतु उस स्वैर्गिक आनंद की ओर मनुष्य को बढ़ने से रोकता है मांसाहार। उपरोक्त लेखक आगे कहता है:-

'यह बर्बरता पूर्ण 'मांसाहार की' प्रथा मनुष्य के शारीरिक आध्यात्मिक तथा मानसिक स्वास्थ्य में बाधक है और सदाचार शांति, सुख एवं दया के युग की ओर-जिस युग की भविष्यवाणी महापुरुषों ने की है जिस युग के गीत कवियों ने गाये हैं, तथा जिस युग की प्रतीक्षा मानव जाति के सर्वोच्च तथा सर्वश्रेष्ठ व्यक्ति धैर्यपूर्ण विश्वास और श्रद्धापूर्ण आशा से कर रहे हैं-मानवजाति को आगे बढ़ने से रोकती हैं, यह असंयम, निर्धनता, अपराध तथा दुर्गुणों का भी जिनके लिए हमारा तथा अन्य देश भी दुखी हैं-मुख्य कारण है।

किसी भी सुधार से जिस पर आजकल हमारे सामाजिक राजनीतिज्ञ विचार कर रहे हैं-समाज को वैसा स्थायी तथा प्रतिकारात्मक लाभ न होगा जैसा लोगों के अपने प्राकृत आहार को फिर से अपनाने से होगा जो आहार ईश्वर ने मनुष्य के लिए पहले ही निर्धारित किया था।'

जब व्यक्ति कोई अपराध कर बैठता है तो उसे 'अपराधबोध' चैन नहीं लेने देता। उसे बार-बार लगता है कि तुझसे कोई भारी अनर्थ हो गया है। उस अनिष्ट या अनर्थ के पापबोध में डूबा वह व्यक्ति किसी से यह कह भी देता है कि जबसे मैंने ऐसा कुछ किया है तब से मुझे ऐसा लगता है कि मेरा मुझसे कुछ खो गया है? वह ऐसा क्या है जो उससे खो गया है? यह और कुछ नहीं उसकी निजता है, उसका चैन है, उसका आत्मबोध है, उसका 'मैं' पन है जिसे खोकर आज वह स्वयं को तुच्छ और हेय मान रहा है। जब व्यक्ति पुण्य कार्य करता है तो उसकी निजता चमक उठती है उसके प्रकाश से उसका 'मैं' पन निखरता है, उसका आत्मबोध उसके आत्म विश्वास को बढ़ाता है और व्यक्ति का संसार में यश बढ़ने लगता है। मनुष्य समाज की एक सामूहिक चेतना भी

होती है, जब मानव समाज सामूहिक रूप से अपने किसी वर्ग या समुदाय को किसी अवैज्ञानिक कृत्य को करते देखता है या किसी अनैतिक कार्य में डूबे देखता है तो जैसे एक मनुष्य की निजता किसी अपराध के करने से घायल होती है वैसे ही समाज के किसी वर्ग या समुदाय के किसी अनर्थ के करने पर मनुष्य समाज की सामूहिक चेतना भी उस समय घायल होती है। इस सामूहिक चेतना को 'मानवता' कहा जाता है।

आज मनुष्य जितने भी अपराध कर रहा है उन सबको देखकर मानवता कराह रही है, उसे लगता है कि जैसे उसका कुछ खो गया है। वह इस विश्वास पर जीवित है कि एक दिन सवेरा होगा और मानवता के विरुद्ध हो रहे सारे अपराधों की समाप्ति हो जाएगी। इसलिए संसार में बहुत से लोग हैं जो संसार में उल्टे मार्ग पर चलने वाले लोगों को सीधे मार्ग पर लाने के लिए प्रयासरत रहते हैं। बहुत से विद्वान और बहुत से वैज्ञानिक मानव को शाकाहारी बनने की प्रेरणा देते रहे हैं। वे कहते रहे हैं कि शाकाहार मनुष्य का स्वाभाविक भोजन है। मनुष्य यदि अपना अस्तित्व बचा कर रखना चाहता है तो उसे मांसाहार की अपेक्षा शाकाहार को अपनाना चाहिए।

टोकियो के प्रोफेसर बेल्ज ने जापान के कुछ निरामिष भोजियों पर कुछ प्रयोग किये। पहले उन्होंने उनकी श्रमसहिष्णुता के कुछ कार्यों को जांच कर लिख लिया, फिर उन्होंने उनको मांस देना आरंभ किया। उन लोगों ने मांस भक्षण को एक शौक की चीज समझकर बड़े चाव से खाया क्योंकि उच्च वर्गों के लोग मांस खाते थे। किंतु तीन दिनों बाद वे बेल्ज साहब के पास आये और प्रार्थना करने लगे कि हमें मांस देना बंद कर दिया जाए, क्योंकि मांस खाने से वे थकावट अनुभव करते हैं और पहले की भांति कार्य नहीं कर सकते।'

इंग्लैंड में ऐसा ही एक अन्य परीक्षण 1908 में किया गया था जिसकी सूचना 11 जुलाई, 1910 को श्री लाभशंकर लक्ष्मीदास द्वारा एक प्रेस समाचार के रूप में दी गयी थी। जिसके अनुसार सन 1908 में छह माह तक लंदन वेजिटेरियन एसोसिएशन **'लंदन निरामिष भोजन संघ'** की सचिव के.एच.ई. निकल्सन ने 10000 बच्चों को निरामिष भोजन कराया तथा **'लंदन काउंटी कौंसिल'** द्वारा एक दूसरे भोजनालय में उतने ही बच्चों को मांस सहित भोजन कराया गया। **छह मास के अंत में दोनों दलों के बच्चों की परीक्षा डाक्टरों द्वारा की गयी जिससे यह सिद्घ हुआ कि मांस भोजी बच्चों की अपेक्षा निरामिष भोजी बच्चों का स्वास्थ्य अधिक अच्छा, वजन अधिक पुट्ठे अधिक सुदृढ़ तथा चमड़ा अधिक साफ था। अब 'लंदन काउंटी कौंसिल'**

की प्रार्थना पर और उसकी देखरेख में 'लंदन वेजिटेरियन एसोसिएशन' द्वारा लंदन के गरीब से गरीब निवासियों को हजारों की संख्या में निरामिष भोजन दिया जाता है।''

आज पश्चिमी देशों में तेजी से निरामिष भोजन करने की ओर लोग आ रहे हैं। उन्हें अच्छी प्रकार ज्ञात हो गया है कि मांसाहार स्वास्थ्य के लिए घातक है। हम इसे हिंदुत्व की जीत से बढ़कर मानवता की जीत मानते हैं। मानवता ही है जो हमारे भीतर से हमें मानवीय बने रहकर जीवन व्यतीत करने और सभी प्राणधारियों के जीवन का सम्मान करने की प्रेरणा देती है।

गौमाता के प्रति हमारा दृष्टिकोण जितना अधिक उदार होगा और उसके सात्विक पंचगव्य का हम जितना अधिक सेवन या उपभोग करेंगे हमें उतना ही अधिक लाभ मिलेगा। आवश्यकता गौमाता की सात्विकता को धारण करने की है संपूर्ण वसुधा स्वयं ही स्वर्ग हो जाएगी।

गाय के प्रति हमारा राष्ट्रधर्म

गाय हमारी संस्कृति की प्रतिनिधि है। संस्कृति का अर्थ है-**संस्कारोतीति यः संस्कृतिः** अर्थात जो हमें संस्कारवान बनाए, हमारा नित नया संस्करण **'पहले कुसंस्कारों को मारकर परिमार्जित स्वरूप'** निकाले, वह संस्कृति है। संस्कृति के समक्ष सभ्यता बहुत बौनी है। उसका कद बहुत छोटा है। संसार में रहना-सहना सभ्यता का अंग है। किंतु रहा कैसे जाए? यह हमें संस्कृति सिखाती है। संस्कृति हमारी परिमार्जित उन्नतावस्था का नाम है। पश्चिमी जगत ने नारी के नंगेपन को, निर्वस्त्रवस्था को उसकी सभ्यता बताया और यह भ्रम की स्थिति उत्पन्न की कि यही संस्कृति है। जबकि भारत ने लज्जा को नारी का आभूषण बताया। उसके शील की रक्षा के लिए पहले पिता, फिर भाई, पति और सर्व समाज को प्रहरी नियुक्त किया। जिससे समाज उन्नति को प्राप्त कर सके। इससे सुसंस्कृत समाज का निर्माण संभव हो सका। यही हमारी संस्कृति है। हमने मानव को बताया और समझाया कि जिस जिसने हमारे जीवन निर्माण में किसी भी प्रकार से सहयोग प्रदान किया है उस-उसके प्रति कृतज्ञ बनो। निःसंदेह उस कृतज्ञता के लिए हमारे लिए गौमाता का प्रथम स्थान है। यजुर्वेद 23:46 में आया है-**'कस्य मात्र न विद्यते।'**

अर्थात संसार में ऐसी कौन सी वस्तु है-जिसकी तुलना नहीं की जा सकती।

अगले मंत्र में इसका उत्तर दिया गया है-**'गो अस्तु मात्र न विद्यते।'** अर्थात संसार में गौ की तुलना की जानी असंभव है। यह सच है। गाय माता प्राचीनकाल से हमारी आर्थिक समृद्धि और कृषि की उन्नति का मूलाधार रही है। बैल, बछड़ों से हमारे यहां कृषि किये जाने की अत्यंत प्राचीन परंपरा है। जिसे हम आज तक होता चलता देख रहे हैं। गाय के विषय में भारत के देहात में कहावत है कि इसने किसान को सृष्टि के प्रारंभ में ही वचन दिया था कि मैं रूखा खाने नहीं दूंगी और बूढ़ा जोतने नहीं दूंगी। इसका अर्थ यह है कि गाय के दूध से घी, छाछ, दही, कढ़ी आदि बनते हैं जो किसान के लिए ही नहीं अपितु सभी के लिए बड़े ही लाभदायक होते हैं। यह किसान को रूखी रोटी नहीं खाने देती। इसी प्रकार किसान का बैल बूढ़ा नहीं होने पाता इतने में ही गाय का नया बछड़ा तैयार होकर आ जाता है। जिससे बूढ़े बैल की खेती

किसान नहीं कर पाता। इसीलिए **ऋग्वेद '6-28-5'** में यह सुंदर व्यवस्था दी गयी है :-

'गावो विश्वस्य मातरः॥'

अर्थात गौएं सारे संसार की माताएं हैं। हमारी वैदिक राष्ट्रीय प्रार्थना में भी कहा गया है-

होवें दुधारू गौएं पशु अश्व आशुवाही।
आधार राष्ट्र की हों नारी सुभग सदा ही॥

महर्षि दयानंद जी महाराज ने गौमाता के संदर्भ में लिखा है कि गाय की एक पीढ़ी से लगभग 3,75,000 मनुष्यों का एक समय का पालन होता है। **'भाव प्रकाश निघण्टु'** में आया है :-

न तक्र सेवी कथते कदाचित् न तक्रदग्धाः प्रभवन्ति रोगाः ।
यथा सुराणममृतं हिताय तथा नराणां भुवि तक्रवाहुः

अर्थात तक्र का सेवन करने वाला मनुष्य कभी रोगी नहीं हो सकता। तक्र=मठा सेवन से नष्ट हुए रोग पुनः उत्पन्न नहीं होते। जैसे देवताओं के लिए अमृत हितकारी और सुखदायक है, इसी प्रकार तक्र पृथ्वी के मनुष्यों के लिए अमृत के समान हितकारी है।

यही कारण था कि हमारे प्राचीन भारतीय समाज में लोग अधिकतर स्वस्थ रहते थे। उन्हें किसी प्रकार के भयानक रोग नहीं सताते थे। हर घर में गाय रहती थीं। दूध-पूत बेचा जाना अपराध माना जाता था। दूध पानी की भांति सहज सुलभ था। इतनी सहज सुलभ वस्तु का मूल्य मांगना सामाजिक अपराध था। यदि किसी के घर में किन्हीं कारणों से दूध नहीं होता तो उस काल में बिना मूल्य लिए पड़ोसी उसे दूध दिया करते थे। अमावस्या के दिन हर परिवार में गौ-दूध की खीर बनती थी। जिसे ऐसे परिवार में बांटना हर व्यक्ति अपना कर्त्तव्य मानता था जिस घर में दूध न होने के कारण खीर न बनी हो। यह था-हमारा प्राचीन भारतीय समाजवाद। जिसमें हर एक व्यक्ति समाज के लिए समर्पित था। परमार्थ ही जीवन का उद्देश्य था। यह परमार्थवाद ही भारतीय समाजवाद था।

गाय की रीढ़ की हड्डी में सूर्यकेतु नाड़ी होती है। यह नाड़ी गाय के रक्त में स्वर्णक्षर बनाती है। यही स्वर्णक्षर पीले-पीले सुनहरे रंग में हमें गाय के दूध घी आदि में स्पष्ट दिखता है। यही कारण है कि गौदुग्ध का सेवन करने वाले व्यक्ति के रंग से स्वर्णिम आभा झलकने लगती है। भारत में पुराने समय में लोग गौमूत्र का सेवन करके भी स्वयं को स्वस्थ रखा करते थे। ग्वाले लोग

तपती ज्येष्ठ मास की गर्मी में भी गौमूत्र के सहारे भीषण गरमी को सहज ढंग से सहन कर लिया करते थे। क्योंकि सूर्यकेतु नाड़ी के प्रभाव से गौमूत्र नरमी शोधक बन जाता है। यही कारण है कि गाय को मई-जून के माह में भी गरमी नहीं सताती। इसलिए गौ दूध, तक्र, घी, दही, मूत्र आदि का सेवन करने वाले व्यक्ति को भी गरमी नहीं सताती थी।

आज के वैज्ञानिकों की मान्यता है कि गौमूत्र में नाइट्रोजन, सल्फर, अमोनिया गैस, ताम्बा, लौह, यूरिया, यूरिक एसिड, फास्फेट, सोडियम, पोटैशियम, मैगनीज, कार्बालिक एसिड, कैल्शियम, नमक और विटामिन ए, बी, सी, डी, ई आदि तत्व पाये जाते हैं, जिनसे मनुष्य पूरी तरह स्वास्थ्य लाभ करता है।

गाय के दूध की दही को अथवा तक्र में मिले गेंहू के दलिया के सेवन से गरमी के दिनों में भी मनुष्यों को प्यास नहीं सताती। व्यक्ति बड़े सहज ढंग से भरी गरमी में कार्य कर सकता है। उसकी रोग निरोधक क्षमता सुदृढ़ होती है। शरीर में कीटाणुओं का नाश होता है। हृदय स्वस्थ रहकर अपना कार्य करता है। किसी प्रकार की चिड़चिड़ाहट या घबराहट नहीं होती है। यहां तक कि सिर के बाल भी काले बने रहते हैं। गौमूत्र के सेवन में बुढ़ापा आक्रमण नहीं करता।

कब्ज, खाज, कोढ़, खुजली, एग्जिमा, पथरी, दीर्घज्वर, पीलिया, सूजन, खांसी, जुकाम, दमा, पाण्डुरोग, बच्चों की सूखी खांसी, बांझपन, उदर विकार, नेत्रविकार, तपेदिक, बाल झड़ना, रक्तचाप, कैंसर, जलोदर, कान का दर्द, नारियों के मासिक धर्म की अनियमितता, रक्त प्रदर, श्वेत प्रदर, कमर दर्द, सिर दर्द, हाथ पांव फूलना, जी घबराना, चक्कर आना, गैस ट्रबल, हाथ पांव की जलन, दिमागी दुर्बलता, दिमागी गर्मी, नींद न आना, मुख मंडल पर छोटी-छोटी फुंसियां हो जाना, चोट लगना, कटना, मोच आना आदि में विशेष प्रकार से **'चिकित्सक के परामर्शानुसार'** गौमूत्र लेने से आशातीत लाभ होता है।

गौमूत्र की धूम आज न केवल भारतवर्ष में अपितु अमेरिका तक में है। लोग बड़ी उत्सुकता से इस अद्‌भुत रसायन की ओर आकर्षित हो रहे हैं। किंतु फिर भी यह दुख और दुर्भाग्य का विषय है कि भारतवर्ष में ही आज सृष्टि का यह बेजोड़ प्राणी, जिसे प्रत्येक मनुष्य की माता कहा जाना भी अतिश्योक्ति नहीं होगी, अपने अस्तित्व की लड़ाई लड़ रहा है। एक सर्वेक्षण के अनुसार लगभग सवा अरब की भारत की जनसंख्या के लिए सारे दुधारू पशुओं की संख्या लगभग पांच करोड़ ही रह गयी है। इससे हमारे भविष्य की भयावह तस्वीर उभरकर सामने आती है। मिलावटी दूध आज भी बड़ी मात्रा में बिक रहा है। जिससे मनुष्य की रोग निरोधक क्षमता पर कुप्रभाव पड़ रहा है। नये-नये

प्राणलेवा रोग दिन प्रतिदिन बढ़ते जा रहे हैं। युवावर्ग का कांतिहीन चेहरा अपने वाले दुर्बल युवा भारत की ओर संकेत कर रहा है। कहा जाता है कि सतयुग में भारत की जनसंख्या मात्र छह करोड़ थी। जिसके लिए 96 करोड़ गायें थीं। आज यह व्यवस्था शीर्षासन कर गयी है। सवा अरब जनसंख्या के लिए पांच करोड़ दुधारू पशु हैं।

आशा की जाती है कि स्वतंत्र भारत में गाय माता के वध को रोकने के समुचित और व्यापक प्रबंध किये जाएंगे। किंतु यहां स्वतंत्र भारत में जिस प्रकार बूचड़खाने खुले हैं और गाय के प्रति स्वयं हिंदू समाज के दृष्टिकोण में परिवर्तन आया है वह बहुत ही निराशाजनक है।

अपनी संस्कृति, धर्म और इतिहास से जिस देश के युवा को काट दिया जाता है। इसलिए आज गाय माता के वंश को बचाने के लिए सारे हिंदू समाज से अपेक्षा की जाती है कि वह अपने युवा वर्ग को अपनी संस्कृति धर्म और इतिहास का भली प्रकार बोध कराये।

इसके लिए आवश्यक है कि हमारी संस्कृति धर्म और इतिहास की संरक्षिका संस्थाएं अथवा सभाएं युवा वर्ग को आंदोलित करने के लिए व्यापक स्तर पर जनजागरण अभियान चलाएं। सरकारों की जहां तक बात है तो उनकी बात करना तो निरर्थक है। उन्हें धर्मनिरपेक्षता का मानसिक पक्षाघात हो चुका है। इसलिए वह अपना मानव धर्म 'सब प्राणियों की रक्षा' और राष्ट्रधर्म 'गौमाता की वंश वृद्धि के समुचित उपाय करने और गौवंश के रक्षोपाय' दोनों को भी भूल चुकी है।

इसलिए समय रहते हिंदू संगठनों को इस ओर कदम बढ़ाना होगा। हमारे संत समाज में ऐसे महापुरुष विद्यमान हैं कि जो हमारा समुचित मार्गदर्शन कर सकते हैं। गाय हमारी माता है, यदि माता का अस्तित्व संकट में हो तो पुत्रों का कर्त्तव्य बनता है, माता के प्राणों की रक्षा करना। गाय माता के संदर्भ में आज हमारा यह कर्त्तव्यबोध ही हमारा राष्ट्रधर्म है।

टण्डन चाहते थे गौवध को मानव वध के समान माना जाए

राजर्षि पुरुषोत्तम दास टण्डन ऐसे व्यक्ति थे, जिन्होंने गौवध को मानववध के समान दण्डनीय अपराधा माना था। उन्होंने अपनी इस मान्यता को बलवती करने के लिए 22 जनवरी 1956 को कलकत्ता में आयोजित सर्वदलीय गौरक्षा सम्मेलन में कहा था–गाय यद्यपि एक पशु है, किंतु हिंदू जाति और गाय का संबंध आदि काल से माता–पुत्र जैसा है।

आज पाश्चात्य सभ्यता में रंग गये मानस की आलोचना करते हुए आपने दुख प्रकट किया कि हिंदू जाति अपनी जड़ पर ही कुठाराघात करने को आमादा हो गयी है। जो नेता विदेशों के उदाहरण देकर हमें समझाना चाहते हैं, वे अपनी जाति और देश के मर्मस्थल पर चोट पहुंचा रहे हैं? कोई भी उदाहरण अथवा तर्क हमें अपनी मातृभूमि से विलग नहीं कर सकता।

पुरुषोत्तम दास टण्डन ने कहा था– **'यह पाप यहां पराकाष्ठा पर पहुंच चुका है और यह देश के लिए महान कलंक और अभिशाप है। वर्ष में तीन लाख से अधिक गायें यहां काट दी जाती हैं। यही स्थिति बंबई की है। यदि यही क्रम जारी रहा, इसी प्रकार गाय का ह्रास होता रहा तो देश की अमूल्य निधि से हमें हाथ धोना पड़ेगा। औरों के लिए रुपये पैसे, सोना चांदी का बहुत मूल्य हो सकता है, परंतु भारत का तो गाय ही प्रधान धन है। यहां तो गौधन का ही माहात्म्य है। लाख-लाख बाय के दान का प्रकरण शास्त्र एवं पुराणों में आता है। गोदान यहां का प्रधान धार्मिक कर्त्तव्य है। इस गौधन की रक्षा सब प्रकार के प्रयत्न से होनी चाहिए।'** उनके इस मंतव्य की गहनता से समीक्षा की जानी अपेक्षित है कि उन्होंने इस देश का प्रधान कर्त्तव्य गोदान बताया। गोदान को हमारे पूर्वजों के सर्वोत्तम दान समझा। इसका कारण यह था कि दान देने के लिए हमारे पूर्वज किसी ऐसी वस्तु को उत्तम माना करते थे जिसके देने से दानग्राही व्यक्ति को कोई कष्ट

अथवा क्लेश न हो। उसके लिए वह दान किसी भी प्रकार से हानिकारक न हो। यदि आप किसी को धन दान करते हैं तो यह आवश्यक नहीं कि वह उस धन से अपने लिए अन्न, वस्त्रादि ही लेकर आये। यह भी संभव है कि उस धन दान को ग्रहण कर उससे किसी को मारने के लिए हथियार ले आये या उसे जुआ आदि खेलने या मांस, मद्यादि खाने-पीने में ही नष्ट कर दे। पर जो कोई व्यक्ति गोदान को ग्रहण करता है, उसका वह अन्यथा दुरुपयोग कर ही नहीं सकता। गाय के घर में रहने से दुग्ध, दधि की प्राप्ति तो होगी ही साथ ही गौमूत्र की भी प्राप्ति होगी, जिससे शारीरिक स्वास्थ्य और सौंदर्य की रक्षा होगी। बुद्धि में सात्विकता का प्राबल्य होगा और घर का परिवेश भी अत्यंत सात्विक बनेगा। इसके अतिरिक्त जो व्यक्ति गोदान को ग्रहण कर रहा है उसके खेत खलिहान में अन्नादि भी भरपूर मात्र में रहेंगे।

यही कारण था कि टण्डन गौवध को मानव वध के समान दण्डनीय बना देने के समर्थक थे। हमारे पूर्वज गाय के प्रति अत्यंत सेवा भावी थे। डा. सत्यस्वरूप मिश्र लिखते हैं-'प्राचीन समय में जब आर्य लोग भारत से बाहर ईरान तथा विभिन्न यूरोपीय देशों में गये थे तो गौ सेवा भी वैदिक धर्म के साथ वहां ले गये थे, संस्कृत में गौ शब्द का अर्थ गाय तथा पृथ्वी से है। फारसियों के प्राचीन धर्म ग्रंथ अवेस्ता में भी 'गो' का अर्थ गाउस मिलता है, जिसका अर्थ गाय तथा पृथ्वी है। यूरोप की कई भाषाओं में गाय का प्रतिरूप मिलता है। जो कि तुलनात्मक भाषा विज्ञान की दृष्टि से गौ शब्द के साथ संयुक्त है। यथा अंग्रेजी काव मध्य अंग्रेज 'कू' तथा काऊ 'ब्वन' प्राचीन अंग्रेजी 'कू' 'ब्न' प्राचीन आइसलैण्डिक कुअर 'ज्ञलत' डच कोए 'ज्ञवम' स्वीडिश तथा डेनिश को 'ज्ञव' जर्मन 'कू' 'ज्ञनीप्राचीन आइरिश बो, वेल्श 'ठनू' बुव, लैटिन बोस 'ठवे' ग्रीक बोउस 'ठवने' तथा रसियन गोविआदो।

इस प्रकार विभिन्न देशों में गाय को लगभग एक ही प्रकार से पुकारा जाता है, और हर देश की अपनी संस्कृति में गाय का अपना विशिष्ट महत्व है। श्री मिश्र जी लिखते हैं-''**गौमाता ईश्वर का प्रत्यक्ष स्वरूप है। इसका प्रमाण है गौमाता का स्वाभाविक निष्काम भाव, उसके भोजन की सात्विकता तथा सभी के प्रति समदृष्टि। मनुष्य सर्वदा उसके बछड़े को दूध पीने से रोककर भी उसका दूध दुह लेता है। किंतु गौमाता अपने वत्स की भी चिंता न करके हमे सहज ही दूध उपलब्ध करा देती है। उसका मनुष्य तथा अपने बच्चे के प्रति समभाव ही नही अपितु वह इतनी कल्याणकारिणी और परोपकारिणी है कि अपने वत्स 'बछड़ा' की भी उपेक्षा कर देती है।**

पशु रूप में शरीर धारण करके भी इसका सहज स्वभाव एक ब्रहमज्ञानी के समान है। उसके मलमूत्र को शास्त्र में पवित्र माना गया है। गोबर तथा गौमूत्र भी मनुष्य के लिए विशेष कल्याणकारी है। इससे स्पष्ट है कि देवमयी माता ईश्वर का ही प्रत्यक्ष स्वरूप है।'' आयुर्वेद में गाय को विशेष महत्व और स्थान देते हुए कहा गया है-

''गव्यं पवित्रम् च रसायनम् च
प"यम् च हृदयं बलबुद्धिदम् स्यात।
आयुरू प्रदम् रक्तविकार हारि
त्रिदोषहृद्रोग विषापहम् स्यात।।''

अर्थात पंचगव्य परमपवित्र रसायन है, पथ्य है हृदय को आनंद देने वाला है और बल-बुद्धि प्रदान करने वाला है। यह आयु प्रदान करने वाला रक्त के समस्त विकारों को दूर करने वाला, कफ, वात तथा पित्त जन्य तीनों दोषों, हृदय के रोगों और तीक्ष्ण विष के प्रभाव को भी दूर करने वाला है।

आयुर्वेद में कहा गया है:-

1. गौमूत्र को कान में डालने से समस्त कर्ण रोग समाप्त हो जाते हैं, अच्छा सुनाई देने लगता है।
2. प्रात:काल में निराहार एक तोला गौमूत्र का प्रयोग करने से कैंसर तक का नाश होता है।
3. प्रथम बार ब्याही हुई गौ का प्रथम बार दूध निकालकर पी लेने से बिना रोकटोक पीना अच्छा है। जीवन भर के लिए दमा का रोग समाप्त हो जाता है।
4. गौमूत्र में छोटी हर्रे 24 घंटे भिगोकर छाया में सुखाकर गौघृत में भूनकर चूर्ण बनाकर दोपहर एवं सायंकाल भोजन के पश्चात एक-एक तोला लेने पर समस्त रोग 'पेट की बीमारियां' नष्ट हो जाते हैं।
5. उदर के समस्त विकृत कीटाणुओं को नष्ट करने के लिए सर्वोत्तम औषध गौमूत्र है।

गाय के कण्डे को जलाकर उसका मंजन बनाने से दांतों के सारे रोग शांत हो जाते हैं। यूरोप के वैज्ञानिक भी अब स्वीकार करने लगे हैं कि गोबर में प्लेग, हैजे के कीटाणुओं को नष्ट करने की अदभुत शक्ति है। भूमि की उर्वरा शक्ति को बढ़ाने के लिए गोबर परम उपयोगी तत्व है। इससे बढ़कर संसार में कोई दूसरा खाद नहीं है।

भारत की संस्कृति निर्माण में गौमाता का योगदान

बिना किसी साम्प्रदायिक पूर्वाग्रह के यदि एक स्वस्थ आंकलन किया जाए तो पता चलता है कि हम सभी लोग अर्थात संपूर्ण मानव जाति सात्विक विचारों की सात्विकता की और सात्विक संसार की इच्छा रखते हैं। सभी चाहते हैं कि मैं स्वयं भी सात्विक रहूं और मेरा सारा परिवेश भी सात्विक रहे। ऐसी इच्छा हमारे भीतर बैठा आत्मतत्व हमसे कराता है। जिसका इस संसार के कोलाहल में मन नहीं लगता। हमारे भीतर बैठा यह आत्मतत्व ही वास्तविक ऋषि है, साधु है, संत है, महात्मा है। इसी की प्रेरणा से हमें सच्चे ऋषियों, साधुओं, संतों और महात्माओं की संगति में शांति मिलती है।

जहां तक भारत की बात है तो यह देश तो प्राचीन काल से ही सात्विकता का उपासक देश रहा है। जितने तपे तपाये ऋषि महात्मा और उच्च चिंतन शक्ति संपन्न विद्वान मनीषी लोग इस भारतभूमि पर हुए हैं उतने विश्व के किसी अन्य देश में नही हुए। भारत की इस सात्विकता का रहस्य गाय के दूध में छिपे उन तत्वों में समाविष्ट है जिसे हमारे ऋषि अपना स्वाभाविक आहार मानते थे। **वैज्ञानिकों का निष्कर्ष है कि गाय के दूध में चार प्रतिशत नाइट्रोजन संबंधी तत्व, चार प्रतिशत स्नेह, पांच प्रतिशत शक्कर, एक प्रतिशत नमक तथा आठ प्रतिशत जल रहता है। इन तत्वों से शरीर की पुष्टि होती है। शरीर में बल, ओज व तेज की वृद्धि होती है। इन तत्वों में किसी भी प्रकार की तामसिकता का अभाव होने के कारण मनुष्य में क्रोधादि की राक्षसी भावना का संचार नही होता है।** इसके विपरीत वह विवेकशील और संयमी होकर अपने जीवन व्यवहार को चलाता रहता है। इसीलिए गाय को माता कहा जाता है वह हमारी निर्माता है।

भारत के लोगों की सात्विकता से भारत में अंग्रेजों के प्रथम गर्वनर जनरल वास्टेन हेस्टिंग्स ने मार्च, अप्रैल 1813 में ब्रिटेन की संसद के दोनों सदनों की समिति के समक्ष कुछ इस प्रकार कहा था–**'हिंदू 'स्वभावतः' सौम्य, सुशील**

और परोपकारी है। उनका कोई उपकार करता है तो उसके लिए वे कृतज्ञता ज्ञापित करने को सदैव तत्पर रहते हैं। इसके विपरीत यदि कोई उनके प्रति बुराई करता है तो वे उससे प्रतिशोध लेने के विषय में बहुत कम सोचते हैं। इस भूमंडल पर विद्यमान अन्य जातियों की अपेक्षा हिंदू लोग कहीं अधिक स्वामिभक्त प्रेम एवं सौहार्दपूर्ण तथा न्याय के आदर्शों और सिद्धांतों का पालन करने वाले हैं।'

भारत में न्यायपूर्ण शासन व्यवस्था को एक सात्विक वृत्ति का राजा या न्यायाधीश ही संपादित करता था। अपनी पीठिका पर बैठते ही वह स्वयं को संसार के अन्य लोगों से बड़ी बुद्धिमानी से अलग कर लेता था, तब वह केवल यही सोचता था कि अब मुझे न्याय करना है और न्याय करते समय पक्षपात शून्यता का प्रदर्शन करता है। ऐसा चिंतन एक सात्विक बुद्धि में ही आ सकता है। सात्विकता से परिपूर्ण बुद्धि आपराधिक कृत्यों से दूर रहती है। संपूर्ण भारतवर्ष में अपराध इसीलिए कम थे कि लोगों का आहार-विहार सात्विक था आचार-विचार सात्विक था।

एल्फिंस्टन ने अपनी पुस्तक 'भारत का इतिहास' पृष्ठ 375-381 पर लिखा है-**'भारत में इंग्लैंड की अपेक्षा अपराधियों की संख्या बहुत कम है। 1832 ई. में हाउस ऑफ कामन्स में प्रस्तुत रिपोर्ट कहा गया कि पिछले चार वर्षों के औसत के आधार पर इंग्लैंड और वेल्स दोनों को मिलाकर 203281 लोगों के पीछे एक व्यक्ति और बंगाल प्रेसीडेंसी के प्रांत में 1004182 के पीछे एक व्यक्ति को मृत्युदण्ड दिया गया। इंग्लैंड में वर्षभर में 1232 लोगों को और बंगाल में केवल 59 लोगों को मृत्युदण्ड की सजा सुनाई गयी। इंग्लैंड की जनसंख्या एक करोड़ तीस लाख और बंगाल की जनसंख्या 6 करोड़ है। महान डार्विन की पोर्ट लुई में हिंदू अपराधियों को देखकर आश्चर्य हुआ कि वे बहुत ही अच्छे दिखते हैं। वे कहते हैं कि ये लोग प्रायः शांत एवं सद्‌व्यवहारी हैं। उनके बाह्य आचरण, उनकी स्वच्छता और उनके आश्चर्यजनक धार्मिक कृत्यों के कारण उन्हें उसी दृष्टि से देखा जाना असंभव है। जिससे न्यू साउथ वेल्स के अपराधियों को।**

जो लोग भारतीयों को सभ्यता सिखाने और स्वच्छता सहित व्यावहारिक जीवन में पवित्र रहने की शिक्षा देने के लिए केवल अंग्रेजों और अंग्रेजी का गुणगान करते रहते हैं, उन्हें इस उद्धरण को सूक्ष्मता से पढ़ना चाहिए। **1832 तक भी यह स्थिति थी कि हमारे यहां छह करोड़ की जनसंख्या में 59**

अपराधी थे और इंग्लैंड की सवा करोड़ की जनसंख्या में 1232 अपराधी थे। इन जंगली और अपराधी लोगों की अंग्रेजी शिक्षा प्रणाली '1835 ई. में लार्ड मैकाले द्वारा प्रणीत' का हमारे लोगों ने बहिष्कार किया 'गुरूकुल नहीं तो स्कूल भी नहीं' उन्होंने इस पद्धति पर कार्य किया। हमारे सात्विक और संस्कारी पूर्वजों को स्कूली शिक्षा न लेने के कारण अंग्रेज उन्हें अशिक्षित और गंवार कहकर चिढ़ाते रहे, पर उन्होंने अशिक्षित और गंवार रहकर भी अपनी गौ संस्कृति की रक्षा का संकल्प शिथिल नहीं पड़ने दिया। अंग्रेज मांसाहारी थे और भारतीय लोग शाकाहारी थे। इसकी तुलना करते हुए मि. जे एच बोर्डिलोन ने लिखा है कि इंग्लैंड में दस हजार की जनसंख्या में से 30 लोग पागल थे और भारत में इतनी ही जनसंख्या में केवल तीन लोग पागल थे।

मि. वार्ड का कथन था-'सामूहिक रूप से परस्पर संबोधन एवं व्यवहार के विषय में हिंदुओं की गणना विश्व के सर्वाधिक विकसित राष्ट्रों में होनी चाहिए।' भारत के लोग इतने विनम्र, सुशील और विवेकशील क्यों मिलते थे? इसका कारण यही था कि उनका आहार विहार अत्यंत पवित्र होता था। **1947 में जब देश आजाद हुआ तो उस समय तक भी देश की कुल 34 करोड़ की जनसंख्या में से केवल 5 करोड़ लोग ही बीमार थे, परंतु 2012 तक आते-आते सवा अरब की जनसंख्या में से 100 करोड़ लोग बीमार हो गये। ऐसा इसलिए हुआ कि भारत के लोगों का आहार-विहार बिगाड़ने के लिए भोजन माफिया डाक्टर कंपनी मालिक और उनके दलालों की एक बड़ी सेना इस काल में खड़ी हो गयी है।** बच्चों को गाय के दूध से बचाकर ऐसी चीजें खिलाई-पिलाई जा रही हैं जो उनके स्वास्थ्य को चौपट कर रही हैं। अब कल ही टीवी चैनल पर बताया जा रहा था कि डबल रोटी से कैंसर के होने की संभावना रहती है। दवा निर्माता कंपनी ऐसी दवा बना रही, जिनसे व्यक्ति और भी अधिक बीमार हों, व्यक्ति बीमार होंगे तो और दवाई बिकेंगी। उधर, डाक्टर ऐसी दवाई दे रहे हैं जिससे रोग और बढ़े। खाने के लिए ऐसी चीजों की संस्तुति की जाती है जो स्वास्थ्य चौपट करें। क्या खेल हो रहा है देश में? सारा मानव समाज ही बाजार बना दिया गया है। और हम हैं कि बाजार में शांति खोज रहे हैं? जबकि बाजार में तो शांति के स्थान पर अशांति ही मिला करती है।

शांति की खोज में लगा मानव जिस दिन गौमाता की शरण में आ जाएगा और उसके पंचगव्य का सेवन करने लगेगा उसी दिन से उसके भीतर सात्विकता

समाविष्ट होने लगेगी। जहां सात्विकता होती है वही संतोष होता है। कहा गया है कि सत्व के प्रकाश में चित्त की प्रसन्नता का नाम संतोष है। सारे पश्चिमी जगत में अशांति इसलिए है कि उसका चित्त की प्रसन्नता का कोहेनूर खो गया है जो भारत के पास रहा है और भारत ही उसका वास्तविक स्वामी है। ब्रिटेन एक पत्थर को कोहेनूर समझकर प्रसन्न है पर उसकी आत्मा का कोहेनूर उससे खोया पड़ा है। भारत को चाहिए कि वह अपने कोहेनूर के लिए संघर्ष करे अर्थात गौमाता की रक्षा कर चित्त की प्रसन्नता की प्राप्ति के लिए अपने खान-पान में पंचगव्य को स्थान दे ईश्वर की भक्ति का आनंद ले और अपने आपको विश्वगुरू बनाने के लिए उठ खड़ा हो।

भारत के प्रांतों में गौहत्या निषेध कानून की स्थिति

हमारे देश में गौहत्या निषेध को लेकर लोग प्रारंभ से ही सक्रिय और निष्ठावान रहे हैं। परंतु राजनीति में भारतीयता को क्षति पहुंचाने वाले लोगों ने अपने प्रभाव का प्रयोग किया और देश में गौवध निषेध होने पर भी उसे व्यवहार में लागू नहीं होने दिया। हम पूर्व में स्पष्ट कर चुके हैं कि राष्ट्रीय स्तर पर गौवध निषेध अधिनियम की हवा पंड़ित जवाहरलाल नेहरू ने निकाली थी। दुर्भाग्यवश नेहरू जी के रूप में देश को एक ऐसा प्रधानमंत्री मिला जिसकी भारतीयता के प्रति कोई निष्ठा नहीं थी। यदि उनके आचरण पर नकेल डालने के लिए प्रारंभ में सरदार पटेल और उनके पश्चात राष्ट्रपति डॉ. राजेन्द्र प्रसाद न होते तो हमें और भी कई अनर्थ होते दिखाई देते। **यह नेहरू जी ही थे जिन्होंने सोमनाथ के मंदिर के जीर्णोद्धार के शिलान्यास के लिए राष्ट्रपति को जाने से रोका था, पर राष्ट्रपति डॉ. राजेन्द्र प्रसाद ने उनकी एक नहीं मानी थी। इतना ही नहीं डॉ. राजेन्द्र प्रसाद ने जो दमा रोग से पीड़ित थे' को सेवानिवृत्ति के पश्चात पटना के एक ऐसे कमरे में रहने के लिए बाध्य कर दिया था जिसमें सीलन थी और दम घुटता था। नेहरू जी के संकेत पर डा. राजेन्द्र प्रसाद के लिए उपलब्ध करायी गयी वह मशीन भी हटा ली गयी, जो उनका कष्टशोधन करती थी। उस मशीन के हटने के दो दिन बाद डा. राजेन्द्र प्रसाद संसार से चले गये। इसके पश्चात तत्कालीन राष्ट्रपति राधाकृष्णन और राजस्थान के तत्कालीन राज्यपाल डा. संपूर्णानंद को डॉ. राजेन्द्र प्रसाद के अंतिम संस्कार में जाने से रोकने वाले भी पंडित नेहरू ही थे।**

पंडित नेहरू की और डा. राजेन्द्र प्रसाद की यह लड़ाई क्यों थी? केवल इसलिए कि डॉ. राजेन्द्र प्रसाद भारतीय संस्कृति की और गौ संरक्षण की बात करते थे और पंडित नेहरू इन दोनों के ही विरोधी थे। उन्हें गाय केवल एक भोज्य पदार्थ ही दिखाई देती थी।

नेहरूजी का अनुकरण करने वाले राजनीतिज्ञ देश के प्रदेशों में मुख्यमंत्री पद पर भी विराजमान हुए। उन्होंने अपने 'आका' नेहरूजी का अनुकरण करते हुए राज्यों में गौवध निषेध कानूनों को वैसे ही लागू नहीं होने दिया जैसे केन्द्र में पंडित नेहरू ने नहीं होने दिया था। इस प्रकार जनमत के सामने झुक कर कानून तो बना लिया पर यदि सत्ताधारी राजनीतिज्ञ उससे संतुष्ट नहीं हैं तो उसे लागू न कराने की प्रवृत्ति देश के राजनीतिज्ञों में नेहरू काल से ही विकसित हो गयी। इस प्रवृत्ति के बल पर कानून की आड़ में भ्रष्टाचार बढ़ा, अनाचार और अत्याचार बढ़ा, क्योंकि जिस कानून को राजनीतिज्ञ लागू नहीं कराना चाहते थे, वह बन गया था। उसे तोडने की युक्ति बताकर अधिकारियों ने लोगों से धन ऐंठना आरंभ कर दिया था। यह प्रवृत्ति आज तो एक अधिकार के रूप में सरकारी कार्यालयों में फलफूल रही है। **किसी भी अनैतिक और अवैधानिक कार्य को करने की युक्ति आपको सरकारी कार्यालय का कोई ऐसा कर्मचारी बता देगा जो उस कार्यालय में केवल इसी बात के लिए सम्मानित किया जाता है कि वह बहुत 'होशियार' है, काम करने की युक्ति वही बता सकते हैं। अब आइए, देश के राज्यों की स्थिति पर विचार करते हैं कि किस प्रदेश में किस समय से कौन सा 'पशु हत्या निषेध' जैसा कानून लागू है, या नहीं है, पर उसे वह राज्य पूर्ण निष्ठा से लागू नहीं कर रहा है।**

आंध्र प्रदेश :- आंध्र प्रदेश में पशु हत्या को निषिद्ध करने वाला कोई कानून नहीं है। परंतु तेलंगाना, हैदराबाद पशुहत्या कानून 1950 अवश्य है। यदि राजनीतिज्ञों की पशुहत्या और गौहत्या निषेध की अपनी इच्छाशक्ति होती तो हैदराबाद पशु हत्या कानून को ही पूर्णनिष्ठा से लागू कराके प्रदेश में गौहत्या निषेध करा सकते थे। यहां पर ऐसे पशुओं की हत्या पर निषेध है, 'औपचारिकता' के लिए जो तीन वर्ष से कम आयु के हों या जिन्हें काम में लगाया जा सकता है या ऐसे नर हों जिनका प्रयोग प्रजनन के लिए किया जा सकता है। ऐसी मादा हो जो अभी प्रजनन क्षमता रखती है और जिससे दूध मिलता है।

इस कानून में मानव की घोर स्वार्थपूर्ण मनोवृत्ति ही परिलक्षित होती है, क्योंकि जो पशु उसके स्वार्थों की पूर्ति कर सकता है, उसे तो छोड़ दिया जाए और जो स्वार्थपूर्ति हेतु नहीं रहा उसे समाप्त कर दो। यह तो भारत की 'जिओ और जीने दो' की परंपरा के विरुद्ध बात है। गांधीवाद के भी विरुद्ध है। समझ नहीं आता कि गांधीवादियों की यह कैसी अहिंसा है कि जिससे

स्वार्थपूर्ण हो गये, उसकी हत्या कर दो। बताइये गांधी को किसने मारा-गोडसे ने या गांधीवादियों ने-जिन्होंने उनके आदर्शों की ही हत्या कर दी?

आसाम: आसाम में **'असम पशुपालन कानून-1950'** लागू है। जिसमें गाय, बैल तथा भैंस हत्या पर प्रतिबंध है। यहां भी वही बात है कि 14 वर्ष से अधिक आयु के और काम न आने वाले पशुओं की हत्या की जा सकती है। यहां इस प्रांत में तथा इसके पड़ोसी प्रांतों में धर्मांतरण का खेल खेला गया और हिंदुओं को धर्मांतरित कर ईसाई और मुस्लिम बनाया गया है। ईसाई और मुस्लिम होते ही छद्‌म धर्मनिरपेक्षता इन लोगों की रक्षा करने लगती है और कानून में एक प्राविधान ना होते हुए भी वह इनकी सहायता करने लगता है कि किसी व्यक्ति की निजी साम्प्रदायिक मान्यताओं के अनुपालन में राज्य कोई हस्तक्षेप नहीं करेगा। इस प्रकार की छद्‌मी नीतियों के कारण आसाम में भी पशुपालन कानून को पूर्ण मनोयोग से लागू करने में बाधा आयी है।

बिहार: बिहार में **'पशुपालन तथा सुधार कानून 1955'** लागू है। अधिकतर प्रांतों ने पशु हत्या निषेध या गौहत्या निषेध जैसा कानून न बनाकर अपने-अपने कानूनों को पशुपालन जैसा नाम दिया है। यह नाम धर्मनिरपेक्षियों ने आविष्कृत किया है क्योंकि यह नाम ही दोगला है। इससे राजनीतिज्ञों की दोगली मानसिकता का पता चलता है। इस प्रकार का नाम रखकर वह प्रथम दृष्टया तो यह दिखाते हैं कि वे पशुओं के प्रति कितने दयालु हैं, पर चुपचाप भीतर-भीतर ही ऐसे प्राविधान कर जाते हैं जिनसे पशु हत्या को प्रोत्साहन मिलता हो। हर राज्य के कानून को आप पढ़िये आप बड़ी सरलता से उस प्रदेश में पशु हत्या या गौहत्या कैसे की जा सकती है-ये उसी के कानून से जानकारी ले लेंगे।

बिहार के उपरोक्त कानून से भी यद्यपि गाय, बैल तथा भैंस हत्या पर प्रतिबंध है पर उन पशुओं की हत्या की अनुमति है जो 25 वर्ष की आयु भोग चुके हैं और काम या प्रजनन के योग्य नहीं हैं। वैद्य या चिकित्सक की अनुमति से 'जो कि पैसे का लेनदेन करके मिल ही जाती है' राज्य ऐसे पशुओं को काटने की अनुमति दे सकता है। इस प्रकार इस कानून ने चिकित्सकों की पौ बारह कर दी है। उन्हें हर पशु की हत्या पर अपना **'कमीशन'** आराम से मिल जाता है।

गुजरात :- गुजरात में **'बाम्बे पशुपालन कानून गुजरात विस्तार तथा संशोधन 1951'** के अंतर्गत गौहत्या पर पूर्ण प्रतिबंध लगा हुआ है। यहां भी पशुओं को मारने न मारने की लगभग वही शर्तें हैं जो ऊपर अन्य राज्यों में वर्णित की गयी हैं। एक अतिरिक्त बात यह है कि यह कानून 15 वर्ष से

अधिक आयु के उन नरों पर लागू नहीं होता जिन्हें धार्मिक प्रथा के कारण मारा जाता है।

इस प्रकार गुजरात में पशु संरक्षण होकर भी आधा अधूरा ही है। यही कारण है कि यहां भी गौ आदि पशुओं की उत्तम नस्लों का अभाव सा होता जा रहा है। अधिकांश पशु लोगों की पेट रूपी कब्र में दफन हो चुके हैं।

केरल : केरल एक ऐसा प्रांत है जहां पशुवध निषेध पर कोई कानून नहीं है। यही कारण है कि वहां कम्युनिस्ट विचारधारा को अपने पैर पसारने की अनुकूल परिस्थितियां मिली हुई हैं। ऐसा हम इसलिए कह रहे हैं कि हमारे देश में राजनीतिज्ञों ने लोकतंत्र की परिभाषा जनता को ऐसा अनुभव कराते हुए की है कि वह जैसा चाहे वैसा कर सकती है। अब यदि जनमत का बहुमत का किसी क्षेत्र विशेष के लोग मांसाहार के समर्थक हैं तो राजनीति इस पर मौन हो जाएगी और लोकतंत्र का यह कहकर गला घोंट देगी कि मैं क्या करूं? लोगों की इच्छा ऐसी है तो वह कर सकते हैं। जबकि राजनीति को विश्व स्वास्थ्य संगठन और अन्य ऐसी ही संस्थाओं के उन आंकड़ों और निर्देशों की ओर भी ध्यान देना चाहिए जो मांसाहार को मनुष्य के स्वास्थ्य के लिए हानिकर बता रहे हैं और गाय को सर्वाधिक उपयोगी बता रहे हैं।

कम्युनिस्टों के लिए मांसाहार कोई बुरी बात नहीं है। अत: उन्होंने केरल के लोगों का पहले तो बड़ी संख्या में धर्मांतरण कराया और अब पशुवध को व्यक्ति का मौलिक अधिकार जैसा स्तर प्रदान कर दिया है। क्योंकि जिस संप्रदाय को लोगों ने अपनाया है वह उन्हें मांसाहार की छूट देता है। यद्यपि कम्युनिस्ट लोग मजहब को अफीम कहते हैं, परंतु यदि किसी संप्रदाय को अपनाकर भारतीय धर्म का विनाश होता हो तो वह उसे अपनाने या मानने के लिए सदा तत्पर रहते हैं।

मध्य प्रदेश: यहां पर **मध्य प्रदेश कृषि पशुपालन कानून 1951** लागू है। जिसके अनुसार गौहत्या तथा भैंस की हत्या पर पूर्ण प्रतिबंध है। ये पशु यदि पंद्रह वर्ष से अधिक अवस्था के हैं या कार्य के योग्य नहीं है अर्थात अनुपयोगी हो गये हैं प्रजनन के योग्य नहीं रहे हैं तो उनकी हत्या की जा सकती है। किंतु बलात खच्ची किये गये या जिनका मांस किसी रोग से ग्रस्त होने के कारण खाने के योग्य नहीं रहा है, ऐसे पशुओं को नही मारा जाएगा।

तमिलनाडु : तमिलनाडु दक्षिण का एक महत्वपूर्ण राज्य है। इसे कभी मद्रास स्टेट के नाम से जाना जाया करता था। **इसलिए यहां मद्रास पशुपालन कानून 1958 लागू है।** इससे गौहत्या और भैंस हत्या पर प्रतिबंध है। दस वर्ष

से अधिक अवस्था के पशुओं पर या प्रजनन में अक्षम किसी कार्य के योग्य न रहने वाले या अपात्र पशुओं पर यह कानून लागू नहीं होता।

अन्य प्रांतों की स्थिति : देश के अन्य प्रांतों में भी उपरोक्त प्रकार के कानून लागू हैं। थोड़ा-थोड़ा अंतर कहीं कहीं मिलता है। महाराष्ट्र में 'केवल विदर्भ में' **सेंट्रल प्रोविंस एण्ड बेरार पशुपालन कानून 1949** लागू है जिससे गौहत्या पर प्रतिबंध है। पशुवध के लिए पशु की अवस्था 14 वर्ष से अधिक मानी गयी है।

पूर्व बंबई प्रांत में **बाम्बे पशुपालन कानून 1948** लागू है। यहां पशु हत्या के लिए आयु सीमा 15 वर्ष से अधिक है। गौहत्या पर पूर्ण प्रतिबंध है। माराठवाड़ा क्षेत्र में **हैदराबाद पशु हत्या कानून 1950** लागू है। यही कानून आंध्र प्रदेश से अलग हुए तेलंगाना में प्रारंभ से ही लागू रहा है। कर्नाटक में मैसूर क्षेत्र में **मैसूर गौहत्या प्रतिबंधक कानून 1948** है जिसके अनुसार गाय भैंसों की हत्या पर प्रतिबंध है। अपवाद ये है कि पागल कुत्ते के काट खाने से रोगग्रस्त पशु को किसी भी अवस्था 'आयुवर्ग' में मारा जा सकता है।

उड़ीसा में **उड़ीसा गौहत्या प्रतिबंधक कानून 1960** से कार्य कर रहा है। यहां गाय बछड़े की एक साथ हत्या पर प्रतिबंध है। हत्या के लिए आयु सीमा 14 वर्ष से अधिक रखी गयी है। पंजाब में गौहत्या निषेध अधिनियम 1955 लागू है। इसके अनुसार सभी गौवंश की हत्या पर पूर्ण प्रतिबंध लगाया गया है। राजस्थान में कुछ पशुओं का पालन कानून 1950 से लागू है। यहां गौहत्या पर अन्य राज्यों की अपेक्षा अधिक कड़ाई है। अभी वहां की विजय राजे सिंधिया सरकार ने गाय के विषय में विद्यालयों में पाठ्यक्रम में अध्याय जोड़ने का भी सराहनीय निर्णय लिया है।

उत्तर प्रदेश में **'गौहत्या पालन तथा गौहत्या निषेध अधिनियम 1955'** लागू है। इसके अनुसार गाय तथा बछड़ों की हत्या पर पूर्ण प्रतिबंधा है। आयु सीमा पंद्रह वर्ष से अधिक की गयी है। पश्चिम बंगाल ने **पश्चिम बंगाल पशु हत्या नियंत्र्ण कानून 1950** लागू है। जिसके अनुसार गाय भैंस की हत्या पर पूर्ण प्रतिबंध लागू है। आयु सीमा 14 वर्ष से ऊपर रखी गयी है।

जम्मू कश्मीर में **रणबीर दण्ड संहिता 1932** के अनुसार सभी पशुओं की हत्या पर प्रतिबंध है। **दिल्ली में मुख्यायुक्त की अधिसूचना क्रमांक एफ-2 '114:-51 एलएसजी) 28 दिसंबर 1951** के अंतर्गत गौहत्या पर प्रतिबंध लागू है। इनकेअतिरिक्त हिमाचल प्रदेश, मणिपुर, त्रिपुरा, पांडिचेरी, अण्डमान निकोबार द्वीपसमूह और लक्षद्वीप में कोई कानून पशुहत्या को लेकर नहीं बनाया

गया है। हिमाचल प्रदेश में परंपरागत कानून से पशु हत्या निषिद्ध है तो मणिपुर में एक अध्यादेश से यह प्रतिबंधित है। पहाड़ी जातियां हत्या करती हैं। त्रिपुरा एवं पांडिचेरी में कानून ना होते हुए भी पशुहत्या निषिद्ध है। लक्षद्वीप ऐसा स्थान है जहां गौहत्या पर कोई प्रतिबंध नहीं है। यह सभी आंकड़े यु लेश द्वारा जर्मन भाषा में लिखित पुस्तक **'गौपालन की समस्या' 1967 कोस्टांडा के** आधार पर मुरगल लेंस की पुस्तक **गाय** से लिखे हैं।

पुस्तक के लेखक का मत है कि भारत में अधिकांश राज्यों में सशर्त या बिना शर्त गौहत्या की अनुमति दी जा सकती है। स्वतंत्रता प्राप्ति के पश्चात देशभर में समान रूप से लागू गौहत्या प्रतिबंध कानून नहीं बनाया गया और उसके स्थान पर विभिन्न राज्यों में विभिन्न कानून बनाये गये। यह एक ऐसी हकीकत है जो हिंदुत्व के लचीलेपन को ही प्रकट करती है। अत: पवित्र गाय को पूर्ण संरक्षण कहीं पर भी प्राप्त नहीं हैं किंतु सैद्धांतिक संरक्षण अवश्य है।

राज्यों ने कानून अपने अपने लोगों की इच्छा के अनुसार बनाये अवश्य हैं पर ये केवल गौभक्तों को शांत करने के लिए बनाये गये लगते हैं। जैसे जैसे कहीं गोवध करने वालों की संख्या बढ़ी तो वहां से कानून हट गया या समय के अनुसार उसकी आभा क्षीण हो गयी है। जैसे जम्मू कश्मीर में 1932 का कानून तो है पर वहां से हिंदुओं के पलायन के पश्चात से इस कानून का कोई महत्व नहीं रह गया है। दिल्ली सहित जिन क्षेत्रों में या प्रदेशों में मुस्लिम जनसंख्या बढ़ रही है उनमें ही **गौहत्या निषेध अधिनियम** आभाहीन से होते जा रहे हैं। यही कारण है कि लगभग सभी राज्यों में गौहत्या हो रही है। पश्चिमी बंगाल की बंगलादेश की सीमा पर तो यह कार्य इतनी बड़ी संख्या में हो रहा है कि कुछ कहा नहीं जा सकता। वहां की कम्युनिस्ट सरकारों ने और अब ममता बनर्जी सरकार ने गौहत्या करने वालों की वोट पाने के लिए सारे कानूनों की धज्जियां उड़ाकर रख दी हैं। शासक वर्ग स्वयं ही अराजकता उत्पन्न करने में जब सहयोगी हो जाए तो क्या कहा जा सकता है?

देश की पीड़ादायक परिस्थितियों को देखकर देश के गौभक्त देश में एक ऐसे कानून की मांग कर रहे हैं जिसका प्रभाव राष्ट्र में स्थायी हो और जो गौहत्या को पूर्ण संरक्षण प्रदान कराने में समर्थ हो। 'किंतु परंतु' के नाम पर अपवादों को किसी कानून में डालना अपराधी को अपराध करने का रास्ता देने के समान होता है। अत: गौभक्तों की मांग है कि राष्ट्रव्यापी कानून का स्वरूप ऐसा हो जो प्रत्येक दशा में गौहत्या का संरक्षण करने वाला हो।

हमारा किसान प्रत्येक प्रकार का अकाल सहन करता है, भूखा रहता है,

दुखी रहता है परंतु गौहत्या नहीं करता। उसे मालूम है कि अकाल निकल जाने पर यही गौमाता उसे खेती के लिए बैल और खाने-पीने के लिए दूध व अन्य उत्पन्न करके देगी।

वह यह भी जानता है कि गौमाता ही उसकी अर्थव्यवस्था की रीढ़ है। इसलिए देश की सरकार को चाहिए कि वह गौमाता को राष्ट्रीय संरक्षण प्रदान कर उसकी प्राण रक्षा करने के लिए प्रांतों में प्रचलित उक्त कानूनों को समाप्त कर एक राष्ट्रीय कानून बनाये और उसे पूर्णनिष्ठा से लागू कराये। गंगा जमुनी संस्कृति से यह देश नहीं बचेगा यह तो वैदिक संस्कृति से ही बचेगा।

OOO